广西县域竞争力报告

(2015)

REPORT ON THE COMPETITIVENESS OF

GUANGXI COUNTIES (2015)

主　编／杨　鹏

副主编／袁珈玲　张鹏飞　曹剑飞

社会科学文献出版社
SOCIAL SCIENCES ACADEMIC PRESS (CHINA)

2015年广西蓝皮书编委会名单

《广西县域竞争力报告（2015）》编委会名单

目 录

CONTENTS

前　言

2015年6月，习近平总书记在会见全国优秀县委书记时指出，“郡县治，天下安”。在我们党的组织结构和国家政权结构中，县一级处在承上启下的关键环节，是发展经济、保障民生、维护稳定的重要基础。近年来，广西县域经济社会发展环境面临深刻变革，广西正在积极发挥与东盟国家陆海相邻的独特优势，加快北部湾经济区和珠江－西江经济带开放发展，构建面向东盟的国际大通道，打造西南、中南地区开放发展新的战略支点和“一带一路”有机衔接的重要门户。继2008年北部湾经济区开放开发上升为我国国家战略后，国家已先后批准实施《珠江－西江经济带发展规划》和《左右江革命老区振兴规划》，广西全域实现了国家战略全覆盖。

县域作为稳增长、调结构、促发展的主战场，“十三五”时期，县域发展应以国家实施“一带一路”战略、自治区“双核驱动、三区统筹”战略为契机，深入实施西部大开发战略，加快工业化、信息化、城镇化和农业现代化“四化”联动，积极推动产业化与城镇化融合发展，加快实现“两个建成”目标。同时，广西县域发展也面临经济下行压力增大、经济社会发展不确定因素增多，以及来自用工难、用地难、融资难“三难”问题的挑战。与此同时，县域经济发展还面临新一轮科技革命和产业变革以及高铁发展所带来的重大变革性挑战。“十三五”时期，县域发展必须按照主体功能区划的发展思路，进一步明确新型城镇化建设思路，以培育特色产业、壮大优势产业、促进产城融合、统筹城乡发展等为重要切入点，加快推进经济发展、社会改善、基础提升、收入倍增，推动县域经济科学发展和跨越发展。

2015年是“十二五”规划的收官之年，也是“十三五”的开局之年，同时也是县域改革创新发展的关键之年，要加快县域发展的硬件建设，也要充分借助和发挥智库职能，积极谋划县域经济新发展。《广西县域竞争力报告（2015）》是广西社会科学院组织编写的系列蓝皮书之一，其撰写的初衷就是为决策部门提供最直接的智库咨询，更好地服务于自治区各级政府的战略部署和工作安排，服务于县域经济的发展，努力寻找提升县域发展的切入点，破解发展瓶颈，为县域发展提供最直接、最现实的参考。

《广西县域竞争力报告（2015）》延续了往年的撰写风格，突出以研究性内容为主题的基本格局。本报告以县域竞争力评价和分析为前提，采用了总体评价、竞争力研究、专题研究、文献研究等方法。本报告共分七个部分：第一部分是主报告，重点依据广西县域竞争力评价结果进行主题式论述及分析，着重研究近年来县域经济发展的新概况和新内容，对下一阶段影响县域经济发展的主要环境及主要思路进行重点分析；第二部分是指标建设，重点提出广西县域竞争力指标体系构建的基本思路和具体指标，由于统计体系变动，2015 年的指标体系中共有 6 项指标发生变动；第三部分是广西县域竞争力总体评价，主要对广西县域的规模竞争力、发展竞争力、质量竞争力、工业竞争力、民生竞争力、基础竞争力和综合竞争力进行总体评价分析；第四部分是“双核驱动、三区统筹”格局下县域竞争力评价，主要对北部湾经济区、西江经济带和桂西资源富集区各县域进行竞争力评价；第五部分是沿海县域综合评价，主要对全国沿海省份各县域的基本经济发展现状进行综合比较分析，并与我国沿边县域发展的主要指标进行对比分析；第六部分是县域研究与发展规划，主要是县域问题研究的相关文献综述，包括县域问题研究评述、县域问题研究硕士和博士论文评述与广西县域问题研究；第七部分是附录，包括 2015 年相关省（区、市）政府工作报告县域经济发展内容摘录、相关省市加快县域经济发展（部分）政策性文件汇编（2010 ~ 2015 年）、广西县域竞争力原始数据，同时探索性地增加了 2014 年广西县域大事记的相关内容。

广西社会科学院领导集体和相关部门负责人对本蓝皮书的高度重视和始终支持，使得本蓝皮书得以顺利出版发行。感谢蓝皮书的核心编写团队，是大家的共同努力才使得这本蓝皮书的品质得到保证。囿于精力、时间和水平，以及部分统计数据存在的缺失和偏差，本蓝皮书难免有疏漏和不足，恳请各位读者和专家批评指正，并赐予宝贵建议，我们将持之以恒地开展好有关广西竞争力的研究，以打造品牌蓝皮书为目标，把这本蓝皮书做得更好，做出特色，做出品质，做出亮点。

杨 鹏

2015 年 8 月

Preface

In June 2015, when the general secretary Xi Jinping met with national outstanding county party secretaries, he emphasized: county governance, world security. In our party's organizational structure and the structure of political power, the county is in the key nexus, is an important foundation of economic development, livelihood security and social stability maintaining. At present, Guangxi county economic and social development is undergoing a profound and long-term environment change. Guangxi is actively taking the unique advantage of the neighbor land and sea with ASEAN countries, speeding up the development of Beibu Gulf Economic Zone and the Pearl River – West River Economic Belt, constructing the international channel for ASEAN countries, building the new strategic fulcrum for the opening and development of China southwest and central south areas, forming important portal of organic linking to the 21st century Maritime Silk Road and the Silk Road Economic Belt. Meanwhile, after the Beibu Gulf Economic Zone development plan have been rised to the national strategy in 2008, central government approved and implemented successively Pearl River – West River Economic Zone development plan and the revitalization plan of Zuo You Jiang Old Revolutionary Base Areas, and the national strategy cover all of Guangxi.

County is the main battlefield of steadying growth. In the 13th Five Year Plan period, developing country economic should take "One Belt and One Road" and "Dual Core Drive, Three District Coordination" as important chances, deeply implement Western Development Strategy, speed up the interactive development of industrialization and informatization, urbanization and agricultural modernization, actively promote the integration of industry and urbanization, accelerate achieving the objectives of "two built". The development of Guangxi counties faces new challenges, such as economic downward pressure, increasing uncertainty factors in economic and social development, "three big problem" that means difficult employment, lack of land, hard to financing. It also faces with great challenges of new science and technology revolution, industry transformation and high-speed railway economy. In the 13th Five Year Plan period, to promote the scientific development and leapfrog development of Guangxi county economy, must according to the requirement of main function division, further clarify the direction of building new urbanization, taking cultivate characteristic industry, expand the advantage industry, promote the city integration, balancing urban and rural development as important breakthrough point, accelerate realizing those goals of economic development, social improvement, infrastructure improvement and revenue doubled.

2015 is the end of the 12th Five Year Plan and the beginning of the 13th Five Year Plan, also, is the key period of country revolution. In 2015, Guangxi have not only improved the hardware foundation of county development but also make full use of thinktank, actively build new development in county economic. *Report on the Competitiveness of Guangxi Counties (2015)* is one of the Blue Books composed by Guangxi Academy of Social Sciences. About the original intention of this writing, firstly, we hope to provide most direct advises for policymaking body, support the strategic plan of local governments at all levels and the development of county economy, look for the entry point and the core point to promote the competitiveness of Guangxi counties, break the bottleneck, and provide the most direct and realistic reference for the development of counties.

Report on the Competitiveness of Guangxi Counties (2015) continues the basic writing style of former blue book, still highlights research characteristic. This Blue Book is based on the county competitiveness evaluation and analysis, it uses some research methods such as competitiveness research, demonstration research, empirical research and literature research etc. This annual report is divided into seven parts: the first part is General Report, focusing on the basic competitiveness appraisal of Guangxi counties and making the thematic expositions as well as related theoretical explanations. The second part is The Construction of Indicators, highlighting the basic ideas of the competitiveness of Guangxi counties index system and specific indicators. Because of the change of the Statistical system, 6 indicators will be different in 2015 index system. The third part is the Overall Appraisal of Guangxi County Competitiveness, mainly study on the size of the county in Guangxi competitiveness, development competitiveness, quality competitiveness, industrial competitiveness, livelihood competitiveness, infrastructure competitiveness and overall competitiveness. The fourth part is the Competitiveness Appraisal, including research on competitiveness of Guangxi counties under the background of "Dual Core Drive, Three District Coordination". The fifth part is the Comparative Research about Different Types of Coastal Counties, including the comprehensive comparative study on the economic development of Coastal Counties, and conducted a comparative analysis with 2014 indicators of Border Counties. The sixth part is the Commentary about Latest Research on County Problem, including academic literature and dissertation in the field of county research. The seven part is the Appendix, including relevant excerpts about county economy development from provinces Government Work Report in 2015, relevant provinces' policy document of speeding up countries economic development (2010 – 2015) and raw data of Guangxi counties competitiveness. In Addition, we have added relevant information of Guangxi County Development Events as a new try.

Many thanks to the great attention and strong support from the leadership of Guangxi Academy of Social Science and relevant departments to the Blue Book, so that the Blue Book have been completes successfully to publish and distribute. Due to limits of energy, time, research level and statistical data is part loss and deviation, this Blue Book will inevitably have missions and deficiencies. We sincerely wish for appraisal and valuable suggestions from readers and experts. We will consistently carry our better research on the competitiveness of Guangxi, aiming at building Brand Blue Book, promote the Blue Book to a higher level, not only the characteristic, but also the quality.

Yang Peng

August, 2015

第一部分
主报告

随着珠江 - 西江经济带和左右江革命老区建设上升为国家战略，广西已实现国家战略全覆盖。县域经济的发展，应充分紧抓各项新机遇，以提升县域综合竞争实力为目标，以改革为动力，以稳增长、调结构、惠民生为主攻方向，坚持优化资源配置和培育特色产业，坚持做大做强和提质增效，坚持优化空间布局和调整产业结构，协调推进县域工业化、信息化、城镇化、农业现代化同步发展，为广西全面实现“两个建成”目标提供强有力的支撑。

一　县域竞争力评价概述

广西县域竞争力评价研究持续开展以来，通过年度性对比分析，可以进一步明确和分析广西县域经济发展的轨迹，理清发展速度较快的县域的发展思路、发展模式、发展路径和发展经验，为带动全区县域经济可持续发展提供重要的参考依据。在《广西县域竞争力报告（2015）》中，综合竞争力评价居前 10 位的县域依次为玉州区、临桂区、武鸣县、东兴市、岑溪市、横县、北流市、钦南区、右江区和苍梧县；在《广西县域竞争力报告（2013）》中，综合竞争力评价居前 10 位的县域依次为玉州区、兴宾区、武鸣县、临桂区、北流市、岑溪市、右江区、横县、桂平市和钦南区（见表 1 - 1）。总体来看，目前广西县域经济发展较为成熟的依然集中在北部湾经济区和西江经济带（分别为 4 个和 5 个），其中玉州区、临桂区连续居县域综合竞争力评价的前两位，横县和苍梧县发展态势良好，综合竞争力显著增强，临桂区和武鸣县综合竞争力也提升不少。东兴市的县域综合竞争力较两年前的评价上升了14位，变化非常明显，这和评价指标体系有一定关系，但事实上，在2014年的评价结果中，东兴市已居第9位。

表1－1　广西县域综合竞争力评价前10位县域排名变动情况

排名	2013年评价结果	2015年评价结果	排名变动
1	玉州区	玉州区	—
2	兴宾区	临桂区	↑2
3	武鸣县	武鸣县	—
4	临桂区	东兴市	↑14
5	北流市	岑溪市	↑1
6	岑溪市	横　县	↑2
7	右江区	北流市	↓2
8	横　县	钦南区	↑2
9	桂平市	右江区	↓2
10	钦南区	苍梧县	↑2

注：2015年县域竞争力排名以2013年各县域统计数据评价结果为准。

在《广西县域竞争力报告（2013）》中，综合竞争力评价居后10位的县域依次为大化瑶族自治县、凤山县、田林县、乐业县、凌云县、都安瑶族自治县、东兰县、隆林各族自治县、西林县、那坡县；在《广西县域竞争力报告（2015）》中，综合竞争力评价居后10位的县域依次为三江侗族自治县、乐业县、环江毛南族自治县、田林县、都安瑶族自治县、大化瑶族自治县、凤山县、罗城仫佬族自治县、巴马瑶族自治县、东兰县（见表1－2）。总体来看，这些县域全部集中在桂西资源富集区（或是左右江革命老区），属于国家集中连片扶贫开发地区，经济发展比较滞后，资源优势亟待转化为经济优势。同时，这些县域也将是广西与全国同步全面建成小康社会的攻坚县域，从长期来看，由于地形地貌、交通制约等因素的影响，对于上述县域发展的理念和模式必须有变革性的举措。

表 1-2 广西县域综合竞争力后 10 位县域排名变动情况

排名	2013 年评价结果	2015 年评价结果	排名变动
81	大化瑶族自治县	三江侗族自治县	↓1
82	凤山县	乐业县	↑2
83	田林县	环江毛南族自治县	↓8
84	乐业县	田林县	↓1
85	凌云县	都安瑶族自治县	↑1
86	都安瑶族自治县	大化瑶族自治县	↓5
87	东兰县	凤山县	↓5
88	隆林各族自治县	罗城仫佬族自治县	↓11
89	西林县	巴马瑶族自治县	↓10
90	那坡县	东兰县	↓3

注：2015 年县域竞争力排名以 2013 年各县域统计数据评价结果为准。

2015 年县域竞争力评价指标体系中，规模竞争力的评价指标主要包括年末总人口、地区生产总值、农林牧渔业产值等规模性指标。由于县域规模性指标往往取决于或决定于县域人口规模和经济规模，因此规模竞争力评价前 10 位变动不会很大（见表 1-3）。在《广西县域竞争力报告（2015）》中，玉州区规模竞争力仍居第 1 位。发展竞争力的评价指标主要包括地区生产总值、工业增加值、公共财政收入等指标的增长速度，在实际经济活动中，个别县域增长速度会放缓，甚至稍有回落，而部分县域处于经济高速发展期，发展竞争力评价结果好于往年，因此各县域发展竞争力的升降幅度明显大于其他竞争力。受统计指标的影响，工业竞争力和基础竞争力的评价指标较往年有较大的变动。其中，在工业竞争力方面，取消了规模以上工业外向度水平和单位电力消耗工业总产值两个指标，而用主营业务收入占工业总产值比重来代替；在基础竞争力方面，取消了往年所采用的单位面积高等级公路里程和单位面积铁路里程两个指标，而用每万人公共交通拥有量和每万人技术人员数来代替。因此，工业竞争力和基础竞争力的计算结果较往年有一定幅度的变化，但对综合竞争力的影响相对有限。

由于工业竞争力和基础竞争力的指标有所调整，在这两项指标的评价中

表 1－3　广西县域竞争力前 10 位县域排名变动情况

排名	规模竞争力		排名变动	发展竞争力		排名变动
	2013 年	2015 年		2013 年	2015 年	
1	玉州区	玉州区	—	武宣县	钦北区	↑34
2	兴宾区	横　县	↑3	苍梧县	田阳县	↑61
3	桂平市	博白县	↑1	蒙山县	临桂区	↑11
4	博白县	桂平市	↓1	宁明县	荔浦县	↑66
5	横　县	北流市	↑1	兴安县	兴宾区	↑2
6	北流市	武鸣县	↑1	柳城县	苍梧县	↓4
7	武鸣县	岑溪市	↑4	兴宾区	横　县	↑3
8	平南县	兴宾区	↓6	大新县	东兴市	↑45
9	合浦县	藤　县	↑5	江州区	龙胜各族自治县	↑75
10	宾阳县	临桂区	↑3	横　县	藤　县	↑29
排名	质量竞争力		排名变动	工业竞争力		排名变动
	2013 年	2015 年		2013 年	2015 年	
1	东兴市	临桂区	↑4	兴宾区	钦南区	↑1
2	天峨县	东兴市	↓1	钦南区	临桂区	↑4
3	玉州区	武鸣县	↑4	岑溪市	岑溪市	—
4	兴安县	兴安县	—	玉州区	靖西县	↑16
5	临桂区	凭祥市	↑3	宁明县	苍梧县	↑6
6	右江区	永福县	↑3	临桂区	平果县	↑20
7	武鸣县	玉州区	↓4	桂平市	兴宾区	↓6
8	凭祥市	江州区	↑5	北流市	横　县	↑10
9	永福区	上思县	↑18	江州区	桂平市	↓2
10	田东县	苍梧县	↑10	陆川县	右江区	↑7
排名	民生竞争力		排名变动	基础竞争力		排名变动
	2013 年	2015 年		2013 年	2015 年	
1	玉州区	玉州区	—	金城江区	东兴市	↑16
2	右江区	右江区	—	凌云县	金城江区	↓1
3	钦南区	东兴市	↑1	凭祥市	右江区	↑1
4	东兴市	钦南区	↓1	右江区	凭祥市	↓1
5	港北区	港北区	—	田东县	天峨县	↑42
6	金城江区	金城江区	—	邕宁区	陆川县	↑5
7	兴安县	兴安县	—	乐业县	乐业县	—
8	防城区	灵川县	↑1	平果县	金秀瑶族自治县	↑58
9	灵川县	防城区	↓1	合山市	合浦县	↑5
10	武鸣县	凭祥市	↑2	岑溪市	岑溪市	—

注：此表为 2013 年与 2015 年的评价结果排名，不代表当年的实际情况。

排名变动较大。此外，发展竞争力历年的排名变动也较大，这与县域层面项目建设、基础投入、财政收入都有较大关系，尤其是一些基础相对较弱的县域，容易产生发展竞争力上的大幅波动，但即便是一些综合实力较强的县域也会出现发展竞争力上的较大幅度的波动，这与县域层面的投资规模和财政规模直接相关。基础竞争力的表现也存在相当程度的波动，这与统计指标的变更有关系，从之前的单位面积高等级公路里程和单位面积铁路里程变更为每万人公共交通拥有量和每万人技术人员数。对于"基础"的理解，不仅仅是一般性的"交通基础"的范畴，我们着重强调的是县域发展的基础支撑。例如，金秀县每万人技术人员数居全区第1位，这显著拉升了金秀县基础竞争力的水平，同样，天峨县及部分县域也存在类似情况。

二　沿海县域：年度典型分析

改革开放前，我国沿海县域与沿边县域之间的发展差距并不大；改革开放后，沿海县域得开放之先机，国家对包括沿海县域在内的沿海地区率先实施对外开放政策，通过充分利用其良好的区位优势，率先实现经济发展的腾飞，进而带动我国内陆地区加快发展。沿海县域作为沿海地区的基本单元，是沿海地区经济发展的前沿阵地和排头兵。我国共有8个省区和2个直辖市毗邻沿海，沿海县域发展在其中起到了重要作用。与往年报告有所不同，《广西县域竞争力报告（2015）》没有再对工业县域、农业县域和民族县域进行类型研究，而是将重点集中在有关沿海县域的比较评价上。有关沿海县域的比较研究是本年度报告在以往年度报告基础上的进一步延伸，《广西县域竞争力报告（2015）》不仅对广西沿海县域进行了分析研究，而且与全国边境县域进行了综合比较分析。

2013年，辽宁、河北、山东、江苏、浙江、福建、广东、广西8个省区共有沿海县域184个（不包括天津、上海、深圳三市），其中县51个、市辖区86个、县级市47个。本书仅对98个（原为99个，但福建省金门县由于无统计数据，因此在此不做分析）县及县级市进行对比分析。2013年，98个县域行政总面积为15.71万平方公里，年末总人口为7105.01万人，实现地区生产总值 37898.16 亿元，公共财政收入达到 2737.13 亿元，规模以上工业总产值达到 71948.04 亿元，社会消费品零售总额达到 13065.16 亿元，全社会固定资产投资达到 24298.99 亿元，在全国中的占比分别为：行政总面积占 1.72%，年末总人口占 5.35%，地区生产总值占 6.60%，公共财政收入占 2.09%，规模以上工业总产值占 7.02%，社会消费品零售总额占 5.44%，全社会固定资产投资占 5.39%。目前，广西沿海县（区、市）共有 8 个，其中县及县级市仅有合浦县和东兴市。2013 年，这两个沿海县域行政总面积为 3350.95 平方公里，年末总人口为 119.69 万人，实现地区生产总值 240.74 亿元，公共财政收入达到 46.95 亿元，规模以上工业总产值达到 221.1 亿元，社会消费品零售总额达到 78.77 亿元，全社会固定资产投资达到 147.23 亿元。广西沿海县域主要经济社会指标在全区中的占比分别为：行政总面积占 1.42%，年末总人口占 2.27%，地区生产总值占 1.67%，公共财政收入占 0.36%，规模以上工业总产值占 1.21%，社会消费品零售总额占 1.55%，全社会固定资产投资占 1.24%。广西沿海县域主要经济社会指标在全国沿海县域中的占比分别为：行政总面积占 2.02%，年末总人口占 1.71%，地区生产总值占 0.64%，公共财政收入占 1.74%，规模以上工业总产值占 0.31%，社会消费品零售总额占 0.61%，全社会固定资产投资占 0.61%。

从广西沿海县域的发展水平来看，2013 年，广西 2 个沿海县域人均地区生产总值、人均财政一般预算收入、人均规模以上工业总产值①、人均社会消费品零售额和农村居民人均纯收入分别为 20114 元、3923 元、18473 元、6581 元和 9259 元，在我国沿海县域中分别排在第 8、第 5、第 8、第 8 和第 8 位。总体来看，广西沿海县域发展水平在全国沿海县域中处于落后水平，必须充分发挥与东盟国家陆海相邻的独特优势，在适应经济发展新常态的背景下，加快发展，迎头赶上，走出一条具有广西沿海县域特色的发展之路。

① 人均规模以上工业总产值为规模以上工业总产值与县域总人口的比值。

三 面向全面小康的县域经济发展

“十三五”时期，是实现全面建成小康社会的关键时期，也是广西力争与全国同步建成小康社会的关键时期，县域尤其是发展滞后的县域将可能是实现这一目标的“最后一公里”，任务艰巨、形势逼人，如何加强县域发展中的精准扶贫和特色产业发展，是当前和未来的重中之重。

（一）县域精准扶贫的问题

精准扶贫是相对于粗放扶贫而言的，是指针对不同贫困区域环境、不同贫困农户状况，运用科学有效的程序对扶贫对象实施精确识别、精确帮扶、精确管理的治贫方式。2015 年 1 月，习近平总书记在云南省调研期间强调要坚决打好扶贫开发攻坚战，加快民族地区经济社会发展。2015 年 6 月，习近平总书记来到与云南毗邻的贵州省，再次强调要科学谋划好“十三五”时期扶贫开发工作，确保贫困人口到 2020 年如期脱贫，并提出扶贫开发“贵在精准，重在精准，成败之举在于精准”。

截至 2014 年底，全国农村贫困人口为 7017 万人，其中大部分分布在河南、湖南、广西、四川、贵州、云南等省份的底子薄、条件差的地区。在 2015 年上半年全国部分省区市扶贫攻坚与“十三五”时期经济社会发展座谈会上，习近平总书记全面深刻地阐述了新时期我国扶贫开发的重大理论和实际问题，提出“六个精准”要求，即扶持对象精准、项目安排精准、资金使用精准、措施到户精准、因村派人（第一书记）精准、脱贫成效精准，明确了精准扶贫的丰富内涵，为加快精准扶贫提供了方向。

为确保实现与全国同步建成小康社会，贫困县域的脱贫致富尤为重要。目前，距离实现全面建成小康社会的时间已经不多，仅仅有 5 年的时间，时不我待，扶贫开发必须增强紧迫感、真抓实干，决不能让困难地区和困难群众掉队。必须深入实施精准扶贫、精准脱贫，全力落实产业发展、教育扶智、社会帮扶、新村建设等精准扶贫的思路，以点带面构建大扶贫发展格局，项目安排和资金使用都要提高精准度，扶到点上、根上，让贫困群众真正得到实惠。

在加快县域实现精准扶贫方面，要着力让村屯好支书、好班子成为扶贫攻坚的“牛鼻子”，让党组织成为加快精准扶贫的“标杆”。加快培养一批素质过硬的村屯好支书、好班子，带领群众在加快基础设施建设、推动村屯特色产业发展等方面发挥应有的作用。要强化各项规划及相关政策的引领，明确县域精准扶贫方向，高标准编制相应的精准扶贫规划，统筹推进基础设施、特色产业、智力帮扶、社会事业等项目的发展，细化县域精准扶贫开发的重点任务及重点项目。要着力强化贫困地区的基础设施建设，受自然环境的影响，贫困地区普遍存在道路差、吃水难、用电难等基础设施薄弱问题，因此，加快县域基础设施建设成为扶贫攻坚的首要难题。

（二）特色产业推动县域经济上台阶

特色资源加工及产业化发展是县域经济发展的强大推动力，广西大批县域拥有丰富的特色资源，也涌现了一批特色产业名县，如以茉莉花产业著称的横县、以茶叶闻名的凌云县等。以百色为例，目前获得国家农产品地理标志的有西林麻鸭、西林砂糖橘、凌云白毫茶、百色芒果和百色番茄等，这些农产品广泛种植在百色的右江区、田阳、田东和平果等县，其中百色芒果种植面积已达 54 万亩，年产量为 28 万吨，面积和产量均占广西的 95%，是我国第二大芒果产区、全国地级市最大的芒果生产基地。发挥好这些特色农产品的价值，把市场做大、把产品做深，是推动广西县域经济实现飞速发展的重要引擎。

农业产品或县域特色产品必须通过创建品牌，才能实现品质的提升、市场的拓展和效益的增加，才能占有市场竞争的先机，因此必须积极创建“三品一标”，即“无公害农产品、绿色食品、有机农产品、农产品地理标志”。发展县域特色产业，必须充分发挥龙头企业的直接参与及引导作用，充分挖掘镇、村特色资源潜力，大力发展具有县域特色的优势产业，加快“一乡一品”“一村一品”建设步伐。要扶持县域农产品基地建设，加强标准化生产以及申报和管理等工作。

旅游产业作为广西的支柱产业和千亿元产业之一，在促进对外开放、扩大内需、增加就业、提高文化生活水平、推动全区县域经济社会发展等方面发挥了重要作用。在新常态下，加快县域旅游特色产业发展应以特色资源为依托，以市场为导向，以山水、滨海、边关、民族风情为重点，围绕“四区一带一龙头”的总体布局，大力开发特色旅游产品和精品，不断完善旅游基础设施和配套服务设施建设，积极开拓国内外客源市场，进一步推进县域旅游业的对外开放，着力提高旅游业的服务质量，加强旅游资源和生态环境保护，发展大旅游，建设大产业，丰富大市场，实现跨越式发展，努力构筑起广西开放带动型的特色旅游产业体系。

四 “一带一路”和新常态下县域发展面临的新机遇和新挑战

（一）“双核驱动、三区统筹”背景下县域经济提质增效

继2008年北部湾经济区开放开发上升为国家战略后，国家已先后批准实施珠江－西江经济带发展规划和左右江革命老区振兴规划，广西全域实现了国家战略全覆盖。根据国家赋予广西的新定位、新使命，着眼于经济发展的新形势，自治区党委、政府旨在深入并主动服务国家战略，进一步优化“两区一带”区域发展总体布局，倾力打造北部湾经济区、西江经济带两大核心增长极，辐射带动左右江革命老区加快振兴，提出“双核驱动、三区统筹”的区域发展新格局。在此背景下，加快县域经济快速发展和质效提升，应着力推动以下几个方面的工作。

一是加快县域基础设施建设。目前，广西县域基础设施建设相对薄弱，高速公路、铁路、水运等密度相对较低，公路通道不足、等级不高，公、铁、水、空等各种运输方式之间的能力不配套、服务不健全，高效衔接不足，运输效率相对较低。因此，在“十三五”时期，要加快“高速县县通”

“高铁市市通”“民航片片通”“内河条条通”建设，加快公路建设，形成衔接珠三角与北部湾经济区的陆路大通道。着力加快县域等级公路建设，升级改造农村公路，力争实现村村通水泥路。加快解决黄金水道碍航问题，按照现代化港口建设要求，加快枢纽港建设，完善集疏运体系，实现港口作业区与重大工业园区、物流园区及铁路、公路等交通运输衔接，为县域经济发展提供重要的战略支撑和基础保障。

二是推动项目落地。根据各县（市、区）的资源优势，按照推进产业转型升级、培育县域现代产业体系、构建县域产业集聚的要求，围绕加快传统产业升级，做大做强县域特色优势产业，积极培育着眼长远发展的特色新兴产业，大力发展物流、旅游、健康养老、技术服务、金融、电子商务等现代服务业，加快实施和建设一大批特色优势产业项目，提高县域经济发展的综合效益和质量水平，进而实现全区县域经济的可持续、常态化发展。

三是加快县域开放合作。要更加积极主动地推动县域发展的全面开放合作，提升县域综合竞争力和特色竞争力，推动毗邻县域发展相互支撑和优势互补，构建沿海、沿江、沿边、内陆开放条件下县域发展相互促进、联动协调的新格局。加强与珠三角、云贵、东盟等地区的产业合作，加快引进发达地区先进的技术、人才等，以更加包容开放的理念，进一步强化县域经济协同发展、联动发展的创新模式。

（二）高铁经济带发展下的县域经济发展

20 世纪 60 年代，日本东海道新干线的开通，不仅极大地缓解了周边的运输压力，带动了沿线城市和地区社会经济显著而长久的复苏，而且成为日本经济进入快速繁荣时期的重要标志。此后，这种“依托高速铁路的综合优势，促使资本、技术、人力等生产要素，以及消费群体、消费资料等消费要素，在高速铁路沿线站点实现优化配置和集聚发展的新型经济形态”得到各国政府和学者的认可，“高铁经济”由此诞生。截至 2014 年底，我国大陆地区高速铁路营运里程已达到 16381 公里，已将环渤海、长三角、珠三角等主要经济圈连成网，高速铁路带来的巨大的人流、物流、信息流，为高速铁路沿线城市和地区带来了前所未有的发展契机，我国已全面进入“高铁时代”。

“发挥广西与东盟国家陆海相邻的独特优势，加快北部湾经济区和珠江－西江经济带开放发展，构建面向东盟的国际大通道，打造西南、中南地区开放发展新的战略支点，形成21世纪海上丝绸之路与丝绸之路经济带有机衔接的重要门户”，是习近平总书记在参加全国“两会”广西代表团审议时对广西发展最明确、最全面的定位。而围绕高速铁路网建设高铁经济带，是广西实现上述功能定位并最终实现全方位开放合作的有效手段之一。

2014年，自治区政府提出到2020年将打造形成以南宁为中心的“12310”高铁经济圈，实现“市市通高铁”的发展目标。在此目标的推动下，截至2014年底，广西铁路运营里程达到4711公里，动车通车里程达到1481公里，位居全国前列，广西成为我国首个开通高铁的少数民族自治区，并从全国“路网末梢”跃升为中国面向东盟的区域性铁路枢纽。

高铁经济的发展，极大地加快了广西对外开放的步伐，推动了广西与周边地区的商贸往来。以桂平市为例，2015年“五一”期间，共接待国内外游客23.1万人次，实现旅游综合收入1.6亿元，分别比上年同期增长12.6%和8.3%。南广、贵广高铁开通后，贺州姑婆山、梧州龙母庙、桂林阳朔、三江侗寨的游客猛增。总体预测，随着高铁经济带的逐步形成，未来贺州、梧州包括贵港将逐步成为粤港澳尤其是珠三角地区旅游的重要目的地之一，而桂林则将依托湘桂高铁经济带和贵广高铁经济带结合点的重要优势，为相关县域发展带来新的机遇。自2015年7月起，每天往返广西、广东两省区的高铁直通车从开通初期的44对增加到79对，两广之间全面实现动车“公交化”。高铁、动车的频频加密，为广西县域经济腾飞提供了更大的平台，同时对促进县域发展融入泛珠三角区域合作，实现加快发展、增效发展、提质发展具有重要意义。

对于高铁经济带建设与县域经济发展，还需要开展进一步的深入研究。总体来看，高铁经济带建设对于广西县域发展具有直接的促进作用，但必须考虑到高铁经济带的“虹吸效应”，短期内或相当时期内，高铁效应对于中心城市的发展更为显著。因此，如何实现高铁经济带与县域发展的关联互动、开放共赢是亟待破解和面对的课题。我们认为在贵广高铁经济带、南广高铁经济带和湘桂高铁经济带加快建设和云桂高铁即将建成的背景下，要高度重视县域高铁枢纽的建设，打造和培育一批具有较强辐射力的县域高铁经济集聚区，如平南（镇隆）、横县（黎塘）、兴宾、八步、阳朔等高铁枢纽，通过这些县域高铁枢纽的建设，使县域经济发展连接成网，打破县域行政割裂，统筹县域产业布局，创新县域发展模式。

（三）县域生态环保与扶贫开发

桂西及桂北石漠化较为严重，生态环境较为脆弱，“十三五”时期，广西县域扶贫开发必须与生态环保相结合，具体来说，要做好以下几个方面的工作。

一是精心制订搬迁规划和实施方案，突出以建档立卡贫困户、10 户以下自然屯等为搬迁重点，防止出现“搬富不搬穷”。要精准摸底、突出重点，在移民安置点选择上要重布局、抓特色，积极融入少数民族文化，彰显地域特色。坚持把移民住房建设与学校、医院、文化等公共基础设施相结合，统筹住宅区与产业区建设，力求安置区设施配套齐全、功能完善。

二是因地制宜灵活安置。按照因地制宜、方便群众、有利发展的原则，灵活合理确定安置方案，探索实施多种安置形式，结合新型城镇化建设中搬迁工作的要点，依托县城、重点乡镇、工业园区建设安置点，不仅要安置贫困群众，而且要进一步拓展城区，提高城镇化率。要结合打造旅游景点实施搬迁工程，依托民族特色、养生特色、长寿文化和山水风光等旅游资源，实施扶贫生态移民安置。在安置点选择上，以就城镇、就土地、就交通为原则，在方便群众搬迁的同时，要利于长远和可持续发展。对居住在自然条件恶劣的边远山区和生态脆弱地区的群众，要以集中无土安置为主；对故土难离、不具备无土安置的群众，要以山上搬山下、就近就平搬迁、就交通便利搬迁的分散有土安置为主。

三是着眼发展谋划特色产业。扶贫搬迁关键在于留得住、落得下，必须着眼于移民的后续发展，要坚持把产业发展、移民就业作为扶贫生态移民的基础性工作来抓。首先要积极引进和培育劳动密集型企业，为移民提供就业岗位。其次要发展特色产业帮助移民增收。以市场为导向，在迁出区和安置区建设农产品基地，发展规模化种养和“短平快”特色产业。要加强安置点配套商业设施建设，通过发展商贸实现就业创业。

（四）新常态下县域发展新思路

在过去的几十年里，广西县域得到了较快发展，但这种发展是以初级工业化为目标，以 GDP 增速为核心，低层次、粗放型、过度追求规模和速度的传统工业发展路径。近年来，广西县域经济在经历了高速增长后，劳动力、土地、市场等发生了深刻变化，县域经济发展呈现一些新的特点，进入县域经济发展的新常态，传统的发展路径和发展思路已经不能继续推动县域经济发展，必须找到县域经济发展新的增长点。

一是以互联网和网络经济为代表的经济新业态正在深刻影响着县域经济发展。电子商务对县域经济发展尤其是县域特色产业产生了日益显著的影响，淘宝、天猫、微信、手机 APP 等电子商务销售平台对广西县域特色产业影响显著，2015 年 6 月，田东县为鼓励全社会广泛参与，开展了田东县首届芒果电子商务销售大赛，进一步提升了田东县芒果的知名度，创新了特色产业的发展思路。

二是要进一步明确和创新县域发展新思路。“十三五”时期，广西县域经济发展要与自治区主体功能区规划相呼应，找准自身定位，科学规划经济发展目标和方向，强化、优化空间格局，增强县域整体竞争力和可持续发展基础。转变发展思路，在发展思路和发展方向上体现新常态的特点和要求，把县域经济发展战略和各行业发展任务与空间发展、空间管控等相结合，实现持续发展与空间优化的有机结合。

三是要围着改革转、盯着改革干，将改革作为新常态下加快县域经济发展的推动力。改革是推动县域经济发展的重要动力，要加快全面深化改革进程，切实抓住改革的关键点和“最后一公里”，破除县域发展的体制机制壁垒，加快推进城乡一体化建设，着力推进新型工业化和新型城镇化融合发展，实现县域“四化”同步发展和融合发展。

第二部分
指标建设

一 指标体系的设计与选择

县域竞争力是一个综合范畴意义上的概念，包括县域经济、社会、民生和环境等方面。县域竞争力指标的选取应体现县域竞争力的综合性与系统性，应充分体现县域竞争力的内涵和外延，融合科学发展要义。县域竞争力是一个具有复杂系统的有机整体，是由一系列相互联系、相对独立、互为补充的指标构成的有机整体。县域竞争力指标必须体现这种综合性与系统性，县域各个分类指标之间，要形成有机、有序的联系，从多方面反映县域的综合实力与整体水平。

县域竞争力评价不仅要衡量县域经济发展的质量与内涵，而且要反映县域的可持续发展能力。因此，选择指标时不仅要考虑县域竞争力的全面性，更要考虑县域竞争力的本质和内涵，同时还应注意指标体系的可操作性、可比性，进而构建一套系统完善、科学客观且便于操作的指标体系。广西县域竞争力的指标选择应集中体现以下四个原则。

（1）全面性。衡量县域竞争力必须综合考虑各方面的影响因素，县域竞争力是县域内多种因素和各子系统综合作用的结果。每一个指标都应反映出县域的某一层面，这就要求评价体系尽可能体现综合性和全面性。所建立的指标体系在结构上应包括不同层次，体现指标体系的内涵。

（2）可比性。指标体系的可比性主要包括两方面：一是指标体系应尽量选择可比性较强的相对指标及人均指标；二是指标体系中每一个指标的含义、统计口径和范围、计算方法与获取途径等应尽量一致，使其具有动态可比性和横向可比性。

（3）独立性。所选择的各个指标应是相对独立的，从而使每个指标的作用得以充分发挥，但实际上经济社会发展的所有指标都具有一定的相关性，应尽量避免高度相关性指标。同时，指标体系中不应出现同一指标反复使用的情形。换言之，指标之间不应存在严重的多重共线性问题。

（4）可行性。评价指标应具有可计量性和可操作性，既要考虑指标体系的完整、科学，又要从实际出发，充分考虑资料获取的可能性，如不可能取得统一、全面的资料，则只能采用相近指标来代替或舍弃。评价指标应尽可能利用现有统计数据和便于收集的数据，以现有统计制度为基础进行指标筛选。

二　广西县域竞争力指标体系

县域竞争力反映了一个县域及县域经济发展的水平和层次，其评价结果是对县域经济社会发展的一种综合评价和分析，评价指标体系是由一组相互联系、相互影响的指标组成的统计指标。广西县域竞争力指标体系共包括3个层次：第一层次是目标层，即县域的综合竞争力评价；第二层次是竞争力层，即各类竞争力评价，包含6类竞争力；第三层次是基本要素层，即具体构成要素。具体的评价体系见图2－1。

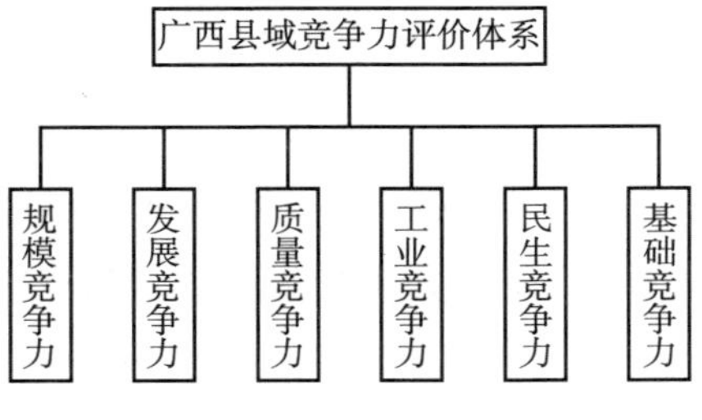

图2－1　广西县域竞争力评价体系

广西县域竞争力评价体系共包含6类竞争力和35项基本指标。

1. 规模竞争力

规模竞争力是一种总量性竞争力，体现了一个县域的整体规模和实力状况，是衡量县域竞争力最主要的指标之一，包括 X_1——年末总人口、X_2——地区生产总值、X_3——农林牧渔业产值、X_4——社会消费品零售总额、X_5——公共财政收入和 X_6——全社会固定资产投资。

——年末总人口。通常是指一定时点、一定地区范围内常住人口的总和。人口规模的大小在某种程度上反映了县域整体规模的大小，客观上也是评价一个县域规模水平的主要标志。

——地区生产总值。是指按照市场价格计算的一个县域所有常住单位在一定时期内生产活动的最终成果。地区生产总值等于各产业增加值之和，是反映一个县域整体经济实力的重要指标，在县域竞争力评价中有着重要的作用。

——农林牧渔业产值。是指以货币表现的农林牧渔业全部产品和对农林牧渔业生产活动进行的各种支持性服务活动的价值总量，反映一定时期内县域农林牧渔业生产总规模和总成果。

——社会消费品零售总额。是反映各行业通过多种商品流通渠道向居民和社会供应的生活消费品总量，是县域零售市场变动情况、经济景气变化程度、县域消费能力、县域居民生活水平的重要测评指标。

——公共财政收入①。是衡量县域财力的重要指标。政府在社会经济活动中提供公共物品和服务的范围与数量，在很大程度上取决于公共财政收入的充裕状况。该指标直观地反映了县域经济发展情况，是县域竞争力评价中不容忽视的重要指标。

---

① 财政总收入包括财政部门组织的收入、国税组织的收入、地税组织的收入等，是财政大收入的概念。一般预算收入是指地方实际可用财力，扣除了上缴中央部分的税收，如上缴中央财政75%的增值税、上缴中央财政60%的所得税等属于财政总收入的盘子，没有计入一般预算收入。一般预算收入包括国税、地税扣除上缴中央财政部分的地方留存部分再加财政部门组织的收入。从客观角度而言，一般预算收入比财政总收入更具比较价值，但考虑到广西县域及县域经济发展的现实水平，评价选择采用公共财政收入作为评价指标。

——全社会固定资产投资。是以货币形式表现的一定时期内县域全社会建造和购置固定资产的工作量以及与此有关的费用总称，该指标是反映县域固定资产投资规模和发展速度的综合性指标。全社会固定资产投资在整体上反映了建造和购置固定资产的活动，并能进一步调整经济结构和生产力布局，对于未来时期县域经济增量的形成具有重要作用。

2. 发展竞争力

发展竞争力通过县域发展主要经济要素指标的增长速度来衡量县域竞争力的强弱，包括 X_7——地区生产总值增长速度、X_8——工业增加值增长速度、X_9——公共财政收入增长速度、X_{10}——社会消费品零售总额增长速度、X_{11}——全社会固定资产投资增长速度和 X_{12}——银行存贷款比例评级。与2012 年的评价不同，本年度县域发展竞争力相关指标的报告期采用 2011 年数据，基期采用 2010 年数据，增长速度为 1 年平均增长速度，这对各县域的发展竞争力形成了一定的差异影响。

——地区生产总值增长速度。是指县域地区生产总值报告期的增长量与基期地区生产总值总量之比，反映某一时期（或年度之间）县域地区生产总值的发展态势和发展潜力。在县域竞争力评价中地区生产总值增长速度可以动态地衡量地区生产总值的发展水平，对县域竞争力评价具有重要作用。

——工业增加值增长速度。是指工业增加值报告期的增长量与基期工业增加值总量之比，表示在某一时期（或年度之间）县域工业增长水平和态势，用以分析研究县域工业发展的变化规律。在县域竞争力评价中工业增加值增长速度客观地反映了工业增加值的动态变化程度。

——公共财政收入增长速度。是指公共财政报告期的收入增长量与基期公共财政收入总量之比，反映在某一时期（或年度之间）县域公共财政收入的变化趋势，用以分析公共财政收入的变化规律。在县域竞争力评价中公共财政收入增长速度是衡量地区政府财力水平动态变化的重要指标。

——社会消费品零售总额增长速度。是指社会消费品报告期零售总额的增长量与基期社会消费品零售总额之比，反映了社会消费水平的发展趋势，是研究县域居民生活水平、社会零售商品购买力、社会生产、货币流通和物价动态发展变化的重要指标。

——全社会固定资产投资增长速度。是指全社会固定资产报告期投资增长量与基期投资总量之比，客观上反映了建造和购置固定资产活动与调整经济结构和生产力地区分布的动态变化趋势。县域竞争力评价中全社会固定资产投资增长速度在某种意义上对县域经济未来增长具有重要的参考价值。

——银行存贷款比例评级。所谓存贷款比例，是指将银行的贷款总额与存款总额进行对比，存贷款比例 =（各项贷款总额/各项存款总额）× 100%。从银行赢利的角度讲，存贷比越高越好，因为存款是要付息的，即所谓的资金成本，如果一家银行的存款很多、贷款很少，就意味着它的成本高而收入少，银行的赢利能力就较差①。银行存贷款比例评级以银行存贷款比例为分析对象，通过专家评分来判断县域经济活跃程度或所面临的风险水平。

3. 质量竞争力

质量竞争力从人均型指标、单位土地面积产出以及单位能源消耗产出的角度对县域及县域经济发展进行评价，这类指标在很大程度上体现了县域经济发展的质量水平和实际绩效，也充分体现了县域经济的可持续发展能力，包括 X_{13}——人均地区生产总值、X_{14}——人均公共财政收入、X_{15}——人均工业增加值、X_{16}——单位面积地区生产总值、X_{17}——单位面积粮食产量和 X_{18}——单位电力消耗地区生产总值。

——人均地区生产总值。是指一个县域核算期内（1 年）实现的地区生产总值与县域内常住人口（或户籍人口）之比，反映了县域人民生活水平的总体标准，也是了解和把握县域经济运行状况的有效指标。因此，该指标

① 从银行抵抗风险的角度讲，存贷款比例不宜过高，因为银行还需应对客户日常现金支取和日常结算，这就需要银行留有一定的库存现金——存款准备金。如果存贷款比例过高，存款准备金就会不足，会导致银行的支付危机，若支付危机扩散，有可能导致金融危机，对地区或国家经济的危害极大。因此，银行存贷款比例不是越高越好，央行为防止银行过度扩张，目前规定商业银行最高的存贷款比例为 75%。

可以直观地反映县域经济的发展绩效水平。

——人均公共财政收入。是指一个县域核算期内（1 年）实现的公共财政收入与地区常住人口（或户籍人口）之比。该指标可以反映某一县域与其他县域之间的富裕程度差异以及该县域的经济实力。

——人均工业增加值。是指一个县域核算期内（1 年）实现的工业增加值与县域内常住人口（或户籍人口）之比。该指标反映了某一县域在一定时期内工业生产和提供服务的人均市场价值，对于比较评价不同县域工业发展水平具有直接作用。

——单位面积地区生产总值。是指在单位面积县域内所有常住单位在一定时期内生产活动的最终成果。该指标反映了县域整体经济发展的质量水平和单位面积经济产出量，在可持续发展和土地资源集约利用的背景下，单位面积地区生产总值对于衡量一个县域的科学发展、可持续发展具有重要的评价意义。

——单位面积粮食产量①。是指单位面积内的粮食产量。粮食问题关乎国家及地区的发展，因此该指标是评价县域农业经济发展的重要指标，是衡量县域农业经济发展质量与可持续性的重要指标。

——单位电力消耗地区生产总值。是指在单位电力消耗范围内县域地区生产总值的整体情况。该指标反映了一个县域对资源的集约利用程度，也是反映县域质量竞争力的重要指标②。

4. 工业竞争力

从县域经济的发展规律来看，对于欠发达后发展的广西而言，“工业强

① 粮食产量包括国有农场等全民所有制经营的、集体统一经营的和农民家庭经营的粮食产量，还包括工矿企业家属办的农场和其他生产单位的粮食产量。粮食除包括稻谷、小麦、玉米、高粱、谷子及其他杂粮外，还包括薯类和大豆。其产量计算方法为：豆类按去豆荚后的干豆计算；薯类（包括甘薯和马铃薯，不包括芋头和木薯）1963 年以前按每 4 公斤鲜薯折 1 公斤粮食计算，1964 年以后按每 5 公斤鲜薯折 1 公斤粮食计算。其他粮食一律按脱粒后的原粮计算。

② 电力消费弹性系数也是衡量县域发展质量的重要指标，电力消费弹性系数 = 电力消费量年平均增长速度/国民经济年均增长速度。

则县域经济强”依然具有较强的代表性。工业的发展和增长对县域竞争力的影响至关重要，工业竞争力评价指标包括 X_{19}——工业增加值、X_{20}——规模以上工业总产值、X_{21}——人均规模以上工业总产值（工业生产率）、X_{22}——规模以上企业平均规模、X_{23}——主营业务收入占工业总产值比重。

——工业增加值。是指工业企业在报告期内以货币表现的工业生产活动的最终成果，反映了一个县域在一定时期内生产和提供的全部工业最终产品和服务的市场价值总和，同时也反映了生产单位或部门对地区生产总值的贡献程度。

——规模以上工业总产值。是指国有企业以及工业产值在 2000 万元以上的规模工业企业在报告期内以货币表现的工业活动成果①，代表了一个县域整体工业规模的发展水平与方向。在县域竞争力评价中，该指标有很强的代表性。

——人均规模以上工业总产值（工业生产率）。是指单位从业人员的平均工业产值产出，是反映一个县域人均工业生产力水平的综合经济指标，同时也反映了一个县域工业企业的投入－产出水平，是衡量一个县域工业经济发展质量和水平的重要指标。

——规模以上企业平均规模。规模以上工业企业可分为特大型企业、大型企业、中型企业、小型企业等，以一个县域规模以上工业总产值与规模以上工业企业个数的比值作为衡量标准，该指标是衡量一个县域工业经济发展实力的重要指标。

——主营业务收入占工业总产值比重。是指工业主营业务收入与工业总产值的比值，是反映一个县域工业产销状况的基本指标，用于衡量县域工业经济运行的质量状况。该值越高，说明县域工业经济发展态势越好；该值越

① 2011 年，国家统计局对规模以上工业总产值的统计口径进行了调整，由之前的 500 万元调整为 2000 万元。但规模以上工业总产值具有较大的地方标准差别，广东省以 5000 万元为标准，江苏省、山东省之前以 1500 万元为标准，东北三省、四川省、湖南省之前以 300 万元为标准，广西壮族自治区与江西省、福建省、陕西省之前则以 500 万元为标准。因此，规模以上工业总产值同样并不具有很强的区域对比性，但在同一区域内对于研究县域问题依然具有测评价值。

低，则说明工业经济下行压力较大。

5. 民生竞争力

在全面建成小康社会的背景下，民生建设已经成为我国各地区经济社会发展的重中之重，县域经济作为我国宏观经济的微观层面，承担着加快社会主义新农村建设、解决“三农”问题、实现“倍增计划”目标的重任，直接关系到民生幸福指数的提升。民生竞争力评价指标包括 X_{24}——人均社会消费品零售额、X_{25}——城镇居民人均可支配收入、X_{26}——农村居民人均纯收入、X_{27}——城乡居民收入统筹系数、X_{28}——每万人医院、卫生院床位数、X_{29}——每万人医院、卫生院技术人员数。

——人均社会消费品零售额。是指各种经济类型的批发零售贸易业、餐饮业、制造业及其他行业对城乡居民、社会集团的消费品零售额和农民对非农业居民零售额的总和与县域常住人口（或户籍人口）之比。反映了一个县域人民群众生活水平尤其是消费水平的高低，也体现了县域民众生活的富裕程度，是研究县域人民生活、社会消费品购买力、货币流通等的重要指标。

——城镇居民人均可支配收入。是指城镇居民家庭人均可用于最终消费的支出和其他非义务性支出以及储蓄的总和，即居民家庭可以用来自由支配的收入，是家庭总收入扣除缴纳的所得税、个人缴纳的社会保障费以及调查户的记账补贴后的收入。城镇居民人均可支配收入反映了城镇居民的富裕程度。

——农村居民人均纯收入。是指农村居民家庭全年总收入中，扣除从事生产和非生产经营费用支出、缴纳税款和上缴承包集体任务金额后剩余的，可直接用于进行生产性或非生产性建设投资、生活消费和积蓄的那一部分收入按照农村人口进行平均。农村居民人均纯收入反映了农村居民的富裕程度。

——城乡居民收入统筹系数①。是指城乡居民收入之间的差距水平，具体等于农村居民人均纯收入与城镇居民人均可支配收入的比值，反映了城市与乡村之间收入的内在协调关系。一般情况下，可以认为城乡居民收入统筹

① 与恩格尔系数不同，城乡居民收入统筹系数反映的是城乡之间的收入与生活差距水平，而恩格尔系数则主要反映群体内的生活消费支出分布情况。

系数越高，则城乡统筹发展水平越高，但这并不具有绝对意义，一些县域城乡居民收入差距相对较小，是处于一种低位发展水平的统筹。

——每万人医院、卫生院床位数。是指每万人所拥有的医院、卫生院床位数量，该指标用来说明县域医疗资源的情况。医疗资源的富裕程度是关系到民生建设的一个重要方面，因此，该指标在民生竞争力评价中尤为重要。

——每万人医院、卫生院技术人员数。是指每万人口中医院、卫生院拥有的技术人员数量。医务人员的素质能力和整体水平关乎县域民生建设的质量水平，该指标是反映一个县域医疗资源情况的重要指标，其高低与否一定程度上体现了一个县域医疗保障水平的高低，在民生竞争力评价中具有重要作用。

6. 基础竞争力

基础竞争力主要从单位与人均的角度来反映县域基础设施水平，直接关系到县域经济发展的后劲。基础竞争力评价指标包括 X_{30}——单位面积公路里程、X_{31}——每万人公共交通拥有量、X_{32}——每万人技术人员数、X_{33}——每万人移动电话用户数、X_{34}——每万人互联网用户数、X_{35}——每万人口中中学生数。由于 2013 年统计数据来源中去除了高等级公路里程和铁路里程，增加了公交车和出租车数、技术人员数，因此，指标 X_{31} 调整为每万人公共交通拥有量，X_{32} 调整为每万人技术人员数。

——单位面积公路里程。是指在单位面积下一定时期内实际达到《公路工程技术标准（JTG B01 -2003）》规定的技术等级的公路，并经公路主管部门正式验收交付使用的公路里程数。包括高速公路、国道和省道以及公路通过小城镇（指县城、集镇）街道的公路里程和公路桥梁长度、隧道长度、渡口宽度以及分期修建的公路已验收交付使用的里程，不包括县城街道、厂矿、林区生产用道和农业生产用道的里程。在基础竞争力评价中该指标反映了县域公路建设的发展规模与发展质量，也反映了县域公路运输网的密集程度。

——每万人公共交通拥有量。在县域发展过程中，公共交通对于偏离中心城镇的乡村发展具有重要作用，同时也是服务民生、方便群众的重要工具。由于县域经济基础、人口规模等不同，因此，本报告选择每万人公共交通拥有量作为衡量县域发展基础的指标之一，这里的公共交通包含公交车和出租车两种。

——每万人技术人员数。技术人员是引领县域科技发展、提质增效的重要力量，是县域产业发展壮大的立足之本，也是衡量县域科技发展能力的重要标志。因此，本报告选择每万人技术人员数作为衡量县域基础发展能力的指标之一。

——每万人移动电话用户数。是指每万人中在一定时期内所使用的移动电话数量，是以价值量形式表现的移动电话为社会提供通信服务的总数量。该指标综合反映了一定时期一个县域移动电话通信的发展成果，是反映一个县域移动通信业务发展规模、发展水平的重要指标，在很大程度上体现了县域信息化发展水平。

——每万人互联网用户数。是指每万人口中办理登记手续且已接入互联网的用户数，包括局域网、城域网和广域网，包括拨号上网用户和专线上网用户。中国互联网络信息中心将中国网民定义为平均每周使用互联网 1 小时以上的中国公民。该指标反映出县域发展的信息化水平和县域群众掌握信息的程度与范围，潜在地影响着县域经济社会的发展。

——每万人口中中学生数。是指每万人口中接受中等教育的学生数量，年龄一般为 11 ~ 19 岁，我国大陆中学教育由初级中学（初中）和高级中学（高中）组成。该指标反映了地区潜在劳动力的人员素质高低，在基础教育方面，是构成县域竞争力的重要源泉。从长远来看，一个县域教育水平的高低在很大程度上影响乃至决定了未来数十年该县域能否向高素质经济结构转换①。

广西县域综合竞争力指标体系见表 2－1。

① 从县域教育发展来看，每万人口中中学生数是一项重要的测评指标，但由于目前县域教育发展普遍滞后，县域中大量优质生源转移到中心城市就学，在一定程度上影响了评价结果。同时，衡量县域教育水平和劳动力素质还有一项重要的指标，即新增劳动力受教育年限，但此项指标广西一直缺失，难以进行更全面的评价。总体来看，在培育发展经济强县的过程中，应当高度重视教育强县的培育。

表 2－1　广西县域综合竞争力指标体系

类别	具体指标	单位	序号	代号
规模竞争力	年末总人口	万人	1	G01
	地区生产总值	万元	2	G02
	农林牧渔业产值	万元	3	G03
	社会消费品零售总额	万元	4	G04
	公共财政收入	万元	5	G05
	全社会固定资产投资	万元	6	G06
发展竞争力	地区生产总值增长速度	%	7	F01
	工业增加值增长速度	%	8	F02
	公共财政收入增长速度	%	9	F03
	社会消费品零售总额增长速度	%	10	F04
	全社会固定资产投资增长速度	%	11	F05
	银行存贷款比例评级	无量纲	12	F06
质量竞争力	人均地区生产总值	元/人	13	Z01
	人均公共财政收入	元/人	14	Z02
	人均工业增加值	元/人	15	Z03
	单位面积地区生产总值	万元/平方公里	16	Z04
	单位面积粮食产量	吨/公顷	17	Z05
	单位电力消耗地区生产总值	元/千瓦时	18	Z06
工业竞争力	工业增加值	万元	19	I01
	规模以上工业总产值	万元	20	I02
	人均规模以上工业总产值(工业生产率)	万元/人	21	I03
	规模以上企业平均规模	万元/个	22	I04
	主营业务收入占工业总产值比重	%	23	I05
民生竞争力	人均社会消费品零售额	元/人	24	M01
	城镇居民人均可支配收入	元	25	M02
	农村居民人均纯收入	元	26	M03
	城乡居民收入统筹系数*	无量纲	27	M04
	每万人医院、卫生院床位数	张/万人	28	M05
	每万人医院、卫生院技术人员数	人/万人	29	M06
基础竞争力	单位面积公路里程	公里/平方公里	30	J01
	每万人公共交通拥有量	辆/万人	31	J02
	每万人技术人员数	人/万人	32	J03
	每万人移动电话用户数	户/万人	33	J04
	每万人互联网用户数	户/万人	34	J05
	每万人口中中学生数	人/万人	35	J06

注：＊城乡居民收入统筹系数＝农村居民人均纯收入/城镇居民人均可支配收入。

三　广西县域竞争力测评方法

本报告对县域竞争力的评价与分析以公开统计数据为基础，重点揭示县域竞争力的发展规律和发展特点，数据资料主要来源于国家统计局2014年公开出版的各种统计资料，包括《中国统计年鉴》《广西统计年鉴》《辽宁统计年鉴》《河北统计年鉴》《山东统计年鉴》《江苏统计年鉴》《浙江统计年鉴》《福建统计年鉴》《广东统计年鉴》等。

本报告采用竞争力指数的评价方法，每个指数数值的范围区间为0～100。在单项指数中，每一个指数代表一个县域在该领域的水平，指数值越高则代表一个县域在该领域的竞争力越强。在综合竞争力中，每一个指数代表一个县域在该年度全面发展竞争力的水平和程度。

对县域各项指标进行无量纲化处理，即将各项指标进行调整后转化成为标准值，使生成的标准值能够更好地反映县域相对竞争优势的强弱。同时，将所有县域竞争力标准值直接进行排序也具有科学的比较意义。

县域竞争力计算流程见图2－2。

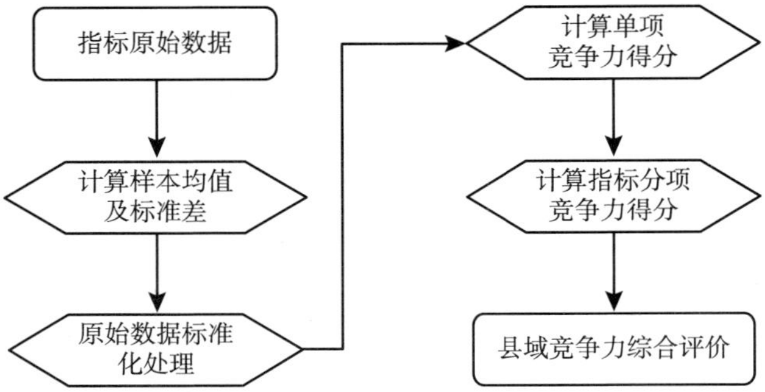

图2－2　县域竞争力计算流程

1. 评价指标的无量纲化

对单一客观指标原始数据的无量纲化处理可以采用标准化，评价指标数据的标准化即无量纲化，常用的方法有以下几种。

（1）标准化变换

$$x'_{ij} = \frac{x_{ij} - \bar{x}_j}{s_j} = \frac{x_{ij} - \bar{x}_j}{\sqrt{\frac{1}{n-1}\sum_{j=1}^{n}(x_j - \bar{x}_j)^2}} \tag{2-1}$$

式 2－1 中，x_{ij}为指标值，$\bar{x}_j$ 为第 j 个指标的算术平均数，s_j 为第 j 个指标的标准差。$i=1$，2，…，n，为样品序号；$j=1$，2，…，p，为指标序号。

（2）极差变换（规格化或正规化变换）

$$x'_{ij} = \frac{x_{ij} - \bar{x}_j}{x_{j\max} - x_{j\min}} \tag{2-2}$$

式 2－2 中，x_{ij}为指标数据，$x_{j\max}$为第 j 个指标的最大值，$x_{j\min}$为第 j 个指标的最小值。$i=1$，2，…，n，为县域序号；$j=1$，2，…，p，为指标序号。

（3）均匀变换

$$x'_{ij} = \frac{x_{ij}}{\bar{x}_j} \tag{2-3}$$

广西县域竞争力的原始数据无量纲化选择极差变换，由于参加计算的统计数据非常繁杂，难免会出现个别数据有误的情况，尤其是一些数值的奇异点（奇大或奇小）会严重扭曲测评结果。为了保证测评结果的科学性和合理性，避免受奇异点影响，将极差公式改为：

$$Z = \begin{cases} \dfrac{X}{\max} & X \geqslant 0 \\ \dfrac{X}{abs(\min)} & X < 0 \end{cases} \tag{2-4}$$

其中，max 为该指标数据中的最大值；min 为该指标数据中的最小值；X 为该指标的具体值；Z 为该指标标准化以后的值。

经过上述标准化处理，原始数据均转换为无量纲化指标测评值，各指标都处于同一个数量级别上（0～1，或 0～100 等），进而可以开展县域竞争力的综合测评分析。

2. 指标权重的确定

使用标准化处理后的数据对广西县域竞争力进行综合测评，还需要对各参评指标做出较为科学的权重确定，合理反映各个测评指标的影响和作用程度，以便得出科学合理的综合测评结果。指标权数确定方法主要有两种类型：一种是主观赋权；另一种是客观赋权。主观赋权也称德尔菲法（Delphi法），即通过一定方法综合领域内专家对各项指标给出的权重进行赋权；客观赋权法是从原始数据本身出发，经过一定的数学转换取得指标权重的一种赋权方法，如主成分分析法等。广西县域竞争力评价采用主观赋权与客观赋权相结合的方法，为降低主观影响，采用了多轮赋权方法，最终确定各子指标和各项竞争力的权重。

第三部分
广西县域竞争力总体评价

县域及县域经济发展是广西深入实施“双核驱动、三区统筹”战略的基础性、战略性支撑点，在新型工业化、新型城镇化提速发展的同时，县域经济作为广西经济社会发展的重要组成部分，正在进入新的发展阶段，具有很大的发展空间和很强的潜在能量，是广西同步推进工业化、信息化、城镇化和农业现代化的关键所在，也是广西与全国同步建成全面小康社会和基本建设我国西南、中南地区开放发展新的战略支点的重要支撑。本部分对广西县域及县域经济的规模竞争力、发展竞争力、质量竞争力、工业竞争力、民生竞争力和基础竞争力六项基本竞争力进行评价，在此基础上进一步形成对广西县域综合竞争力的评价。

一　规模竞争力

规模竞争力的评价指标主要包括年末总人口、地区生产总值、农林牧渔业产值、社会消费品零售总额、公共财政收入和全社会固定资产投资等规模性指标。综合广西经济社会发展的现状分析，基于上述指标的规模竞争力的评价结果符合广西县域发展的基本现实。

从规模竞争力来看，处于前10位的县域依次为玉州区、横县、博白县、桂平市、北流市、武鸣县、岑溪市、兴宾区、藤县和临桂区（见图3－1）。总体来看，这些县域基本集中在桂东地区及桂东南地区，其中玉林市3个，南宁市2个，梧州市2个，来宾市1个，贵港市1个，桂林市1个。与2013年的评价结果相比，排名没有发生较大的变动，玉州区仍保持第1位，横县由第5

位上升至第2位，博白县由第4位上升至第3位，桂平市由第3位下降至第4位，北流市由第6位上升至第5位，武鸣县由第7位上升至第6位，岑溪市由第11位上升至第7位，兴宾区由第2位下降至第8位，藤县由第14位上升至第9位，临桂区则由第13位上升至第10位，平南县、合浦县、宾阳县的规模竞争力则跌出前10位，其中平南县由第8位下降至第14位，合浦县由第9位下降至第12位，宾阳县由第10位下降至第11位（见图3－2）。

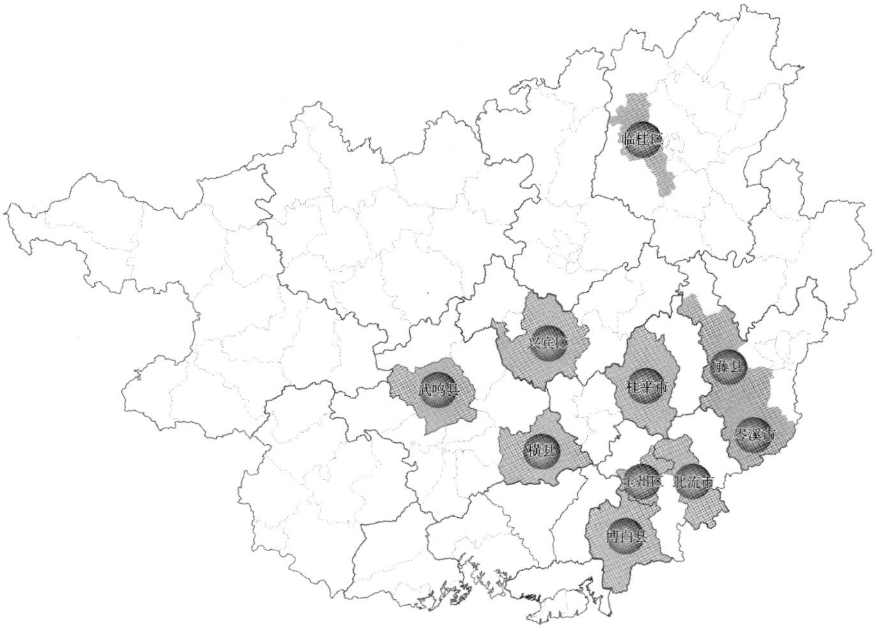

图3－1　广西县域规模竞争力十强县空间分布

总体来看，广西县域规模竞争力十强县大多为人口大县，如桂平市总人口接近200万人（195.02万人，出自《广西统计年鉴2014》，下文同），其余如博白县（181.29万人）、北流市（145.06万人）、横县（124.22万人）、兴宾区（111.47万人）、玉州区（106.37万人）、藤县（106.04万人）均是超百万人口大县，仅岑溪市（92.60万人）、武鸣县（69.88万人）、临桂区（48.47万人）人口未超过百万人，但岑溪市人口规模也接近百万人，而武鸣县和临桂区的人口规模在广西也分别处在第21位和第36

位。因此，对于一个县域而言，人口规模以及相应形成的产值规模、消费规模、市场规模等决定了县域经济总量规模的大小，为县域综合竞争力的发展提升奠定了一定的基础，尤其是在高速铁路和高速公路加快建设的背景下，人口大县的区域流动性和枢纽作用将进一步凸显。

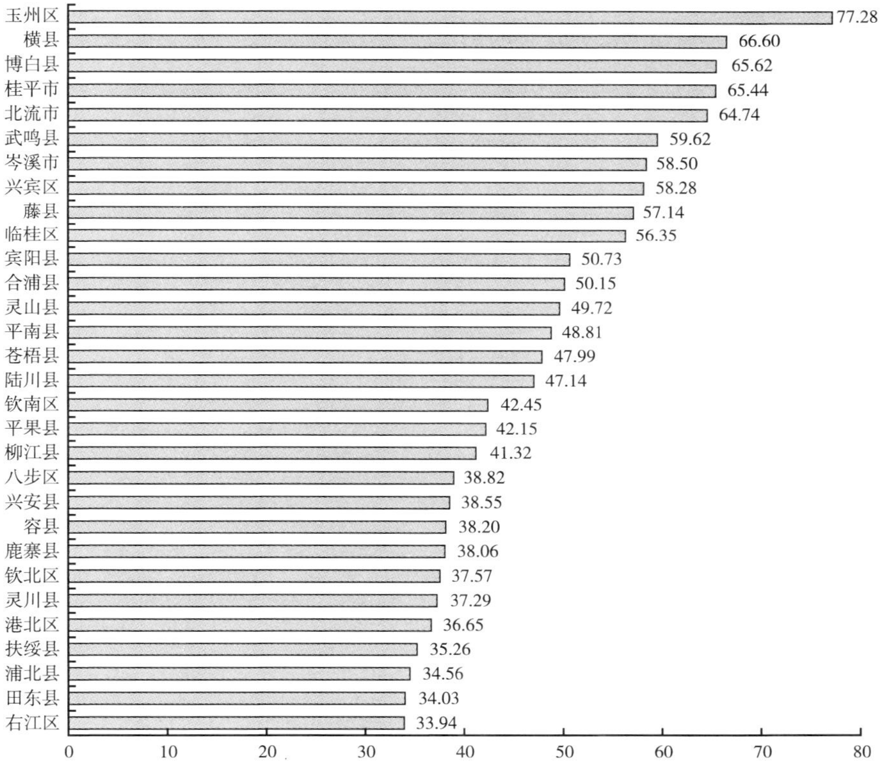

图 3-2　广西县域规模竞争力评价结果及排序（前 30 名）

从县域规模竞争力的空间分布来看，桂西资源富集区县域的规模竞争力普遍偏弱，其中在规模竞争力排名后 10 位的县域中有 8 个属于桂西地区，那坡县、凌云县、乐业县、西林县、凤山县分别列广西县域规模竞争力的后 5 位。规模竞争力明显偏弱，决定了这些县域的发展方向必须有别于具有较强规模竞争力的县域，培育特色产业、发展特色经济将是其县域经济发展、实现全面建成小康社会目标的关键保障。如全区人口规模最小的凭祥市（11.05 万人）和东兴市

(13.86 万人) 在充分发挥区位条件和特色优势的基础上实现了规模竞争力的较大提升，在广西县域中的规模竞争力分别列第 59 位和第 39 位。

二 发展竞争力

发展竞争力的评价指标主要包括地区生产总值增长速度、工业增加值增长速度、公共财政收入增长速度、社会消费品零售总额增长速度、全社会固定资产投资增长速度，以及银行存贷款比例评级等发展性指标，其中增长速度采用 2011 ~2013 年县域年均增长速度，银行存贷款评价主要体现县域经济发展活力程度，属无量纲指标。

从发展竞争力来看，处于前 10 位的县域依次为钦北区、田阳县、临桂区、荔浦县、兴宾区、苍梧县、横县、东兴市、龙胜各族自治县和藤县（见图 3 -3）。总体来看，这些县域呈分散布局状态，其中钦州市 1 个，百色市 1 个，桂林市 3 个，来宾市 1 个，梧州市 2 个，南宁市 1 个，防城港市

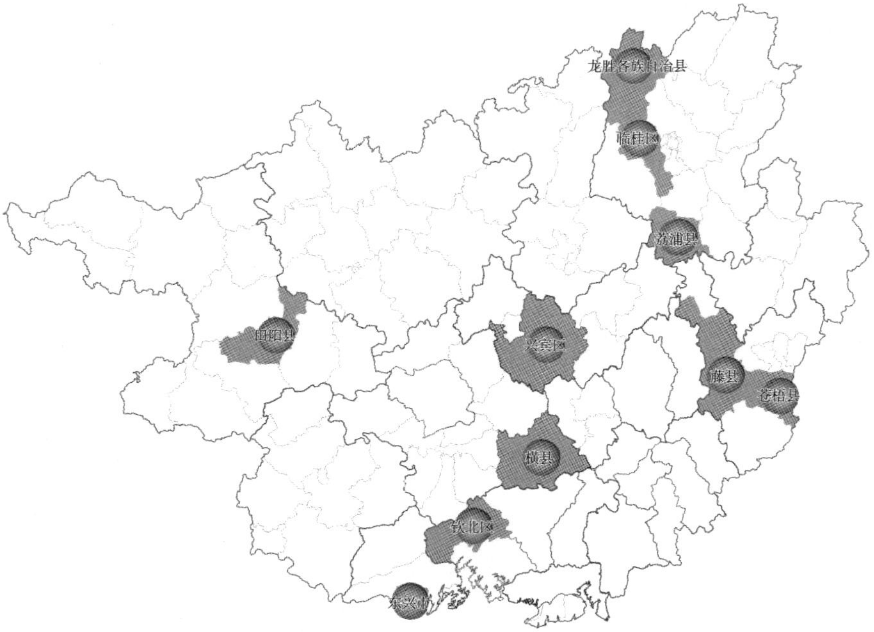

图 3 -3 广西县域发展竞争力十强县空间分布

1个。与2013年的评价结果相比，排名变动较大，其中钦北区由第35位上升至第1位，田阳县由第63位上升至第2位，临桂区由第14位上升至第3位，荔浦县由第70位上升至第4位，兴宾区由第7位上升至第5位，苍梧县由第2位下降至第6位，横县由第10位上升至第7位，东兴市由第53位上升至第8位，龙胜各族自治县由第84位上升至第9位，藤县由第39位上升至第10位，而武宣县则由第1位跌至第44位（见图3-4）。

总体来看，发展竞争力表现较为强劲的县域主要集中在西江经济带（临桂区、荔浦县、兴宾区、苍梧县、龙胜各族自治县、藤县，共6个）、桂西资源富集区（田阳县，共1个）和北部湾经济区（钦北区、横县、东兴市，共3个）。其中，钦北区地区生产总值增长17.65%，横县工业增加值增长23.18%，田阳县全社会固定资产投资增长13.55%，银行存贷款比

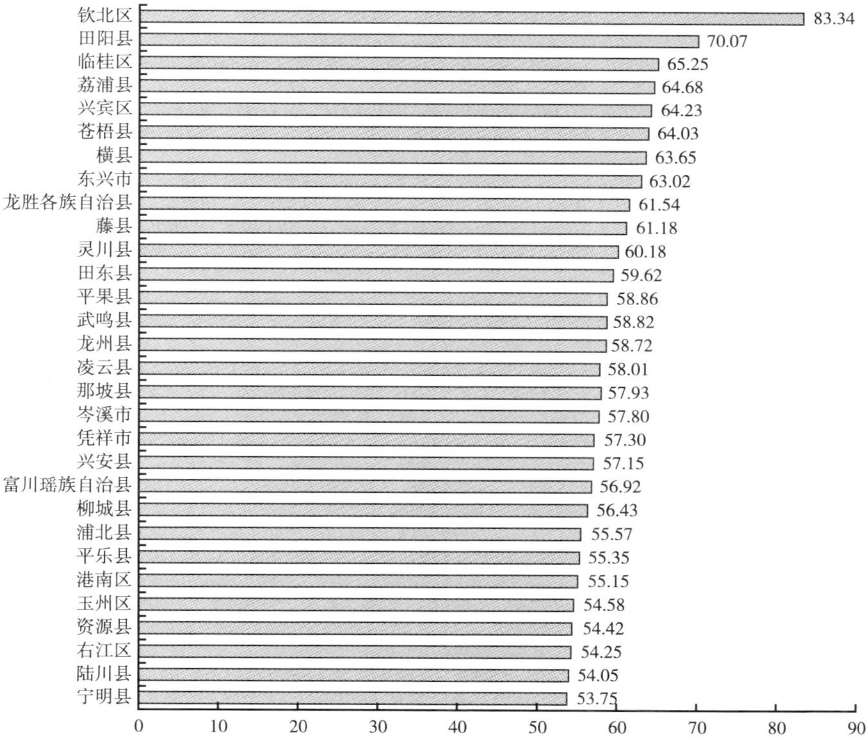

图3-4　广西县域发展竞争力评价结果及排序（前30名）

例评级为0.603，分别居县域各指标增速第1位。

发展竞争力排名后5位的县域分别为金城江区、大化瑶族自治县、环江毛南族自治县、天峨县和巴马瑶族自治县。天峨县地区生产总值增长 -5.76%、公共财政收入增长 -9.99%，巴马瑶族自治县工业增加值增长 -20.26%，均列全区县域最后一位。

三　质量竞争力

质量竞争力的评价指标主要包括人均地区生产总值、人均公共财政收入、人均工业增加值、单位面积地区生产总值、单位面积粮食产量和单位电力消耗地区生产总值等人均性、投入 - 产出型指标。

从质量竞争力来看，处于前10位的县域依次为临桂区、东兴市、武鸣县、兴安县、凭祥市、永福县、玉州区、江州区、上思县、苍梧县（见图3 -5）。总体来看，这些县域呈分散布局，相对集中于桂北和桂南地区，其中桂林市3

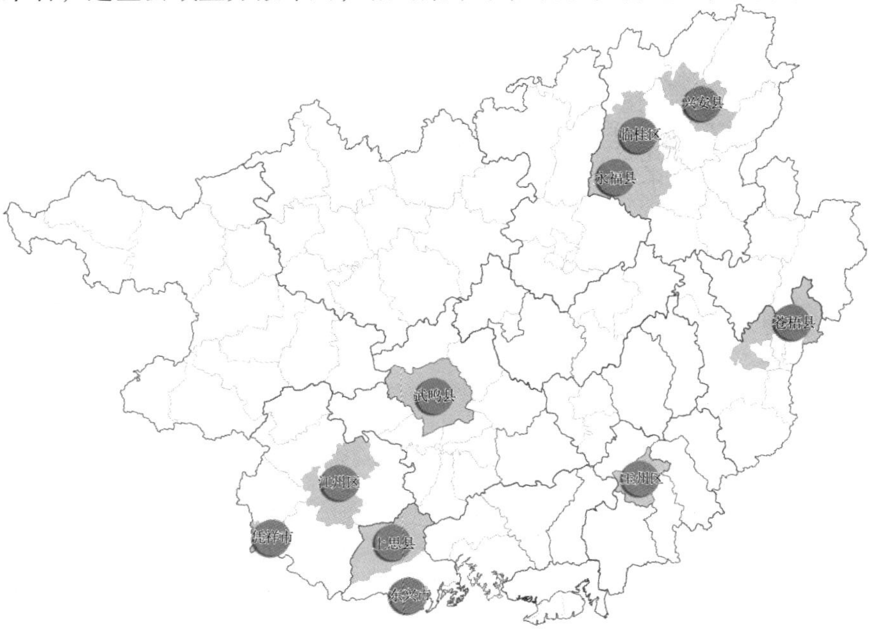

图3 -5　广西县域质量竞争力十强县空间分布

个，南宁市 1 个，崇左市 2 个，玉林市 1 个，防城港市 2 个，梧州市 1 个。与 2013 年的评价结果相比，排名有一定幅度的变动，其中临桂区由第 5 位上升至第 1 位，东兴市保持第 2 位不变，武鸣县由第 7 位上升至第 3 位，兴安县保持第 4 位不变，凭祥市由第 8 位上升至第 5 位，永福县由第 9 位上升至第 6 位，玉州区由第 3 位下降至第 7 位，江州区由第 13 位上升至第 8 位，上思县由第 27 位上升至第 9 位，苍梧县由第 20 位上升至第 10 位。同时，天峨县、蒙山县、右江区、田东县则跌出质量竞争力前 10 位，其中天峨县由第 2 位下降至第 29 位，蒙山县由第 4 位下降至第 21 位，右江区由第 6 位下降至第 25 位，田东县由第 10 位下降至第 30 位（见图 3－6）。

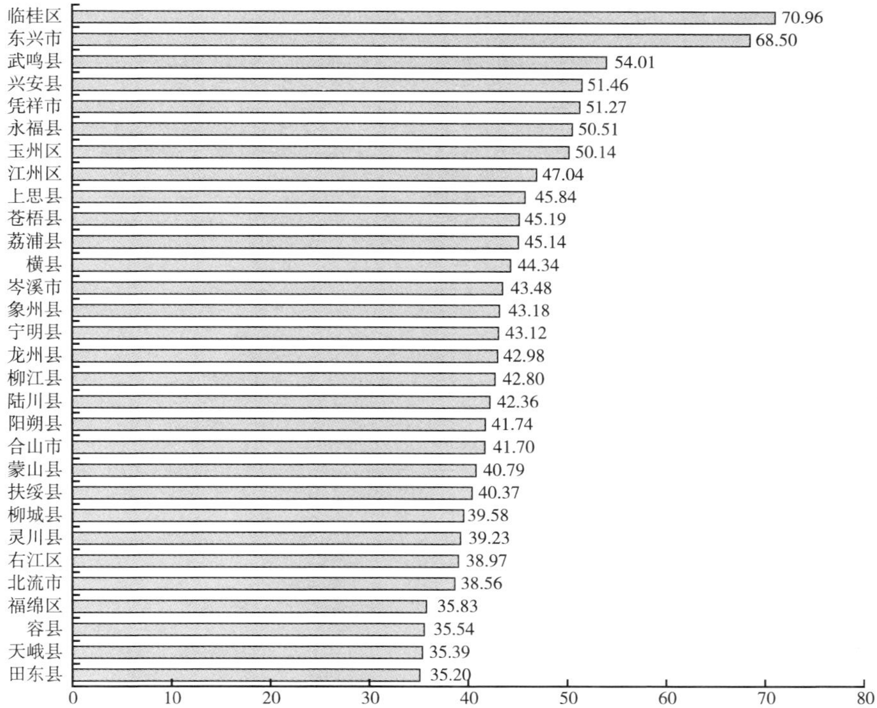

图 3－6　广西县域质量竞争力评价结果及排序（前 30 名）

临桂区的质量竞争力在广西各县域中排在第 1 位，其各项指标排名相对靠前，凭借人均地区生产总值第 4 位、人均公共财政收入第 2 位、人均工业增加值第 2 位、单位电力消耗地区生产总值第 2 位等指标排名，其质量竞争力评价指数（70.96）略高于排在第2位的东兴市（68.50），这与当前桂林市实施“发展临桂，再造一个新桂林”密切相关。

质量竞争力排名后5位的县域分别为田林县、凌云县、隆林各族自治县、那坡县、都安瑶族自治县。总体来看，质量竞争力排名居后的县域主要集中分布在桂西地区，经济总量规模普遍偏小，工业化发展仍处于初期阶段，粮食产量相对较少，是造成质量竞争力偏弱的主要原因。

四 工业竞争力

工业竞争力的评价指标主要包括工业增加值、规模以上工业总产值、人均规模以上工业总产值、规模以上企业平均规模、主营业务收入占工业总产值比重等总量型和质量型指标。

从工业竞争力来看，处于前10位的县域依次为钦南区、临桂区、岑溪市、靖西县、苍梧县、平果县、兴宾区、横县、桂平市和右江区（见图3－7）。总体

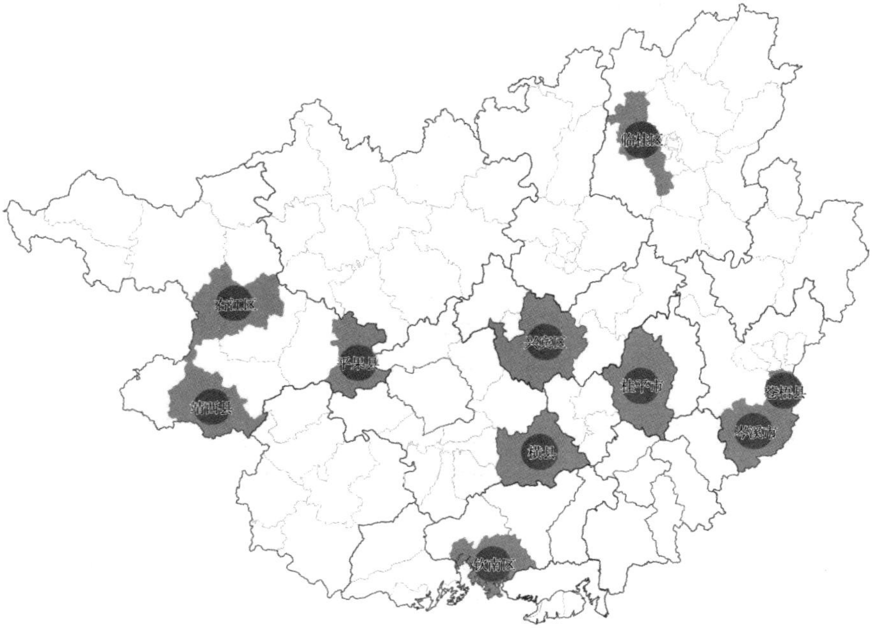

图3－7 广西县域工业竞争力十强县空间分布

来看，这些县域呈分散布局，其中钦州市 1 个，桂林市 1 个，百色市 3 个，梧州市 2 个，来宾市 1 个，南宁市 1 个，贵港市 1 个。与 2013 年的评价结果相比，钦南区由第 2 位上升至第 1 位，临桂区由第 6 位上升至第 2 位，岑溪市保持第 3 位不变，靖西县由第 20 位上升至第 4 位，苍梧县由第 11 位上升至第 5 位，平果县由第 26 位上升至第 6 位，兴宾区由第 1 位下降至第 7 位，横县由第 17 位上升至第 8 位，桂平市由第 7 位下降至第 9 位，右江区由第 17 位上升至第 10 位（见图 3－8）。总体来看，县域工业竞争力发展排序是县域竞争力各项指标中表现比较稳定的竞争力板块。

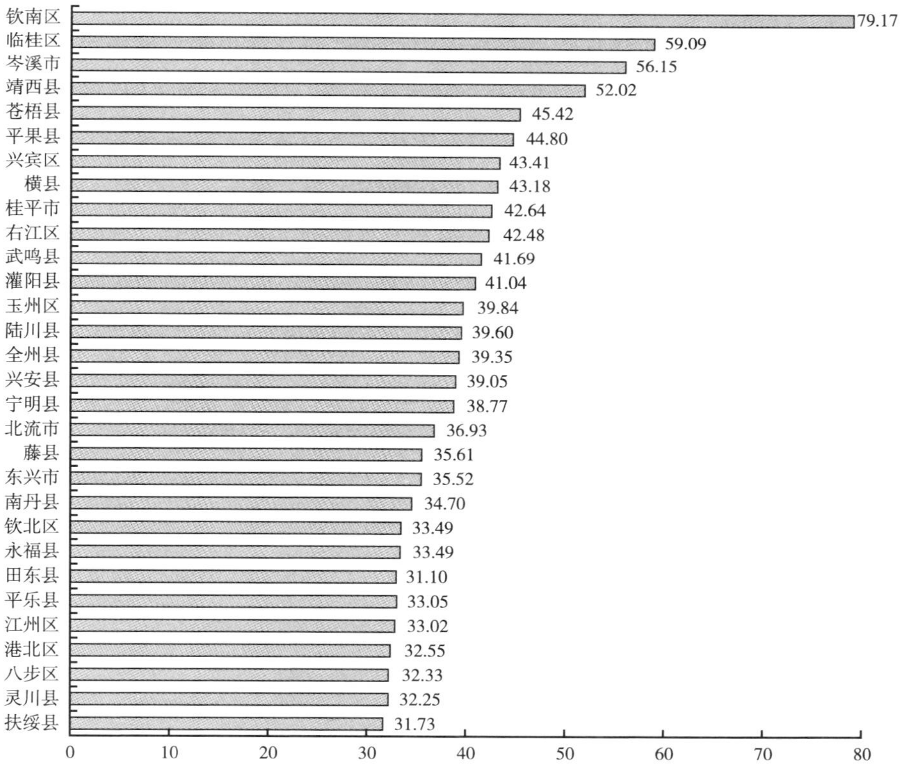

图 3－8　广西县域工业竞争力评价结果及排序（前 30 名）

其中，钦南区规模以上工业总产值（7349022 万元）、人均规模以上工业总产值（405.33 万元/人）、规模以上企业平均规模（95442 万元/个）居全区县域第1位，质量竞争力总分（79.17）远高于居第2位的临桂区（59.09）。

工业竞争力排名后5位的县域分别是福绵管理区、巴马瑶族自治县、西林县、乐业县和东兰县。从分布来看，这些县域除福绵管理区外全部分布在桂西资源富集区，其排名偏后的原因是工业发展较为滞后，企业规模较小，龙头带动型企业明显匮乏，如西林县的工业增加值和人均规模以上工业总产值在各县域中居最后一位。

五　民生竞争力

民生竞争力的评价指标主要包括人均社会消费品零售额、城镇居民人均可支配收入、农村居民人均纯收入、城乡居民收入统筹系数以及每万人医院、卫生院床位数和每万人医院、卫生院技术人员数等人均型指标。

从民生竞争力来看，处于前10位的县域依次为玉州区、右江区、东兴市、钦南区、港北区、金城江区、兴安县、灵川县、防城区和凭祥市（见图3－9）。

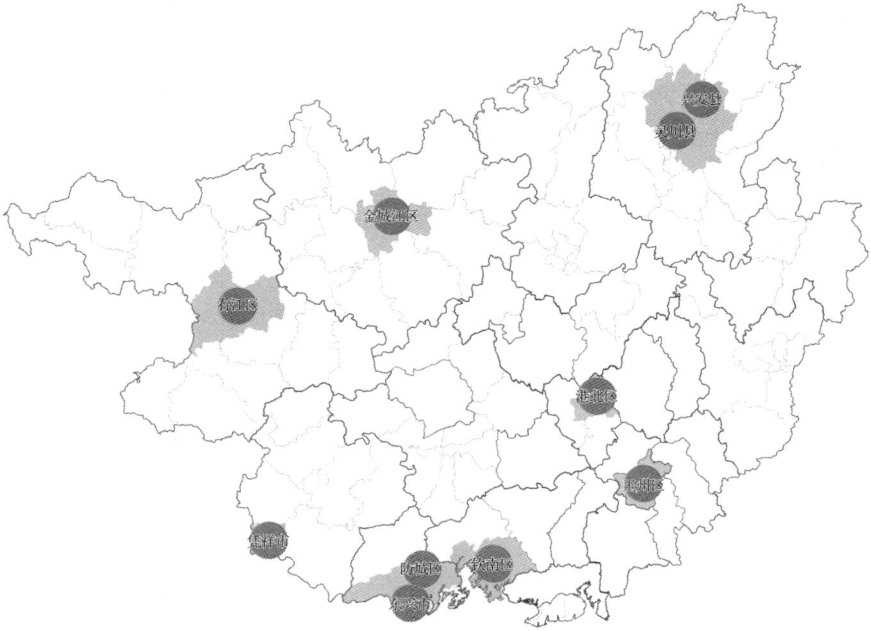

图3－9　广西县域民生竞争力十强县空间分布

总体来看，这些县域的布局较为分散，其中玉林市1个，百色市1个，防城港市2个，钦州市1个，贵港市1个，河池市1个，桂林市2个，崇左市1个。与2013年的评价结果相比，民生竞争力变动幅度不大，除了东兴市由第4位上升至第3位、钦南区由第3位下降至第4位、灵川县由第9位上升至第8位、防城区由第8位下降至第9位外，其余县域排名没有变化（见图3-10）。

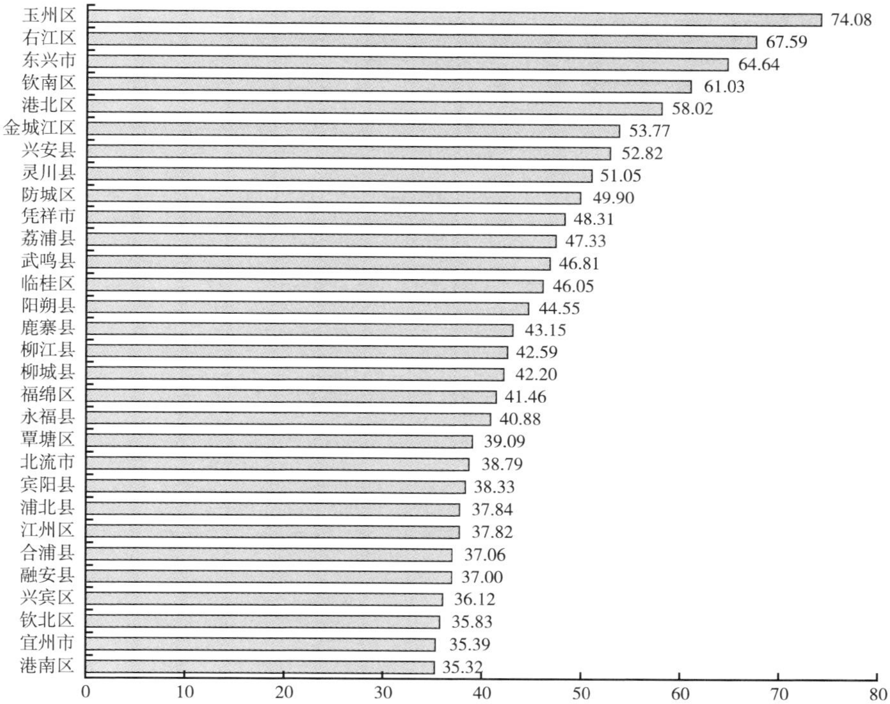

图3-10　广西县域民生竞争力评价结果及排序（前30名）

在民生竞争力排名前10位的县域中，玉州区人均社会消费品零售额（19662元/人）居各县域第1位，消费市场依然活跃；东兴市农村居民人均纯收入（10542元/人）居各县域第1位，农业产业化效益明显，这与农村居民的副业收入有较大关系；右江区每万人医院、卫生院床位数（100.03张/万人）和每万人医院、卫生院技术人员数（122.75人/万人）居各县域第1位，医疗卫生保障能力相对较强，这与百色市的主要医疗资源集聚在中心城区有直接关系。

民生竞争力排名后5位的县域分别是东兰县、巴马瑶族自治县、乐业县、凌云县、那坡县，这些县域全部集中在桂西资源富集区，个别县域石漠化现象严重，农业生产生活条件差，产业发展较为缓慢，民生设施建设明显滞后，城乡居民收入水平和消费水平明显偏低，如那坡县农村居民人均纯收入仅为4025元/人，列各县域末位，这些县域距离全面建成小康社会的民生要求仍有很大差距。

六　基础竞争力

基础竞争力的评价指标主要包括单位面积公路里程、每万人公共交通拥有量、每万人技术人员数、每万人移动电话用户数、每万人互联网用户数和每万人口中中学生数。

从基础竞争力来看，处于前10位的县域依次为东兴市、金城江区、右江区、凭祥市、天峨县、陆川县、乐业县、金秀瑶族自治县、合浦县、岑溪市（见图3－11）。总体来看，这些县域呈分散布局，其中防城港市1个，

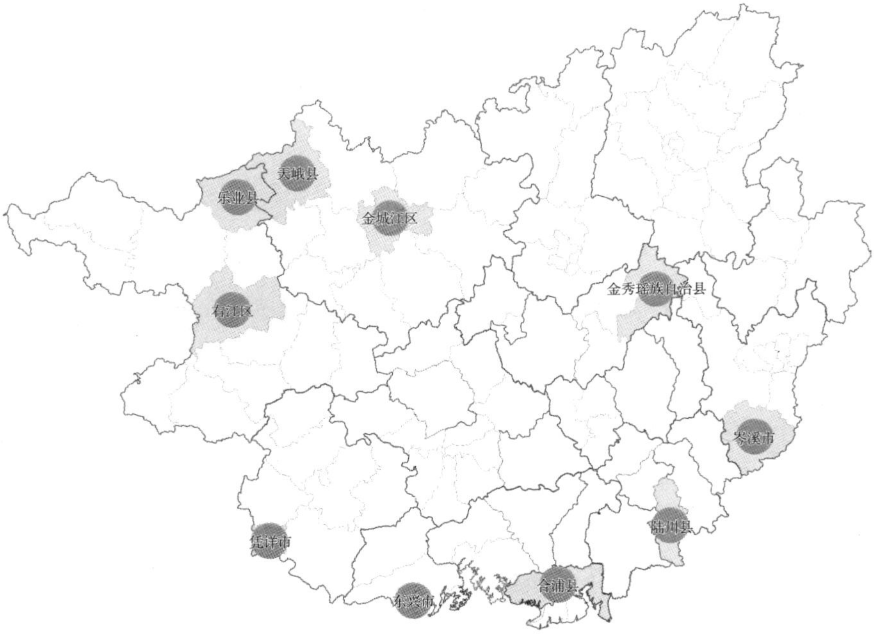

图3－11　广西县域基础竞争力十强县空间分布

河池市2个，百色市2个，崇左市1个，玉林市1个，来宾市1个，梧州市1个，北海市1个。与2013年的评价结果相比，由于受两个统计指标替换的影响，个别县域的基础竞争力变动较大。其中，东兴市由第17位上升至第1位，金城江区由第1位下降至第2位，右江区由第4位上升至第3位，凭祥市由第3位下降至第4位，天峨县由第47位上升至第5位，陆川县由第11位上升至第6位，乐业县仍保持在第7位，金秀瑶族自治县由第66位上升至第8位，合浦县由第14位上升至第9位，岑溪市仍保持在第10位（见图3－12）。

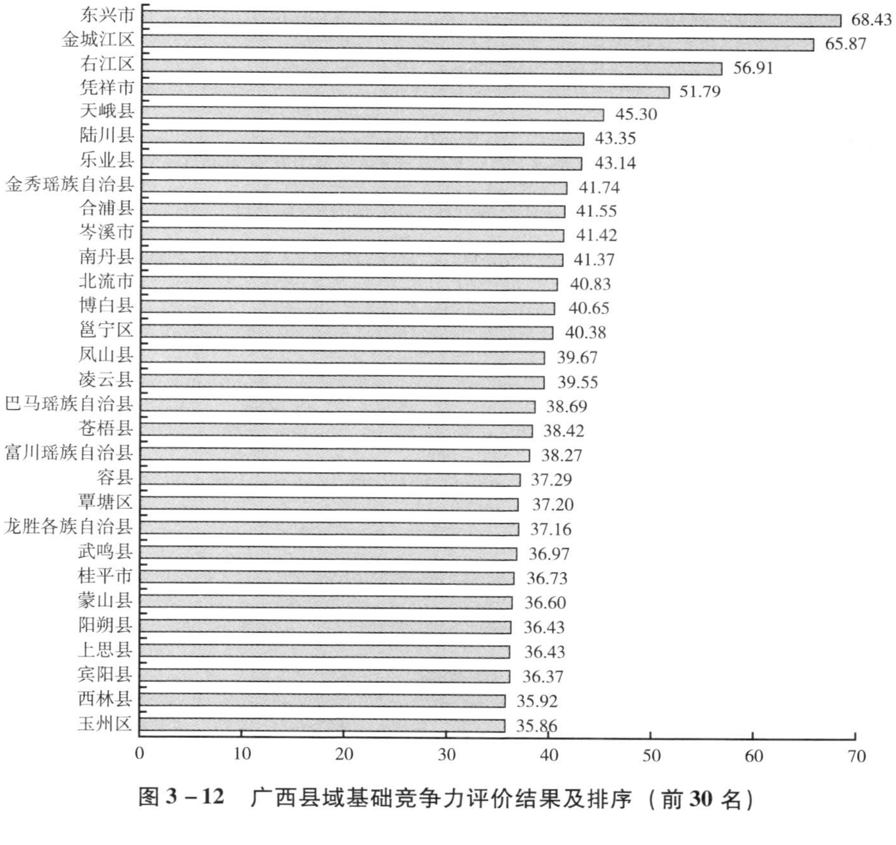

图3－12　广西县域基础竞争力评价结果及排序（前30名）

在基础竞争力排名前10位的县域中，东兴市每万人移动电话用户数（14368户/万人）居各县域第1位，金城江区每万人互联网用户数（3991户/万人）居各县域第1位。

基础竞争力排名后 5 名的县域是天等县、兴安县、八步区、江州区、平桂区，这些县域的单位面积公路里程普遍偏低，互联网建设明显滞后，这在一定程度上制约了县域经济的发展，加强包括信息基础在内的基础设施建设仍是这些县域未来发展的关键所在。

七　综合竞争力

综合竞争力是在规模竞争力、发展竞争力、质量竞争力、工业竞争力、民生竞争力和基础竞争力的评价基础上，进一步对广西县域竞争力进行的综合性评价。

从综合竞争力的评价结果来看，处于前 10 位的县域依次为玉州区、临桂区、武鸣县、东兴市、岑溪市、横县、北流市、钦南区、右江区和苍梧县（见图 3 - 13）。其中，西江经济带有 5 个，分别为玉州区、临桂区、岑溪

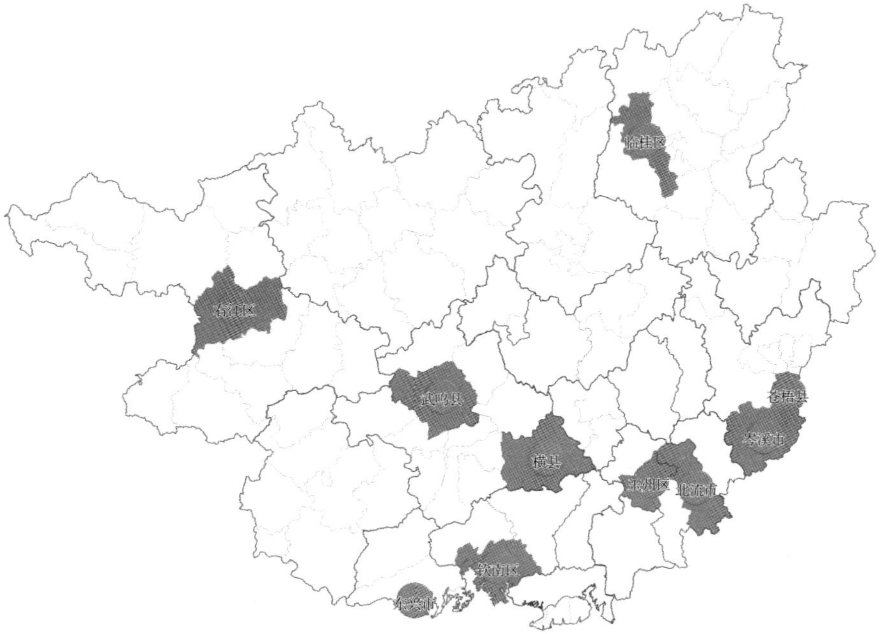

图 3 - 13　广西县域综合竞争力十强县空间分布

市、北流市、苍梧县；北部湾经济区有4个，分别为武鸣县、东兴市、横县、钦南区；桂西资源富集区仅有右江区1个。与2013年的评价结果相比，玉州区综合竞争力仍保持在第1位，临桂区由第3位上升至第2位（总体来看，玉州区和临桂区将在全区县域经济发展中长期保持较为领先的发展态势），武鸣县综合竞争力仍保持在第3位，东兴市由第18位上升至第4位，岑溪市由第6位上升至第5位，横县由第8位上升至第6位，北流市由第5位下降至第7位，钦南区由第10位上升至第8位，右江区由第7位下降至第9位，苍梧县由第12位上升至第10位。此外，兴宾区和桂平市则跌出前10位，其中兴宾区由第2位下降至第11位，桂平市由第9位下降至第13位（见图3－14）。

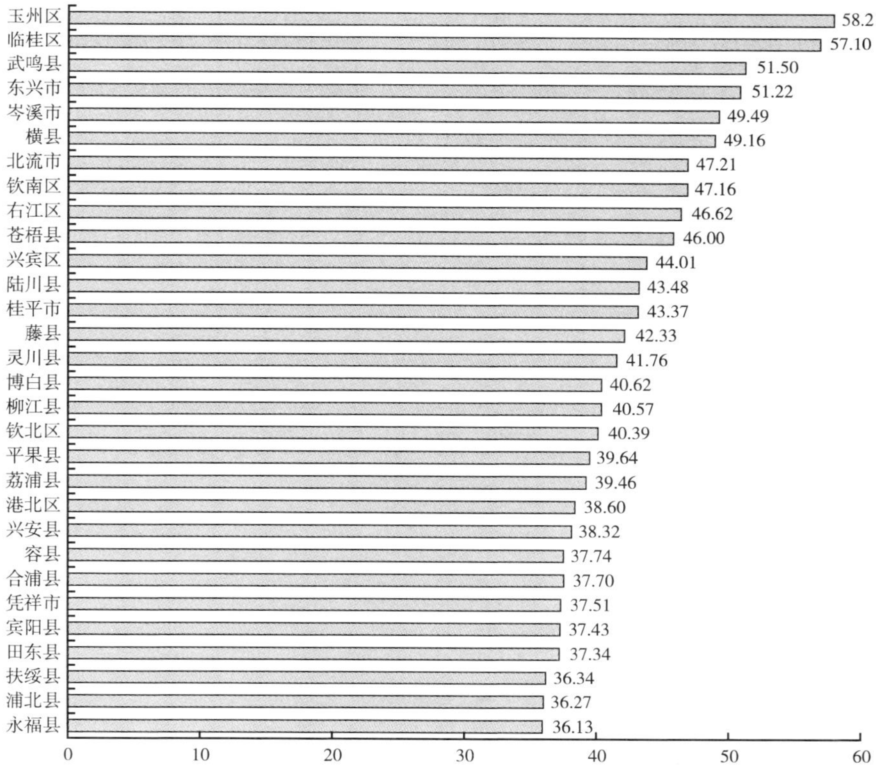

图3－14　广西县域综合竞争力评价结果及排序（前30名）

总体来看，处于前 4 位的玉州区、临桂区、武鸣县和东兴市的综合竞争力指数均在 50 以上，与其他县域相比，具有一定的差距优势，成为广西县域经济发展的领军集团。其中，玉州区综合竞争力指数高达 58. 21，与临桂区（57. 10）差距较小，与武鸣县（51. 50）、东兴市（51. 22）拉开一定差距；其他县域的综合竞争力指数均处于 50 以下，数值较为接近，如北流市和钦南区的综合竞争力指数分别达到了 47. 21 和 47. 16，差距很小。因此，未来广西县域竞争力将呈现更为激烈的竞争态势。值得注意的是，柳州市作为广西乃至我国西南地区的工业重镇，目前其所辖县域尚未进入广西县域综合竞争力前 10 位。但是，柳江县的综合竞争力居第 17 位，从发展趋势来看，进入广西县域综合竞争力前 10 位值得期待。

处于综合竞争力后 10 位的县域分别为三江侗族自治县、乐业县、环江毛南族自治县、田林县、都安瑶族自治县、大化瑶族自治县、凤山县、罗城仫佬族自治县、巴马瑶族自治县、东兰县，这些县域除三江侗族自治县外均位于桂西资源富集区，资源优势未能有效转化为经济优势。如何在主体功能区划背景下推进特色产业发展、提升县域内生发展能力将是这些县域的工作重心，如何加快这些县域发展将是“十三五”时期全区县域发展的重要课题。

第四部分
“双核驱动、三区统筹”格局下县域竞争力评价

“双核驱动、三区统筹”是“两区一带”（北部湾经济区、西江经济带和桂西资源富集区）经济发展格局的升级版，是新形势下广西区域发展格局的进一步演化。“双核驱动、三区统筹”总体布局的形成是广西区域经济发展的必然，在“双核驱动、三区统筹”格局下对广西县域发展竞争力进行分析，有助于进一步厘清当前广西县域及县域发展的空间布局和区域性差距。

从行政区划来看，全区共有113个县域单位。北部湾经济区包括24个县级单位，其中南宁市12个，钦州市、北海市和防城港市各4个。在24个县级单位中，市辖区13个，县级市1个，县10个。西江经济带包括59个县级单位，其中柳州市11个，桂林市17个，梧州市7个，贵港市5个，玉林市8个，贺州市5个，来宾市6个。在59个县级单位中，市辖区21个，县级市4个，县26个，自治县6个，管理区2个。桂西资源富集区包括30个县级单位，其中百色市12个，河池市11个，崇左市7个。在30个县级单位中，市辖区3个，县级市2个，县19个，自治县6个。目前，《广西统计年鉴2014》正式出版公布的经济社会发展数据比较全面的县域共90个，其中北部湾经济区15个，西江经济带45个，桂西资源富集区30个。本报告中的县域竞争力评价范围见表4－1。

表 4-1　本报告中县域竞争力评价范围

区　域	市	县(市、区)
北部湾经济区	南宁市(7)	邕宁区、武鸣县、隆安县、马山县、上林县、宾阳县、横县
	钦州市(4)	钦南区、钦北区、灵山县、浦北县
	北海市(1)	合浦县
	防城港市(3)	防城区、上思县、东兴市
西江经济带	柳州市(6)	柳江县、柳城县、鹿寨县、融安县、融水苗族自治县、三江侗族自治县
	桂林市(12)	阳朔县、临桂区、灵川县、全州县、兴安县、永福县、灌阳县、龙胜各族自治县、资源县、平乐县、荔浦县、恭城瑶族自治县
	梧州市(4)	苍梧县、藤县、蒙山县、岑溪市
	贵港市(5)	港北区、港南区、覃塘区、平南县、桂平市
	玉林市(7)	玉州区、福绵管理区、容县、陆川县、博白县、兴业县、北流市
	贺州市(5)	八步区、平桂管理区、昭平县、钟山县、富川瑶族自治县
	来宾市(6)	兴宾区、忻城县、象州县、武宣县、金秀瑶族自治县、合山市
桂西资源富集区（左右江革命老区）	百色市(12)	右江区、田阳县、田东县、平果县、德保县、靖西县、那坡县、凌云县、乐业县、田林县、西林县、隆林各族自治县
	河池市(11)	金城江区、南丹县、天峨县、凤山县、东兰县、罗城仫佬族自治县、环江毛南族自治县、巴马瑶族自治县、都安瑶族自治县、大化瑶族自治县、宜州市
	崇左市(7)	江州区、扶绥县、宁明县、龙州县、大新县、天等县、凭祥市

资料来源：《广西统计年鉴 2014》。

一　北部湾经济区

2006 年 2 月，广西正式成立北部湾（广西）经济区规划建设管理委员会，《广西北部湾经济区发展规划》于 2008 年 1 月获得国务院正式批准，正式确立了北部湾经济区的国家战略地位，经过近 10 年的开放发展，北部湾经济区已经具备了提质增效和“上台阶”的良好基础。北部湾经济区共包括 24 个县（市、区），按照广西公开性的县域统计数据，共有 15 个县域有比较全面的公开性统计数据，并参与此次县域竞争力评价（见图 4-1）。

2013 年，北部湾经济区 15 个参与评价的县域的行政总面积为 36370 平方公里［为使文字精练，下文中无论是“全区县域”“北部湾经济区县域”“西江经

图 4－1　广西北部湾经济区县域分布

济带县域”，还是“桂西资源富集区（左右江革命老区）县域”，均仅指具体参与评价的县域］，年末总人口为 1061.73 万人，实现地区生产总值 1825.23 亿元，工业增加值达到 555.86 亿元，公共财政收入达到 82.38 亿元，全社会固定资产投资达到 1527.98 亿元，社会消费品零售总额达到 644.16 亿元。

2013 年，北部湾经济区县域主要经济社会指标在全区县域中的占比分别为：行政总面积占全区县域的 15.94%，年末总人口占全区县域的

21.87%，地区生产总值占全区县域的20.73%，工业增加值占全区县域的16.75%，公共财政收入占全区县域的18.73%，全社会固定资产投资占全区县域的19.96%，社会消费品零售总额占全区县域的22.47%（见图4－2）。2013年，北部湾经济区县域人均地区生产总值达到17190.97元，比上年增长8.5%。

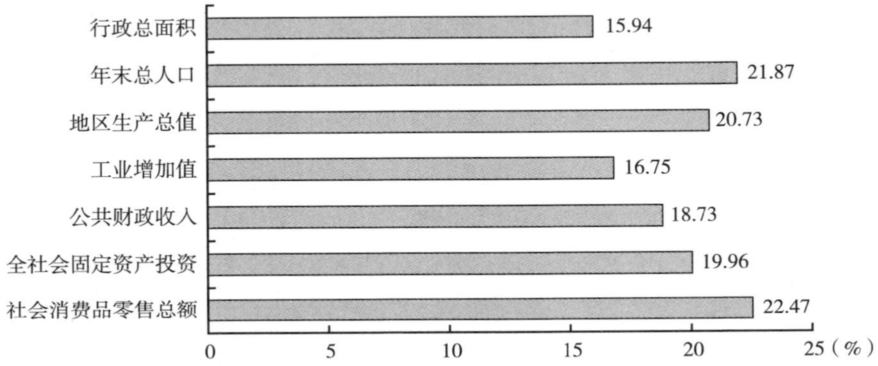

图4－2　北部湾经济区县域经济社会指标占全区县域比重

总体来看，北部湾经济区县域以15.94%的行政总面积和21.87%的年末总人口创造了20.73%的地区生产总值、16.75%的工业增加值、18.73%的公共财政收入、19.96%的全社会固定资产投资和22.47%的社会消费品零售总额。从以上数据可以看出，北部湾经济区县域经济发展总体领先于全区县域经济发展。

（一）南宁市

由于良庆区的相关统计数据缺失较多，因此，在以往县域竞争力评价中对其不做考虑。南宁市参与县域竞争力评价的有邕宁区、武鸣县、隆安县、马山县、上林县、宾阳县和横县。2013年，上述县域行政总面积为16883.2平方公里，年末总人口为479.51万人，实现地区生产总值826.77亿元，工业增加值达到283.62亿元，公共财政收入达到37.40亿元，全社会固定资产投资达到729.54亿元，社会消费品零售总额达到255.36亿元，分别占全区县域经济的7.40%、9.88%、9.39%、8.55%、8.50%、9.53%和8.91%（见图4－3）。2013年，南宁市县域人均地区生产总值达到17241元，比上年增长6.7%。

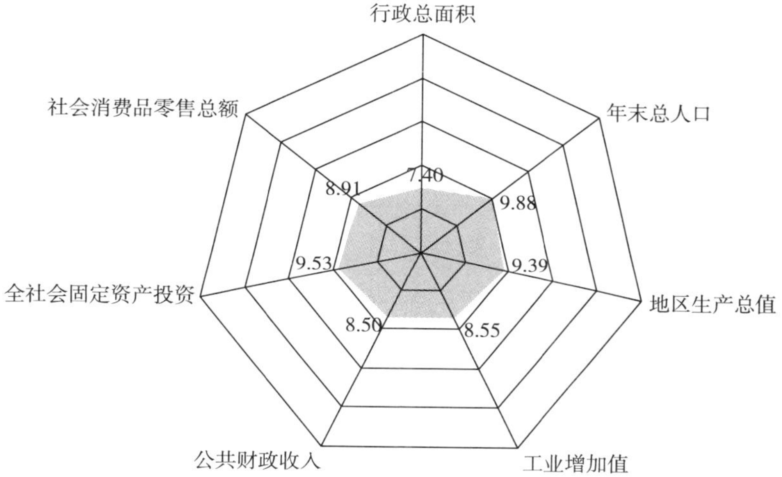

图4－3 南宁市县域经济社会指标占全区县域比重

（1）邕宁区

邕宁区位于南宁市区东南部，境内有邕江、八尺江等可通航千吨级货轮的河流，下辖3个镇、2个乡，总人口为34.81万人。2013年，邕宁区县域综合竞争力评价指数为26.34，在全区县域中排第60位，在北部湾经济区县域中排第12位（见表4－2）。其中规模竞争力、发展竞争力、质量竞争力、工业竞争力、民生竞争力和基础竞争力的评价指数分别为13.13、46.74、21.37、16.38、35.17和40.38（见图4－4），在全区县域中分别列第64、第47、第66、第73、第31和第14位，在北部湾经济区县域中分别列第13、第7、第12、第13、第9和第3位。在各项竞争力中，邕宁区的基础竞争力具有较明显的优势。其中，单位面积公路里程列全区县域第5位，每万人移动电话用户数和每万人互联网用户数分别列全区县域第8位和第6位。

表 4－2　邕宁区县域竞争力评价结果及排序

序号	竞争力名称	评价指数	全区排序		北部湾经济区排序	
			2011 年	2013 年	2011 年	2013 年
1	规模竞争力	13.13	60	64	13	13
2	发展竞争力	46.74	26	47	5	7
3	质量竞争力	21.37	53	66	8	12
4	工业竞争力	16.38	76	73	13	13
5	民生竞争力	35.17	33	31	9	9
6	基础竞争力	40.38	6	14	1	3
7	综合竞争力	26.34	59	60	12	12

注：表中 2011 年、2013 年表示根据 2011 年、2013 年公开数据进行评价，下同。

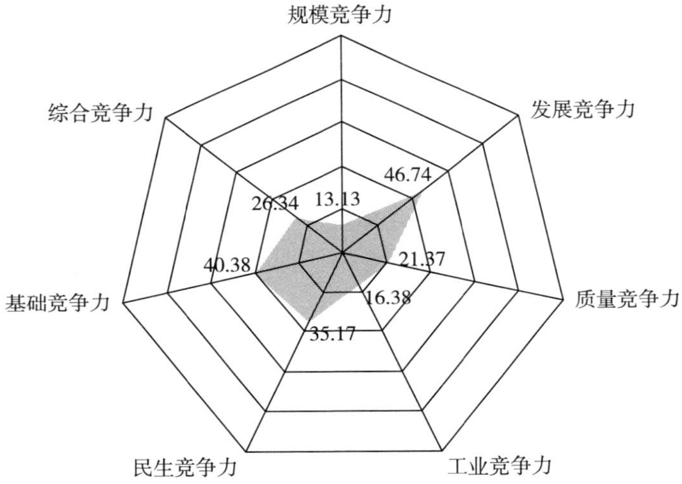

图 4－4　邕宁区县域竞争力评价结果解析

从综合竞争力来看，邕宁区在全区县域中处于中游偏下水平，影响其综合竞争力水平的主要是规模竞争力、发展竞争力、质量竞争力和工业竞争力。其中，年末总人口在全区县域中列第 64 位，地区生产总值列第 65 位，社会消费品零售总额列第 62 位，公共财政收入列第 68 位，全社会固定资产投资列第 64 位，地区生产总值增长速度列第 72 位，工业增加值增长速度列第 86 位，人均工业增加值列第 80 位。

邕宁区作为南宁市的后发展城区，随着南宁市环城交通体系的不断完善和产业布局的不断优化，尤其是南宁市全力加快五象新区新一轮投资建设，对邕宁的辐射带动作用将不断增强。作为广西西江黄金水道的重要节点、五象新区的主战场之一，邕宁区的发展面临十分难得的战略性新机遇。应当进一步加快基础设施建设，狠抓项目和产业发展，突出优化发展环境，培育现代特色农业，准确把握发展趋势，积极推进产城融合发展，打造南宁市经济增长新一极。

（2）武鸣县

武鸣县位于广西中南部，贤能辈出，素有“首善之县”的美誉，下辖13个镇，总人口为69.88万人，其中壮族人口约占81%。2013年，武鸣县县域综合竞争力评价指数为51.50，在全区县域中排第3位，在北部湾经济区县域中排第1位（见表4－3）。其中规模竞争力、发展竞争力、质量竞争力、工业竞争力、民生竞争力和基础竞争力的评价指数分别为59.62、58.82、54.01、41.69、46.81和36.97（见图4－5），在全区县域中分别列第6、第14、第3、第11、第12和第23位，在北部湾经济区县域中分别列第2、第4、第2、第3、第4和第4位。在各项竞争力中，武鸣县的质量竞争力具有较明显的优势。其中，人均地区生产总值达到43694元，列全区县域第3位；人均工业增加值达到16293元，列全区县域第6位。

表4－3 武鸣县县域竞争力评价结果及排序

序号	竞争力名称	评价指数	全区排序		北部湾经济区排序	
			2011年	2013年	2011年	2013年
1	规模竞争力	59.62	7	6	2	2
2	发展竞争力	58.82	21	14	3	4
3	质量竞争力	54.01	7	3	2	2
4	工业竞争力	41.69	13	11	2	3
5	民生竞争力	46.81	10	12	4	4
6	基础竞争力	36.97	48	23	8	4
7	综合竞争力	51.50	3	3	1	1

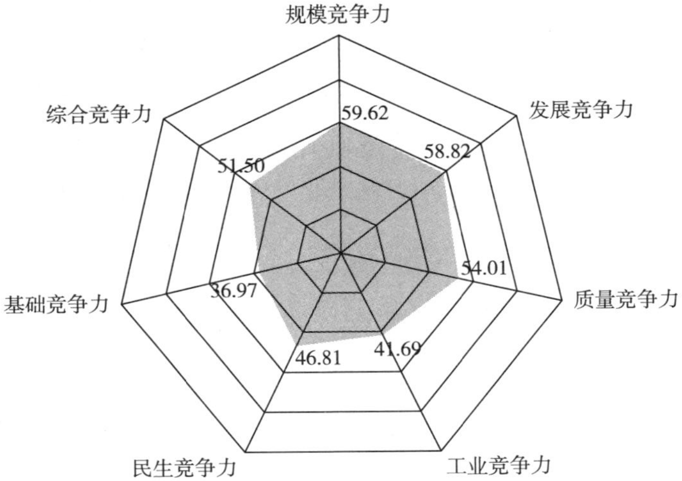

图 4－5　武鸣县县域竞争力评价结果解析

从综合竞争力来看，武鸣县在广西县域中处于领先水平和县域经济发展的第一梯队，相对而言，影响其综合竞争力水平的主要是发展竞争力和基础竞争力。其中，公共财政收入增长速度在全区县域中列第 45 位，每万人公共交通拥有量列第 83 位，由于其特殊的区位优势，公共交通仍需要加强。

2015 年 2 月 16 日，国务院以函复形式同意广西壮族自治区调整南宁市部分行政区划，撤销武鸣县，设立南宁市武鸣区，以原武鸣县的行政区域为武鸣区的行政区域，这将为武鸣的经济社会发展尤其是新型城镇化建设带来历史性的机遇。武鸣县应当加快伊岭工业集中区和东盟经济开发区的产城融合建设，打造北部湾经济区乃至全区最具影响力的县域产业园区集聚带，充分利用轨道交通建设机遇，加快与南宁主城区的全面同城化和一体化。

（3）隆安县

隆安县是大西南铁路、公路、水路的重要交通枢纽，下辖 6 个镇、6 个乡，总人口为 41. 34 万人。2013 年，隆安县县域综合竞争力评价指数为 22. 38，在全区县域中排第 70 位，在北部湾经济区县域中排第 13 位（见表 4－4）。其中规模竞争力、发展竞争力、质量竞争力、工业竞争力、民生竞争力和基础竞争力的评价指数分别为 14.57、40.53、16.83、18.96、25.20 和 26.73（见图 4-6），在全区县域中分别列第 61、第 68、第 73、第 64、第 62 和第 66 位，在北部湾经济区县域中分别列第 12、第 14、第 14、第 12、第 13 和第 13 位。在各项竞争力中，隆安县的规模竞争力具有相对明显的优势。其中，农林牧渔业产值达到 218972 万元，列全区县域第 41 位。

表 4-4 隆安县县域竞争力评价结果及排序

序号	竞争力名称	评价指数	全区排序		北部湾经济区排序	
			2011 年	2013 年	2011 年	2013 年
1	规模竞争力	14.57	59	61	12	12
2	发展竞争力	40.53	29	68	6	14
3	质量竞争力	16.83	69	73	13	14
4	工业竞争力	18.96	74	64	12	12
5	民生竞争力	25.20	60	62	13	13
6	基础竞争力	26.73	64	66	13	13
7	综合竞争力	22.38	66	70	13	13

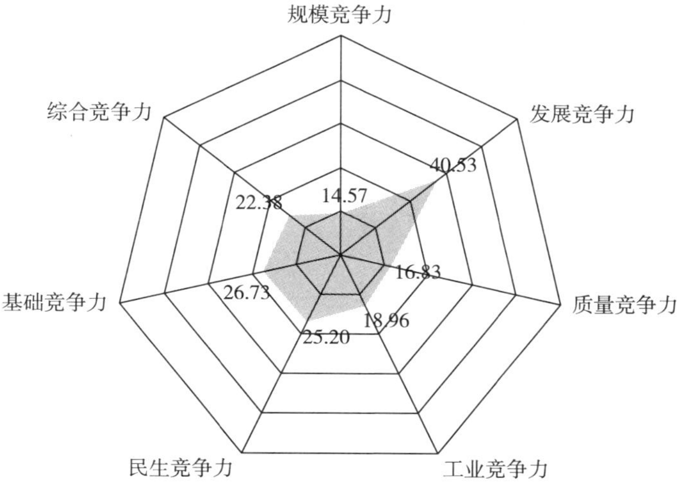

图 4-6 隆安县县域竞争力评价结果解析

从综合竞争力来看，隆安县在广西县域中处于下游水平，影响其综合竞争力水平的主要是发展竞争力和质量竞争力。其中，公共财政收入增长速度在全区县域中列第35位，人均地区生产总值列第62位，人均工业增加值列第67位，单位面积地区生产总值列第61位，单位电力消耗地区生产总值列第73位。

隆安县要积极适应经济发展新常态，以提质增效为主线，实施“工业强县、产业富民”战略，大力推进特色农业发展，培育发展现代产业体系。要加快改造提升建材、有色金属、糖、木材加工等传统产业，积极培育食品加工、生物医药、生物能源、清洁能源等新型产业，加强开发区路网、污水处理厂和配套管网及廉租房等基础设施建设。要围绕“那文化”品牌，推动特色旅游业发展，策划推进县城城市综合体建设项目。

（4）马山县

马山县位于广西中部的大明山北麓和红水河中段南岸，境内多山，是广西主要的山区县之一，下辖7个镇、4个乡，总人口为55.91万人。2013年，马山县县域综合竞争力评价指数为18.74，在全区县域中排第75位，在北部湾经济区县域中排第15位（见表4－5）。其中规模竞争力、发展竞争力、质量竞争力、工业竞争力、民生竞争力和基础竞争力的评价指数分别为12.52、35.28、14.79、13.87、17.18和27.05（见图4－7），在全区县域中分别列第67、第77、第77、第78、第76和第65位，在北部湾经济区县域中分别列第15、第15、第15、第15、第15和第12位。在各项竞争力中，马山县的基础竞争力具有相对明显的优势。其中，单位面积公路里程达到0.458公里/平方公里，列全区县域第47位；每万人技术人员数达到101人，列全区县域第45位；每万人口中中学生数达到426人，列全区县域第40位。

表4－5　马山县县域竞争力评价结果及排序

序号	竞争力名称	评价指数	全区排序		北部湾经济区排序	
			2011年	2013年	2011年	2013年
1	规模竞争力	12.52	66	67	14	15
2	发展竞争力	35.28	25	77	4	15
3	质量竞争力	14.79	84	77	15	15
4	工业竞争力	13.87	87	78	15	15
5	民生竞争力	17.18	78	76	15	15
6	基础竞争力	27.05	72	65	14	12
7	综合竞争力	18.74	74	75	15	15

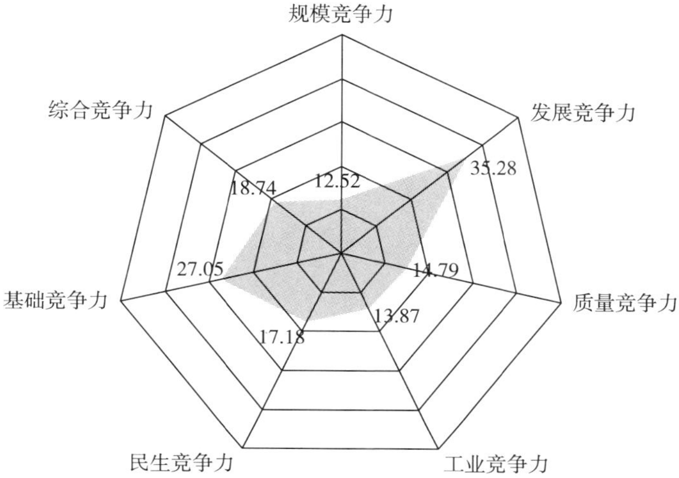

图 4-7 马山县县域竞争力评价结果解析

从综合竞争力来看，马山县在广西县域中处于下游水平，影响其综合竞争力水平的因素较多，主要表现在发展竞争力、质量竞争力和工业竞争力。其中，工业增加值增长速度在全区县域中列第 80 位，银行存贷款比例评级列第 89 位，人均地区生产总值列第 84 位，人均公共财政收入列第 82 位，人均工业增加值列第 85 位，规模以上企业平均规模列第 78 位。

马山县应坚持稳中求进的工作总基调，以提高经济发展质量和效益为中心，深入实施“四轮驱动”战略，主动适应经济发展新常态，突出创新驱动，全面深化改革，统筹城乡发展，紧紧围绕“两基两城一中心”的奋斗目标，做活做特农业产业，做实做强工业化基础，加快苏博工业园区建设，做快做优第三产业，着力推进精准扶贫，突出增强发展内生动力，努力争创“中国长寿之乡”“广西特色旅游名县”，促进全县经济平稳健康发展与社会和谐稳定。

（5）上林县

上林县位于广西中南部、大明山东麓，是以壮族为主的多民族聚居县，下辖 7 个镇、4 个乡，总人口为 49.00 万人。2013 年，上林县县域综合竞争力评价指数为 22.17，在全区县域中排第 71 位，在北部湾经济区县域中排第 14

位（见表4-6）。其中规模竞争力、发展竞争力、质量竞争力、工业竞争力、民生竞争力和基础竞争力的评价指数分别为12.75、43.00、21.08、15.39、19.30和31.08（见图4-8），在全区县域中分别列第65、第59、第67、第76、第72和第48位，在北部湾经济区县域中分别列第14、第10、第13、第14、第14和第10位。在各项竞争力中，上林县的基础竞争力具有较明显的优势。其中，单位面积公路里程达到0.487公里/平方公里，列全区县域第37位；每万人技术人员数达到105人，列全区县域第34位。

表4-6 上林县县域竞争力评价结果及排序

序号	竞争力名称	评价指数	全区排序		北部湾经济区排序	
			2011年	2013年	2011年	2013年
1	规模竞争力	12.75	68	65	15	14
2	发展竞争力	43.00	34	59	7	10
3	质量竞争力	21.08	81	67	14	13
4	工业竞争力	15.39	82	76	14	14
5	民生竞争力	19.30	76	72	14	14
6	基础竞争力	31.08	55	48	9	10
7	综合竞争力	22.17	73	71	14	14

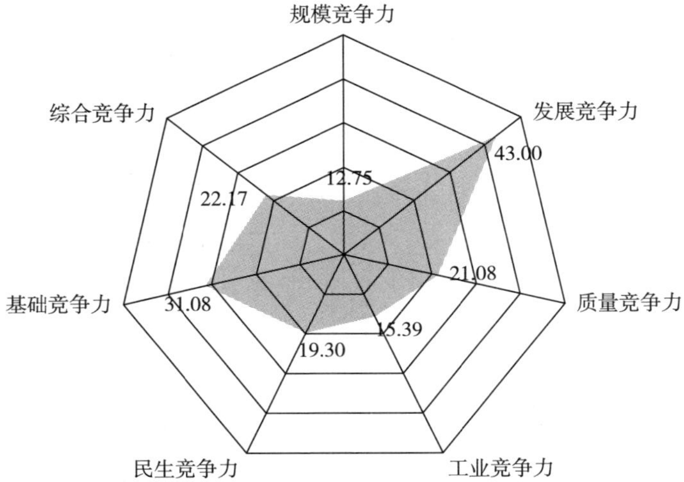

图4-8 上林县县域竞争力评价结果解析

从综合竞争力来看，上林县在广西县域中处于下游水平，影响其综合竞争力水平的主要是工业竞争力和民生竞争力。其中，工业增加值列第 75 位，规模以上工业总产值列第 68 位，人均社会消费品零售额和城镇居民人均可支配收入均列第 77 位。

上林县应主动顺应新常态，加深新认识、谋划新思路、采取新举措、展现新作为，推动上林县经济社会快速发展。同时，要着力推进兴旅游、聚人气，加快创建广西特色旅游名县；重规划、强建设，打造宜居宜业特色城市，加快产业园区建设，积极发展新型工业，加快创建国家生态县步伐，大力实施生态农业、生态林业、生态工业、生态旅游、生态家园“五大工程”，把创建国家生态县作为提升上林县发展优势的一张亮丽名片。要依托“中国长寿之乡”，立足南宁首府经济圈建设，积极引进建设旅游养生文化综合体，大力提升上林生态文化旅游养生品牌的影响力和知名度。

（6）宾阳县

宾阳县位于广西中部偏南，素以“百年商埠”闻名于桂中南，下辖 15 个镇、1 个乡，总人口为 104.34 万人。2013 年，宾阳县县域综合竞争力评价指数为 37.43，在全区县域中排第 26 位，在北部湾经济区县域中排第 7 位（见表 4－7）。其中规模竞争力、发展竞争力、质量竞争力、工业竞争力、民生竞争力和基础竞争力的评价指数分别为 50.73、42.41、27.49、23.31、38.33 和 36.37（见图 4－9），在全区县域中分别列第 11、第 63、第 48、第 52、第 22 和第 28 位，在北部湾经济区县域中分别列第 3、第 13、第 9、第 10、第 5 和第 6 位。在各项竞争力中，宾阳县的规模竞争力和民生竞争力具有相对明显的优势。其中，地区生产总值达到 150.17 亿元，列全区县域第 19 位；农林牧渔业产值达到 40.63 亿元，列全区县域第 13 位；社会消费品零售总额达到 72.74 亿元，列全区县域第 5 位；公共财政收入达到 9.60 亿元，列全区县域第 11 位；全社会固定资产投资达到 146.68 亿元，列全区县域第 14 位；农村居民人均纯收入达到 5748 元，列全区县域第 21 位；城乡居民收入统筹系数达到 0.364，列全区县域第 20 位。

表 4－7　宾阳县县域竞争力评价结果及排序

序号	竞争力名称	评价指数	全区排序		北部湾经济区排序	
			2011 年	2013 年	2011 年	2013 年
1	规模竞争力	50.73	10	11	4	3
2	发展竞争力	42.41	38	63	9	13
3	质量竞争力	27.49	50	48	7	9
4	工业竞争力	23.31	41	52	7	10
5	民生竞争力	38.33	23	22	6	5
6	基础竞争力	36.37	19	28	4	6
7	综合竞争力	37.43	19	26	5	7

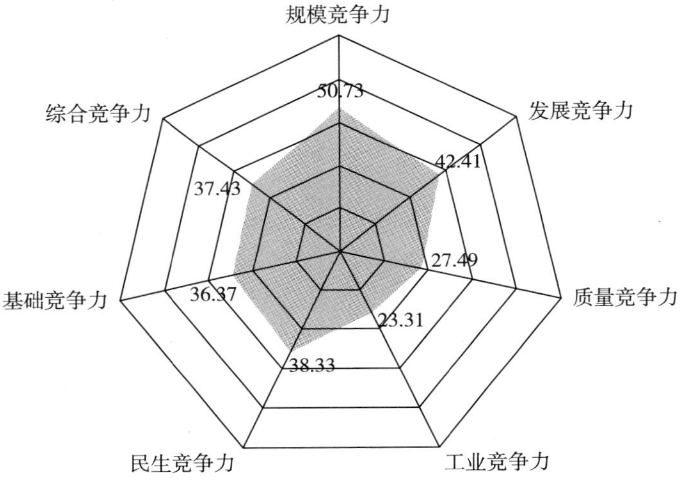

图 4－9　宾阳县县域竞争力评价结果解析

从综合竞争力来看，宾阳县在广西县域中处于上游水平，影响其综合竞争力水平的主要是发展竞争力和工业竞争力。其中，地区生产总值增长速度在全区县域中列第 64 位，工业增加值增长速度列第 65 位，人均规模以上工业总产值列第 64 位，规模以上企业平均规模列第 61 位。

宾阳县应坚持“打造民营经济强县，构建现代化商贸名城，建设宜居宜业中等城市”的发展定位不动摇，把握“产业升级”和“双核驱动”两条基本主线，以产业园区建设为切入点，强化“工业强县”战略，实施“工业倍增计划”，大力推进产业园区建设、中等城市建设、生态乡村建设、市场秩序巩固提升、民生事业发展、政务环境建设。同时，要发挥宾阳“三民经济”基础较好的优势，围绕宾阳产业发展特色，扶持小五金、服装、毛笔毛刷等小微企业“二次创新”，大力推进创业创新。充分发挥宾阳炮龙节等重大节庆活动的集聚效应，加快重点旅游项目建设，打造宾阳旅游品牌，促进旅游业跨越发展。

（7）横县

横县位于广西东南部，享有“中国茉莉之乡”的美誉，下辖 17 个镇、5 个乡，总人口为 124.22 万人。2013 年，横县县域综合竞争力评价指数为 49.16，在全区县域中排第 6 位，在北部湾经济区县域中排第 3 位（见表 4－8）。其中规模竞争力、发展竞争力、质量竞争力、工业竞争力、民生竞争力和基础竞争力的评价指数分别为 66.60、63.65、44.34、43.18、32.38 和 27.64（见图 4－10），在全区县域中分别列第 2、第 7、第 12、第 8、第 43 和第 62 位，在北部湾经济区县域中分别列第 1、第 2、第 4、第 2、第 12 和第 11 位。在各项竞争力中，横县的规模竞争力、发展竞争力和工业竞争力具有明显的优势。其中，地区生产总值达到 240.96 亿元，列全区县域第 5 位；农林牧渔业产值达到 60.84 亿元，列全区县域第 4 位；社会消费品零售总额达到 66.21 亿元，列全区县域第 9 位；公共财政收入达到 10.58 亿元，列全区县域第 8 位；全社会固定资产投资达到 173.41 亿元，列全区县域第 8 位；地区生产总值增长速度达到 10.99%，列全区县域第 6 位；工业增加值增长速度达到 23.18%，列全区县域第 1 位；工业增加值达到 98.75 亿元，列全区县域第 7 位；规模以上工业总产值达到 282.04 亿元，列全区县域第 7 位。

表 4－8 横县县域竞争力评价结果及排序

序号	竞争力名称	评价指数	全区排序		北部湾经济区排序	
			2011 年	2013 年	2011 年	2013 年
1	规模竞争力	66.60	5	2	1	1
2	发展竞争力	63.65	10	7	1	2
3	质量竞争力	44.34	38	12	5	4
4	工业竞争力	43.18	18	8	3	2
5	民生竞争力	32.38	45	43	10	12
6	基础竞争力	27.64	41	62	7	11
7	综合竞争力	49.16	8	6	2	3

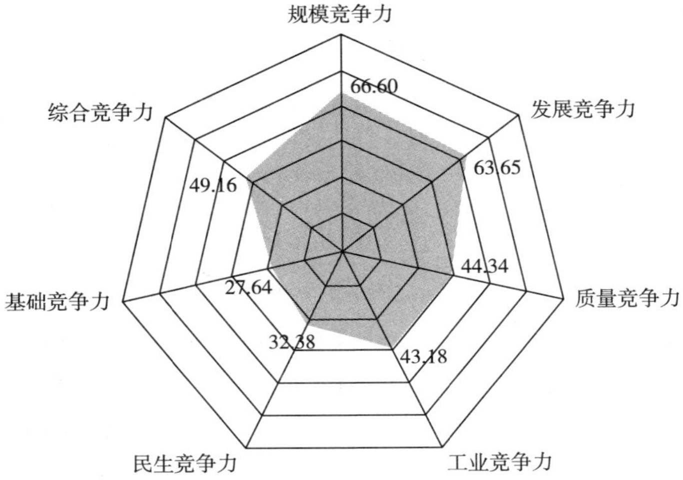

图 4－10　横县县域竞争力评价结果解析

从综合竞争力来看，横县在广西县域中处于领先水平和县域经济第一梯队，影响其综合竞争力水平的主要是民生竞争力和基础竞争力。其中，每万人医院、卫生院床位数在全区县域中列第 87 位，每万人医院、卫生院技术人员数列第 86 位，每万人公共交通拥有量列第 70 位，每万人技术人员数列第 81 位。

横县应坚持"工业强县"发展战略，加快培育装备制造、新能源、精细化工等新兴产业，继续做大做强电力、建材、浆纸、特色农产品加工等传统支柱产业，加快打造成为南宁东部工业基地；加快推进国家级现代农业示范区建设，推动茉莉花、食用菌等特色优势产业升级发展；充分利用中国（横县）茉莉花文化节的优势，促进茉莉花加工业与旅游业联动发展，加快广西特色旅游名县创建步伐。

（二）钦州市

钦州市包括钦南区、钦北区、灵山县和浦北县。2013 年，上述县域行政总面积为 10895.44 平方公里，年末总人口为 396.5 万人，实现地区生产总值593.15亿元，工业增加值达到150.76亿元，公共财政收入达到18.12亿元，全社会固定资产投资达到440.09亿元，社会消费品零售总额达到262.63亿元，分别占全区县域的4.78%、8.17%、6.74%、4.54%、4.12%、5.75%和9.16%（见图4-11）。2013年，钦州市县域人均地区生产总值达到14959元，比上年增长12.3%。

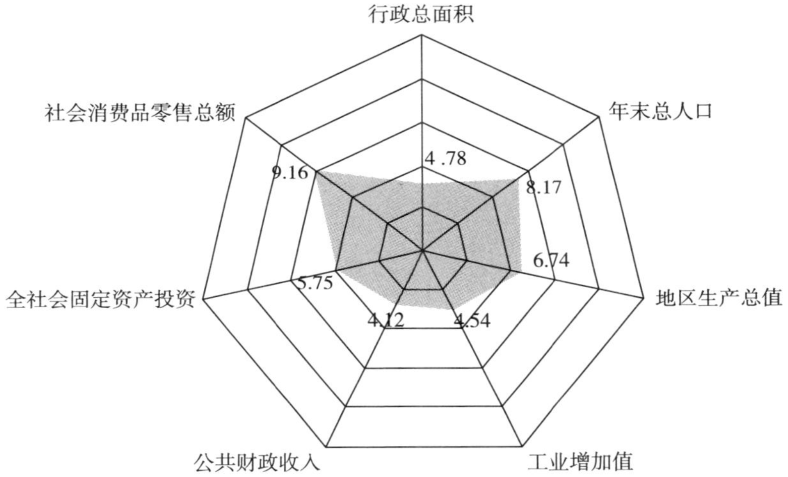

图4-11 钦州市县域经济社会指标占全区县域比重

（1）钦南区

钦南区位于北部湾经济区的中心位置，属滨海丘陵地带，地形低矮，起伏较缓，下辖4个街道、12个镇[①]，总人口为61.25万人。2013年，钦南区县域综合竞争力评价指数为47.16，在全区县域中排第8位，在北部湾经济区县域中排第4位（见表4-9）。其中规模竞争力、发展竞争力、质量竞争

① 根据广西壮族自治区人民政府《关于同意调整钦州市钦南区与钦北区部分行政区域界线的批复》（桂政函〔2012〕75号），对钦南区与钦北区部分行政区域界线进行调整，将钦南区管辖的向阳街道沙坡社区、永福社区，南珠街道白水塘社区、北营社区，水东街道小江社区、山塘社区调整划归钦北区管辖。钦南区、钦北区行政区域调整以钦州城区子材东西大街为界，子材东西大街以南的城区属钦南区管辖，子材东西大街以北的城区属钦北区管辖。

力、工业竞争力、民生竞争力和基础竞争力的评价指数分别为 42.45、45.50、33.55、79.17、61.03 和 19.86（见图 4－12），在全区县域中分别列第 17、第 52、第 33、第 1、第 4 和第 83 位，在北部湾经济区县域中分别列第 6、第 8、第 6、第 1、第 2 和第 14 位。在各项竞争力中，钦南区的工业竞争力和民生竞争力具有明显的优势。其中，规模以上工业总产值达到 734.90 亿元，列全区县域第 1 位；人均规模以上工业总产值达到 405.33 万元，列全区县域第 1 位；规模以上企业平均规模达到 95442 万元，列全区县域第 1 位；主营业务收入占工业总产值比重达到 99.28%，列全区县域第 7 位；人均社会消费品零售额达到 9846 元，列全区县域第 9 位；每万人医院、卫生院床位数达到 68 张，列全区县域第 3 位；每万人医院、卫生院技术人员数达到 96 人，列全区县域第 2 位。

表 4－9　钦南区县域竞争力评价结果及排序

序号	竞争力名称	评价指数	全区排序		北部湾经济区排序	
			2011 年	2013 年	2011 年	2013 年
1	规模竞争力	42.45	15	17	6	6
2	发展竞争力	45.50	66	52	14	8
3	质量竞争力	33.55	39	33	6	6
4	工业竞争力	79.17	2	1	1	1
5	民生竞争力	61.03	3	4	1	2
6	基础竞争力	19.86	74	83	15	14
7	综合竞争力	47.16	10	8	3	4

从综合竞争力来看，钦南区在广西县域中处于上游水平，影响其综合竞争力水平的主要是发展竞争力和基础竞争力①。其中，工业增加值增长速度在全区县域中列第 64 位，社会消费品零售总额增长速度列第 90 位，每万人公共交通拥有量列第 86 位，每万人技术人员数列第 82 位，每万人移动电话用户数列第 74 位，每万人口中中学生数列第 83 位。

① 钦南区的基础竞争力变化较大的原因与前面县域相同，2010 年每万人电信业务量在全区县域中列第 5 位，而 2012 年用每万人移动电话用户数代替后，这一指标仅列第 48 位。

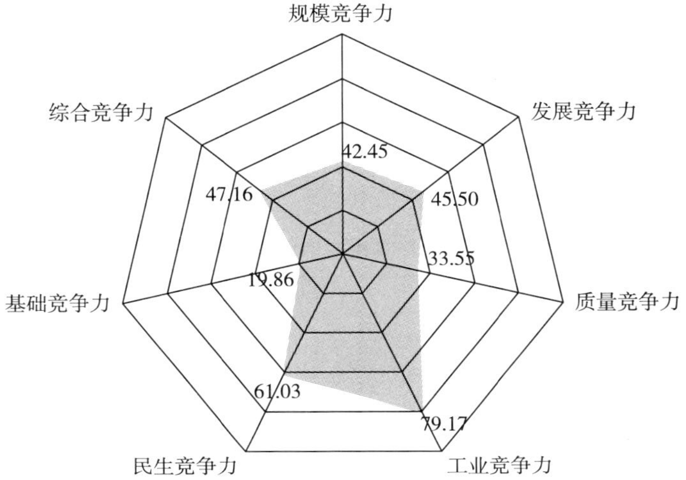

图 4 – 12　钦南区县域竞争力评价结果解析

钦南区应坚持“稳中求进、扩量提质、彰显特色”的总体要求，主动适应经济发展新常态，按照“四个强力”工作决策，围绕“服务大局、发展经济、务实惠民、和谐稳定”四大主题，全力推进工业经济、特色农业、特色旅游业、商贸服务业和城镇化发展，加快现代特色农业（核心）示范区和台湾农民创业园建设，加快那丽产业园规划建设，推进东盟木材加工园建设，进一步夯实全面建成小康社会的发展基础。

（2）钦北区

钦北区位于广西南部，享有“中国黑叶荔之乡”和“中国果园鸡之乡”的美誉，下辖 12 个镇，总人口为 81.20 万人。2013 年，钦北区县域综合竞争力评价指数为 40.39，在全区县域中排第 18 位，在北部湾经济区县域中排第 5 位（见表 4 – 10）。其中规模竞争力、发展竞争力、质量竞争力、工业竞争力、民生竞争力和基础竞争力的评价指数分别为 37.57、83.34、31.35、33.49、35.83 和 18.25（见图 4 – 13），在全区县域中分别列第 24、第 1、第 37、第 22、第 28 和第 85 位，在北部湾经济区县域中分别列第 7、第 1、第 7、第 5、第 8 和第 15 位。在各项竞争力中，钦北区的发展竞争力具有相对明显的优势。其中，地区生产总值增长速度达到 17.65%，列全区县域第1位；工业增加值增长速度达到22.28%，列全区县域第2位；社会消费品零售总额增长速度达到33.4%，列全区县域第4位；公共财政收入增长速度达到27.32%，列全区县域第4位；银行存贷款比例评级达到0.827，列全区县域第6位。

表4-10　钦北区县域竞争力评价结果及排序

序号	竞争力名称	评价指数	全区排序		北部湾经济区排序	
			2011年	2013年	2011年	2013年
1	规模竞争力	37.57	35	24	8	7
2	发展竞争力	83.34	35	1	8	1
3	质量竞争力	31.35	66	37	11	7
4	工业竞争力	33.49	58	22	10	5
5	民生竞争力	35.83	55	28	12	8
6	基础竞争力	18.25	39	85	6	15
7	综合竞争力	40.39	55	18	11	5

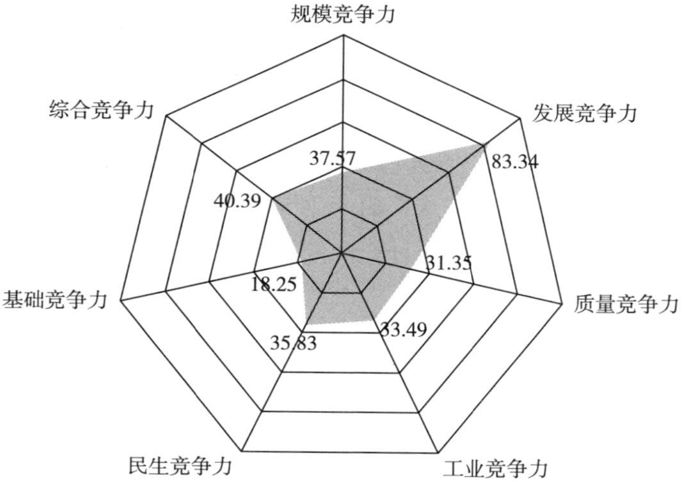

图4-13　钦北区县域竞争力评价结果解析

从综合竞争力来看，钦北区在广西县域中处于中上游水平，影响其综合竞争力水平的主要是质量竞争力和基础竞争力。其中，人均公共财政收入在全区县域中列第65位，每万人公共交通拥有量列第86位，每万人技术人员数列第85位，每万人移动电话用户数列第88位。

钦北区应坚持“稳中求进、提质增效、改革创新”的工作基调，坚持“上项目增投资、建园区兴工业、引龙头强农业、扩城镇旺商贸、惠民生促和谐、强基础保稳定”的工作主线，坚持以提高经济发展质量和效益为中心，主动适应经济发展新常态，紧紧围绕提前全面建成小康社会目标，全面推进新型工业化、新型城镇化和农业现代化，全面深化改革，切实保障和改善民生，推动全区经济持续健康快速发展与社会和谐稳定，为加快建成“美丽钦北·幸福家园”打下坚实的基础。

（3）灵山县

灵山县位于广西南部、钦州市东北部，是著名的“中国奶水牛之乡”和“中国荔枝之乡”，下辖18个镇，总人口为162.36万人。2013年，灵山县县域综合竞争力评价指数为35.61，在全区县域中排第31位，在北部湾经济区县域中排第9位（见表4－11）。其中规模竞争力、发展竞争力、质量竞争力、工业竞争力、民生竞争力和基础竞争力的评价指数分别为49.72、42.46、23.94、25.58、32.90和32.47（见图4－14），在全区县域中分别列第13、第62、第57、第41、第39和第42位，在北部湾经济区县域中分别列第5、第12、第11、第6、第10和第9位。在各项竞争力中，灵山县的规模竞争力具有较明显的优势。其中，年末总人口达到162.36万人，列全区县域第3位；农林牧渔业产值达到54.01亿元，列全区县域第6位；社会消费品零售总额达到72.34亿元，列全区县域第6位。

表4－11 灵山县县域竞争力评价结果及排序

序号	竞争力名称	评价指数	全区排序		北部湾经济区排序	
			2011年	2013年	2011年	2013年
1	规模竞争力	49.72	12	13	5	5
2	发展竞争力	42.46	65	62	13	12
3	质量竞争力	23.94	68	57	12	11
4	工业竞争力	25.58	44	41	8	6
5	民生竞争力	32.90	48	39	11	10
6	基础竞争力	32.47	35	42	5	9
7	综合竞争力	35.61	32	31	7	9

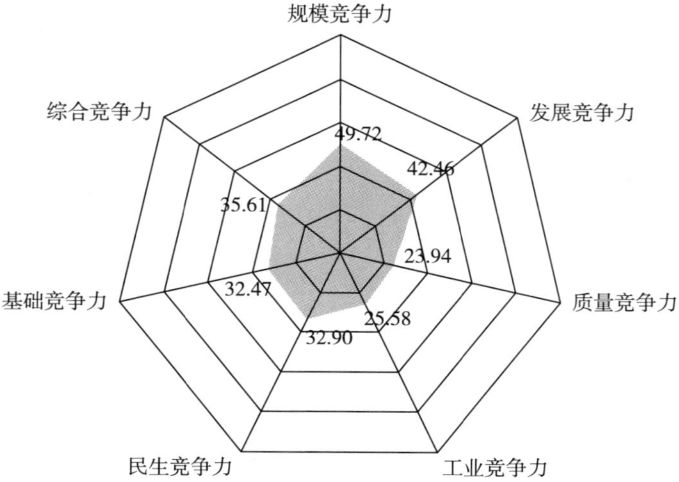

图 4－14　灵山县县域竞争力评价结果解析

从综合竞争力来看，灵山县在广西县域中处于中游偏上水平，影响其综合竞争力水平的主要是发展竞争力和质量竞争力。其中，地区生产总值增长速度在全区县域中列第 49 位，工业增加值增长速度列第 57 位，全社会固定资产投资增长速度列第 79 位，人均地区生产总值列第 74 位，人均公共财政收入列第 85 位，人均工业增加值列第 75 位。

灵山县应坚持“稳中求进、扩量提质、改革创新”的工作总基调，坚持以提高经济发展质量和效益为中心，深入实施“以工强县、扩城促商、三化联动”发展战略，加快推进特色高效农业发展，探索创新镇域工业小区开发模式，加快推进武利、伯劳、三隆、沙坪、石塘 5 个市级镇工业园开发建设，引进一批“短平快”中小项目入驻，打造镇域特色工业，加快推进六和产城联动城市综合体项目和陆屋临港产业园陆阳新城建设，打造自治区级“产城联动示范园区”。

（4）浦北县

浦北县位于广西南部、钦州市东部，是“中国香蕉之乡”，下辖 16 个镇，总人口为 91.71 万人。2013 年，浦北县县域综合竞争力评价指数为

36.27，在全区县域中排第29位，在北部湾经济区中排第8位（见表4-12）。其中规模竞争力、发展竞争力、质量竞争力、工业竞争力、民生竞争力和基础竞争力的评价指数分别为34.56、55.57、33.81、23.65、37.84和33.09（见图4-15），在全区县域中分别列第28、第23、第32、第49、第23和第37位，在北部湾经济区县域中分别列第8、第5、第5、第9、第6和第8位。在各项竞争力中，浦北县的发展竞争力和民生竞争力具有相对明显的优势。其中，地区生产总值增长速度达到10.35%，列全区县域第7位；工业增加值增长速度达到16.72%，列全区县域第5位；人均社会消费品零售额达到6659元，列全区县域第17位；农村居民人均纯收入达到8245元，列全区县域第19位。

表4-12 浦北县县域竞争力评价结果及排序

序号	竞争力名称	评价指数	全区排序		北部湾经济区排序	
			2011年	2013年	2011年	2013年
1	规模竞争力	34.56	30	28	7	8
2	发展竞争力	55.57	60	23	12	5
3	质量竞争力	33.81	65	32	10	5
4	工业竞争力	23.65	62	49	11	9
5	民生竞争力	37.84	22	23	5	6
6	基础竞争力	33.09	57	37	10	8
7	综合竞争力	36.27	50	29	10	8

从综合竞争力来看，浦北县在广西县域中处于中游偏上水平，影响其综合竞争力水平的主要是工业竞争力和基础竞争力。其中，人均规模以上工业总产值在全区县域中列第76位，规模以上企业平均规模列第59位，每万人移动电话用户数列第42位，每万人互联网用户数列第63位。

浦北县应加强基础设施和产业建设，尽快将浦北工业园区打造成为自治区级经济开发区，着力加快源安堂八角深加工、生物质直燃发电等相关项目的开竣工，结合产业发展规划和城镇建设功能定位，开展差异化、特色化产业招商，充分利用好八角、红椎菌、香蕉、蜜蜂、黑猪、官垌草鱼等特色资

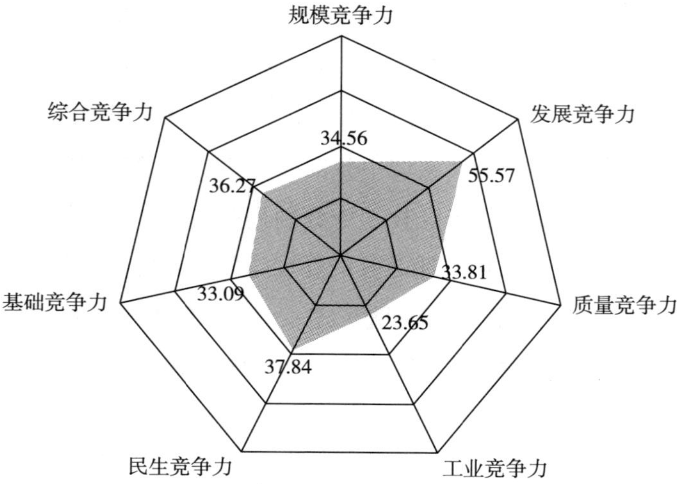

图 4－15　浦北县县域竞争力评价结果解析

源，进一步延伸产业链条，引进更多的深加工企业，不断提高农产品的附加值，带动城乡居民增收。

（三）北海市

北海市参与县域竞争力评价的县域仅有合浦县。2013 年，合浦县行政总面积为 2762 平方公里，年末总人口为 105. 83 万人，实现地区生产总值 167. 87 亿元，工业增加值达到 32. 99 亿元，公共财政收入达到 5. 88 亿元，全社会固定资产投资达到 137. 54 亿元，社会消费品零售总额达到 60. 9 亿元，分别占全区县域的 1. 21%、2. 18%、1. 91%、0. 99%、1. 34%、1. 80% 和 2. 12%（见图 4－16）。2013 年，合浦县人均地区生产总值达到 18710 元，比上年增长不足 1%。

合浦县位于广西南端、北部湾东北岸，下辖 13 个镇、2 个乡。2013 年，合浦县县域综合竞争力评价指数为 37. 70，在全区县域中排第 24 位，在北部湾经济区县域中排第 6 位（见表 4－13）。其中规模竞争力、发展竞争力、质量竞争力、工业竞争力、民生竞争力和基础竞争力的评价指数分别为 50. 15、42. 47、28. 14、22. 99、37. 06 和 41. 55（见图 4－17），在全区县域

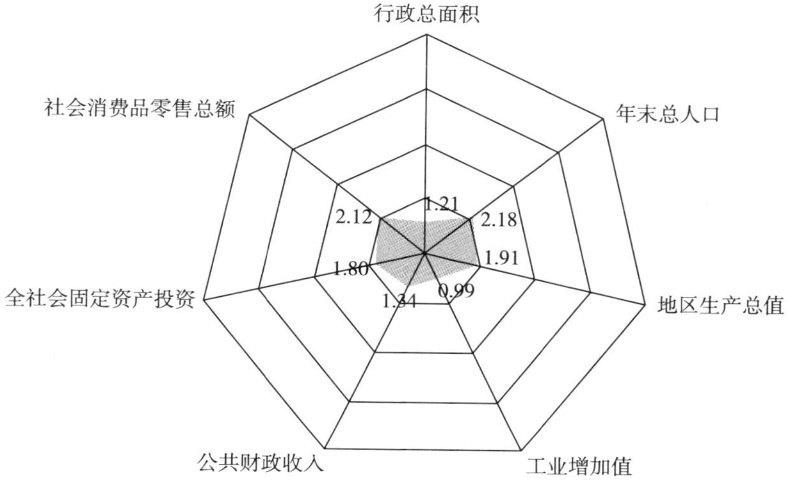

图 4－16　北海市县域经济社会指标占全区县域比重

中分别列第 12、第 61、第 44、第 54、第 25 和第 9 位，在北部湾经济区县域中分别列第 4、第 11、第 8、第 11、第 7 和第 2 位。在各项竞争力中，合浦县的规模竞争力和基础竞争力具有明显的优势。其中，地区生产总值达到 167.87 亿元，列全区县域第 16 位；农林牧渔业产值达到 70.48 亿元，列全区县域第 2 位；社会消费品零售总额达到 60.90 亿元，列全区县域第 11 位；单位面积公路里程达到 0.664 公里/平方公里，列全区县域第 9 位；每万人互联网用户数达到 890 户，列全区县域第 17 位；每万人口中中学生数达到 522 人，列全区县域第 19 位。

表 4－13　合浦县县域竞争力评价结果及排序

序号	竞争力名称	评价指数	全区排序		北部湾经济区排序	
			2011 年	2013 年	2011 年	2013 年
1	规模竞争力	50.15	9	12	3	4
2	发展竞争力	42.47	77	61	15	11
3	质量竞争力	28.14	55	44	9	8
4	工业竞争力	22.99	36	54	5	11
5	民生竞争力	37.06	25	25	7	7
6	基础竞争力	41.55	14	9	2	2
7	综合竞争力	37.70	26	24	6	6

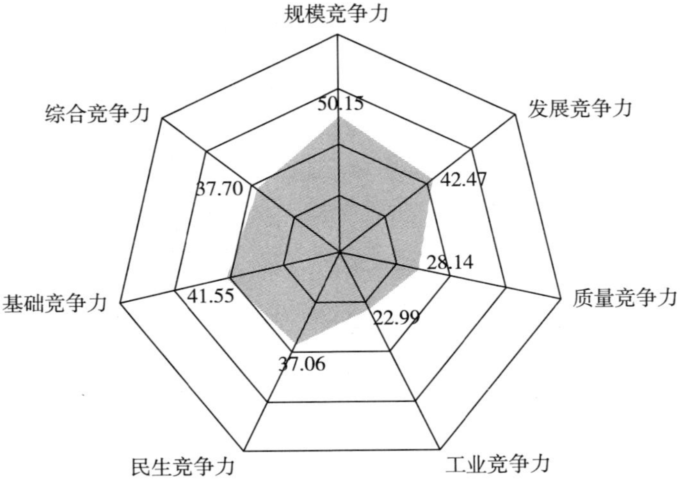

图 4－17　合浦县县域竞争力评价结果解析

从综合竞争力来看，合浦县在广西县域中处于中游偏上水平，影响其综合竞争力水平的主要是发展竞争力和工业竞争力。其中，工业增加值增长速度在全区县域中列第 70 位，社会消费品零售总额增长速度列第 76 位，主营业务收入占工业总产值比重列第 70 位。

随着国家“一带一路”和广西“双核驱动”战略的深入实施，以及北部湾四市“同城化”的不断加快，合浦县已进入机遇叠加、政策叠加的黄金时期，合浦县应扎实推进“项目建设攻坚年”活动，加快推进贵港至合浦高速公路等重大基础设施项目建设，着力推动华润水泥等项目建设进度，着力推进产业平台建设，壮大能源、制造业、矿产品加工、农副产品加工、水产品加工等优势产业，加快推进烟花、制糖等传统产业升级改造，积极扶持企业打造品牌。大力发展文化旅游项目建设，大力打造旅游产品，积极推动“海上丝绸之路”联合申报世界文化遗产，提升合浦县知名度。

（四）防城港市

防城港市参与县域竞争力评价的有防城区、上思县和东兴市。2013 年，上述县域行政总面积为5828.68平方公里，年末总人口为79.89万人，实现地区生产总值237.45亿元，工业增加值达到88.48亿元，公共财政收入达到20.98亿元，全社会固定资产投资达到220.79亿元，社会消费品零售总额达到65.27亿元，分别占全区县域的2.56%、1.65%、2.70%、2.67%、4.77%、2.88%和2.28%（见图4－18）。2013年，防城港市县域人均地区生产总值达到29723元，比上年增长10.6%。

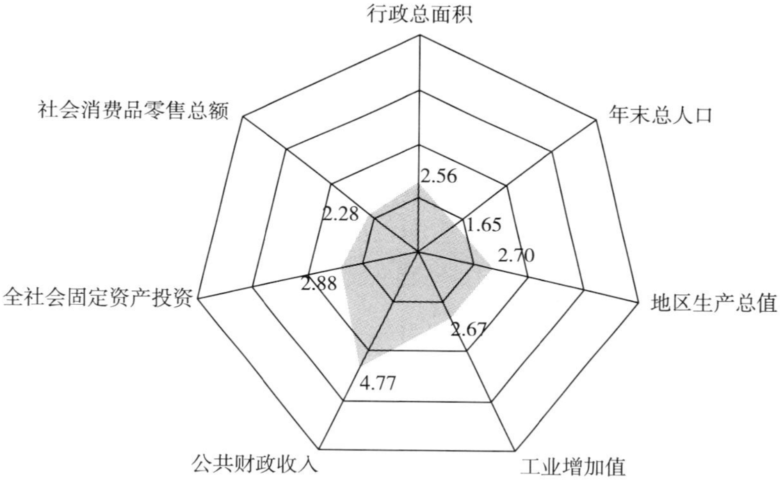

图4－18 防城港市县域经济社会指标占全区县域比重

（1）防城区

防城区地处广西南部，东南濒临北部湾，享有“中国金花茶之乡”“八角之乡”“肉桂之乡”的美誉，下辖6个镇、4个乡，总人口为42.10万人。2013年，防城区县域综合竞争力评价指数为33.62，在全区县域中排第37位，在北部湾经济区县域中排第10位（见表4－14）。其中规模竞争力、发展竞争力、质量竞争力、工业竞争力、民生竞争力和基础竞争力的评价指数分别为28.19、45.00、26.67、23.94、49.90和34.14（见图4－19），在全区县域中分别列第34、第53、第51、第45、第9和第34位，在北部湾经济区县域中分别列第9、第9、第10、第8、第3和第7位。在各项竞争力中，防城区的民生竞争力具有明显的优势。其中，城镇居民人均可支配收入达到25618元，列全区县域第8位；农村居民人均纯收入达到8837元，列全区县域第12位；每万人医院、卫生院床位数达到44.6张，列全区县域第7位；每万人医院、卫生院技术人员数达到55.81人，列全区县域第7位。

表4-14　防城区县域竞争力评价结果及排序

序号	竞争力名称	评价指数	全区排序		北部湾经济区排序	
			2011年	2013年	2011年	2013年
1	规模竞争力	28.19	36	34	9	9
2	发展竞争力	45.00	50	53	10	9
3	质量竞争力	26.67	34	51	4	10
4	工业竞争力	23.94	40	45	6	8
5	民生竞争力	49.90	8	9	3	3
6	基础竞争力	34.14	60	34	11	7
7	综合竞争力	33.62	33	37	8	10

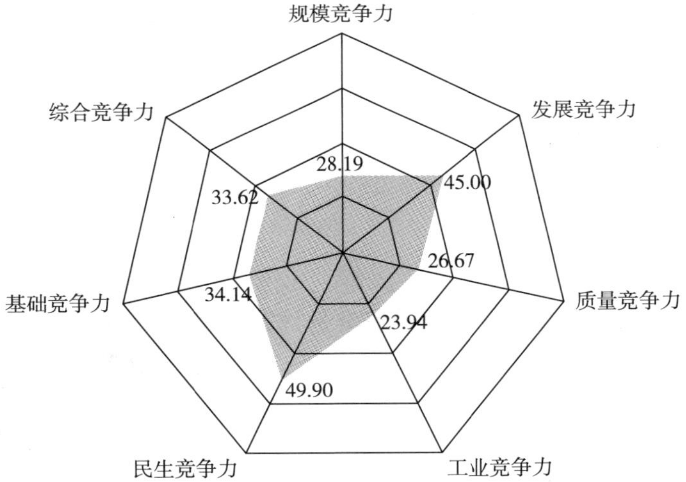

图4-19　防城区县域竞争力评价结果解析

从综合竞争力来看，防城区在广西县域中处于中游水平，影响其综合竞争力水平的主要是发展竞争力和质量竞争力。其中，公共财政收入增长速度在全区县域中列第62位，全社会固定资产投资增长速度列第75位，单位电力消耗地区生产总值列第74位。

防城区作为我国的“西南门户”，应加快对外开放步伐，着力加快港口建设，提高边境贸易总量，全力推进口岸、互市点基础设施建设及配套设施建设，加快从通道经济向口岸经济转型升级。以“全国特色生态旅游城市”建设为契机，着力推进产业生态发展及可持续发展，以金花茶国家自然保护区为重点，加快推进特色农业发展，将防城区建设成为边海经济带的战略支点。

（2）上思县

上思县地处广西西南部，坐落于十万大山北麓，下辖2个镇、7个乡、1个民族乡，总人口为23.92万人，是广西重要的糖料蔗生产基地。2013年，上思县县域综合竞争力评价指数为33.43，在全区县域中排第38位，在北部湾经济区县域中排第11位（见表4－15）。其中规模竞争力、发展竞争力、质量竞争力、工业竞争力、民生竞争力和基础竞争力的评价指数分别为16.54、52.28、45.84、25.13、32.51和36.43（见图4－20），在全区县域中分别列第57、第36、第9、第43、第42和第27位，在北部湾经济区县域中分别列第11、第6、第3、第7、第11和第5位。在各项竞争力中，上思县的质量竞争力具有明显的优势。其中，人均地区生产总值达到31666元，列全区县域第14位；人均公共财政收入达到1876.26元，列全区县域第10位；单位电力消耗地区生产总值达到31.62元/千瓦时，列全区县域第4位。

表4－15 上思县县域竞争力评价结果及排序

序号	竞争力名称	评价指数	全区排序		北部湾经济区排序	
			2011年	2013年	2011年	2013年
1	规模竞争力	16.54	56	57	11	11
2	发展竞争力	52.28	18	36	2	6
3	质量竞争力	45.84	27	9	3	3
4	工业竞争力	25.13	25	43	4	7
5	民生竞争力	32.51	32	42	8	11
6	基础竞争力	36.43	62	27	12	5
7	综合竞争力	33.43	41	38	9	11

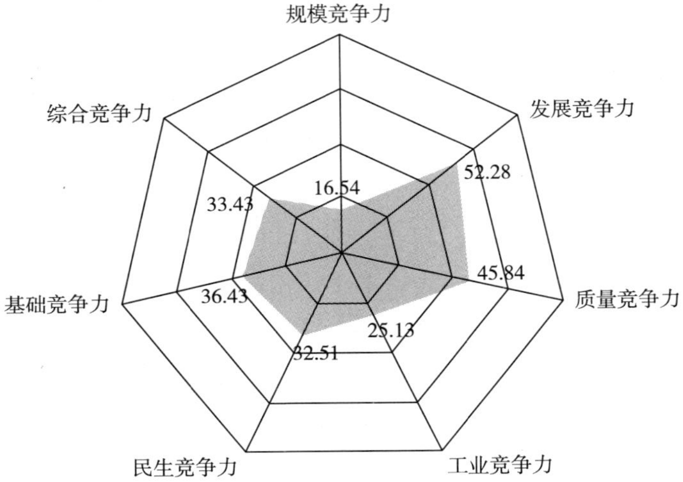

图 4－20　上思县县域竞争力评价结果解析

从综合竞争力来看，上思县在广西县域中处于中游水平，影响其综合竞争力水平的主要是规模竞争力。其中，年末总人口在全区县域中列第 77 位，地区生产总值列第 56 位，社会消费品零售总额列第 63 位，全社会固定资产投资列第 61 位。

上思县要立足优越的生态条件，始终围绕打造“广西生态经济强县”，大力实施“生态立县、工业强县、农业兴县、扶贫稳县、旅游旺县”发展战略，做好“生态、资源、特色”三篇文章，主动融入边海经济带，大力发展生态循环工业经济，培育发展“绿色、循环、有机”现代农业，进一步挖掘旅游资源，以“壮乡、绿色、明江水”为主体，突出壮乡特色和上思元素，打造独具特色的壮乡生态城镇。

（3）东兴市

东兴市位于我国大陆海岸线最西南端，是中国与东盟唯一海陆相连的口岸城市，下辖 3 个镇，总人口为 13. 86 万人。2013 年，东兴市县域综合竞争力评价指数为 51. 22，在全区县域中排第 4 位，在北部湾经济区县域中排第 2 位（见表 4－16）。其中规模竞争力、发展竞争力、质量竞争力、工业竞争力、民生竞争力和基础竞争力的评价指数分别为24.81、63.02、68.50、35.52、64.64和68.43（见图4－21），在全区县域中分别列第39、第8、第2、第20、第3和第1位，在北部湾经济区县域中分别列第10、第3、第1、第4、第1和第1位。在各项竞争力中，东兴市的质量竞争力、民生竞争力和基础竞争力有明显的高位优势。其中，人均地区生产总值达到48579元，列全区县域第1位；人均公共财政收入达到6944.75元，列全区县域第1位；人均工业增加值达到17788.59元，列全区县域第5位；单位面积地区生产总值达到1237.60万元/平方公里，列全区县域第3位；人均社会消费品零售额达到12893元，列全区县域第5位；城镇居民人均可支配收入达到28747元，列全区县域第3位；农村居民人均纯收入达到10542元，列全区县域第1位；每万人医院、卫生院技术人员数达到61.03人，列全区县域第5位；每万人移动电话用户数达到14368户，列全区县域第1位；每万人互联网用户数达到2919户，列全区县域第2位。

表4－16　东兴市县域竞争力评价结果及排序

序号	竞争力名称	评价指数	全区排序		北部湾经济区排序	
			2011年	2013年	2011年	2013年
1	规模竞争力	24.81	52	39	10	10
2	发展竞争力	63.02	53	8	11	3
3	质量竞争力	68.50	1	2	1	1
4	工业竞争力	35.52	55	20	9	4
5	民生竞争力	64.64	4	3	2	1
6	基础竞争力	68.43	17	1	3	1
7	综合竞争力	51.22	18	4	4	2

从综合竞争力来看，东兴市在广西县域中处于领先水平，影响其综合竞争力水平的主要是规模竞争力和工业竞争力。其中，年末总人口在全区县域中列第88位，农林牧渔业产值列第69位，社会消费品零售总额增长速度列第52位，工业增加值列第54位，规模以上工业总产值列第38位。

东兴市应突出抓好跨境合作试验区建设，进一步加大招商引资力度，加

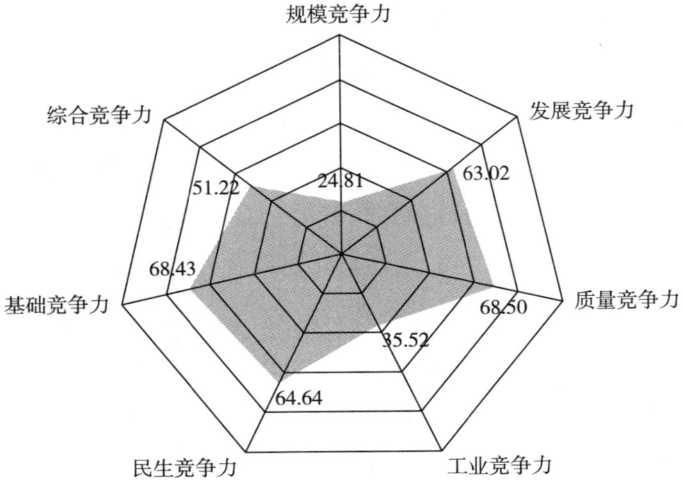

图 4－21　东兴市县域竞争力评价结果解析

强与越南芒街市的对接，形成共同推进的工作机制。积极推进跨境人民币业务、贸易投资便利化、地方金融管理体制、监管模式等领域的创新。进一步扩大投资，推进项目建设，全力打造东兴市特色优势产业，加快边境贸易、加工、旅游、红木、种养、海洋渔业等产业发展，做好兴边富民、扶贫攻坚、反走私综合治理、边境管控等各项工作，进一步扩大其在广西县域经济发展乃至全国边境城市建设中的示范效应。

二　西江经济带

西江经济带是广西在继国家批复《广西北部湾经济区发展规划》之后，进一步着眼于区域协调发展、培育区域新兴增长极而提出的重大区域发展战略。2014 年 7 月，《珠江－西江经济带发展规划》（以下简称《规划》）获得国务院批复，标志着珠江－西江经济带正式上升为国家战略。《规划》的范围包括广东省的广州、佛山、肇庆、云浮 4 市和广西壮族自治区的南宁、柳州、梧州、贵港、百色、来宾、崇左 7 市，区域面积为 16.5 万平方公里，2013 年末常住总人口为 5228 万人。《规划》对珠江－西江经济带提出了“西南中南开放发展战略支撑带”“东西部合作发展示范区”“流域生态文明建设试验区”“海上丝绸之路桥头堡”四个战略，并提出“一轴、两核、四组团”的空间布局①。

西江经济带共有县域单位55个，按照广西公开性的县域统计数据，共有45个县域具有比较全面的公开性统计数据，并参与此次县域竞争力评价（见图4－22）。

2013年，西江经济带县域行政总面积共104723平方公里，年末总人口达到2831万人，实现地区生产总值5129.58亿元，工业增加值达到2035.12亿元，公共财政收入达到236.41亿元，全社会固定资产投资达到4576.95亿元，社会消费品零售总额达到1624.40亿元。2013年，西江经济带县域人均地区生产总值达到18114元，比上年增长2.7%。

2013年，西江经济带县域主要经济社会指标在全区县域中的占比分别为：行政总面积占全区县域的45.91%，年末总人口占全区县域的58.32%，地区生产总值占全区县域的58.27%，工业增加值占全区县域的61.34%，公共财政收入占全区县域的53.76%，全社会固定资产投资占全区县域的59.79%，社会消费品零售总额占全区县域的56.67%（见图4－23）。

总体来看，西江经济带县域以45.91%的行政总面积和58.32%的年末总人口创造了58.27%的地区生产总值、61.34%的工业增加值、53.76%的公共财政收入、59.79%的全社会固定资产投资和56.67%的社会消费品零售总额。从以上数据可以看出，西江经济带各项指标占比均高于行政总面积在全区县域中所占比重；除公共财政收入、社会消费品零售总额和地区生产总值指标外，其余指标占比均高于年末总人口在全区县域中所占比重。这表明西江经济带县域仍是广西县域经济发展的重点区域。

---

① “一轴”即以珠江－西江主干流区域为轴带，包括广州、佛山、肇庆、云浮、梧州、贵港、南宁7市，加快通道基础设施建设，加强流域环境保护，形成特色鲜明、分工有序、互动发展的多层次增长中心。“两核”即强化广州和南宁作为经济带的双核作用，依托现有综合优势，发挥连接港澳、面向东盟、服务周边的作用，成为引领经济带开放发展和辐射带动西南、中南腹地的战略高地。“四组团”即以区域内中心城市为核心，按照流域特点和区域联系，重点建设广州—佛山、肇庆—云浮—梧州—贵港、柳州—来宾、南宁—崇左—百色四组团，引导产业和人口集聚，形成各有特色、优势互补、分工协作的区域发展板块。

图 4-22　西江经济带县域分布

注：2013 年 6 月，福绵管理区经国务院批复同意正式成为市辖区。现暂无福绵管理区和平桂管理区的行政区划图。

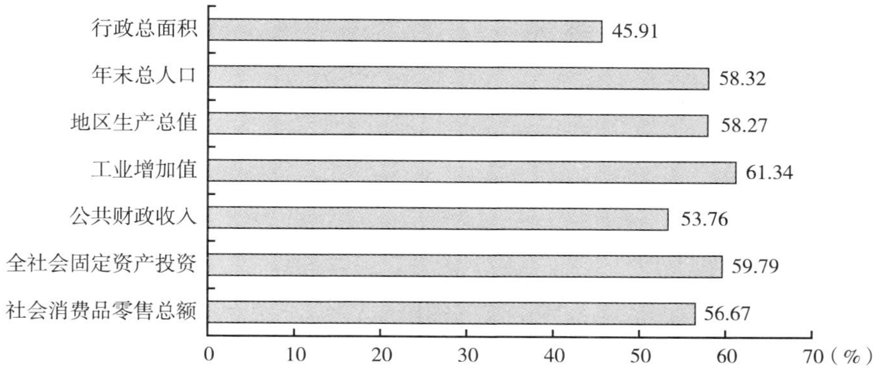

图 4 –23　西江经济带县域经济社会指标占全区县域比重

（一）柳州市

柳州市参与县域竞争力评价的有柳江县、柳城县、鹿寨县、融安县、融水苗族自治县和三江侗族自治县。2013 年，上述县域行政总面积为 17579. 88 平方公里，年末总人口为 256. 63 万人，实现地区生产总值 521. 98 亿元，工业增加值达到 185. 88 亿元，公共财政收入达到 23. 06 亿元，全社会固定资产投资达到 752. 18 亿元，社会消费品零售总额达到 140. 01 亿元，分别占全区县域的 7. 71%、5. 29%、5. 93%、5. 60%、5. 23%、9. 83% 和 4. 88%（见图 4 –24）。2013 年，柳州市县域人均地区生产总值达到 20339 元，比上年增长 5. 4%。

（1）柳江县

柳江县位于广西中部，是举世闻名的“柳江人”遗址所在地，是全国瘦肉型猪生产基地之一，是广西唯一获得外贸出口权的县，下辖 11 个镇、1 个乡，总人口为 54. 84 万人。2013 年，柳江县县域综合竞争力评价指数为 40. 57，在全区县域中排第 17 位，在西江经济带县域中排第 12 位（见表 4 –17）。其中规模竞争力、发展竞争力、质量竞争力、工业竞争力、民生竞争力和基础竞争力的评价指数分别为 41. 32、51. 96、42. 80、30. 40、42. 59 和 29. 43（见图 4 –25），在全区县域中分别列第 19、第 37、第 17、

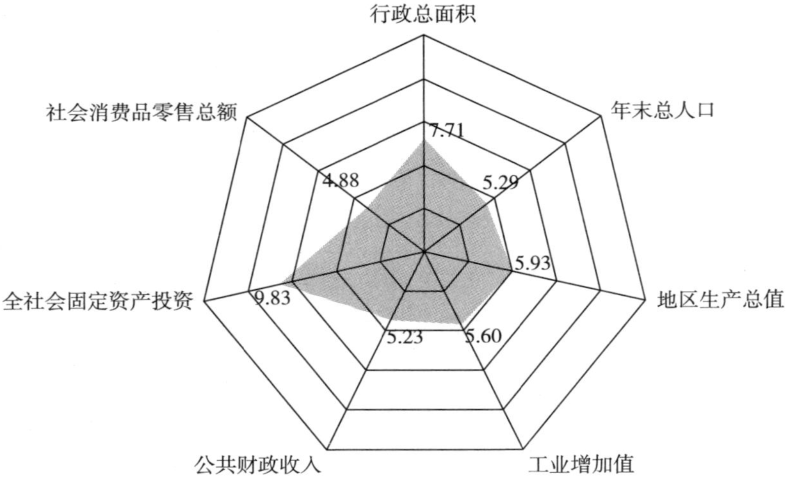

图 4－24　柳州市县域经济社会指标占全区县域比重

第 35、第 16 和第 54 位，在西江经济带县域中分别列第 12、第 22、第 9、第 19、第 9 和第 26 位。在各项竞争力中，柳江县的规模竞争力、质量竞争力和民生竞争力处于较高水平。其中，地区生产总值达到 167.77 亿元，列全区县域第 17 位；农林牧渔业产值达到 35.78 亿元，列全区县域第 16 位；全社会固定资产投资达到 156.50 亿元，列全区县域第 11 位；人均工业增加值达到 12940.11 元，列全区县域第 13 位；单位面积地区生产总值达到 661.22 万元/平方公里，列全区县域第 13 位；农村居民人均纯收入达到 9192 元，列全区县域第 6 位；城乡居民收入统筹系数达到 0.4，列全区县域第 6 位。

表 4－17　柳江县县域竞争力评价结果及排序

序号	竞争力名称	评价指数	全区排序		西江经济带排序	
			2011 年	2013 年	2011 年	2013 年
1	规模竞争力	41.32	16	19	10	12
2	发展竞争力	51.96	27	37	16	22
3	质量竞争力	42.80	17	17	9	9
4	工业竞争力	30.40	14	35	9	19
5	民生竞争力	42.59	18	16	11	9
6	基础竞争力	29.43	46	54	25	26
7	综合竞争力	40.57	15	17	11	12

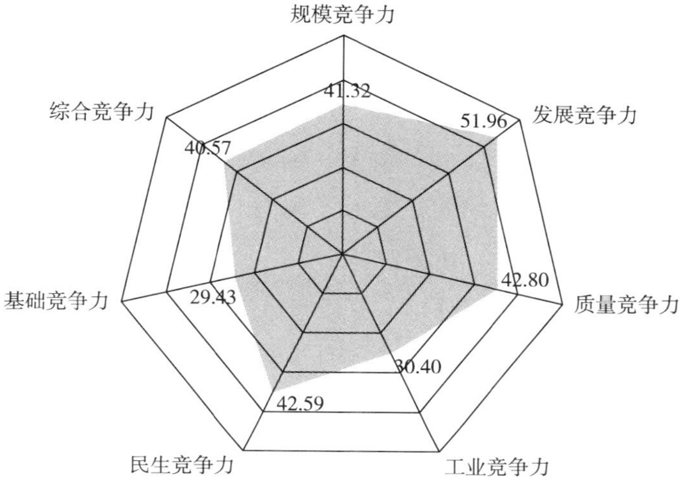

图 4-25 柳江县县域竞争力评价结果解析

从综合竞争力来看，柳江县在广西县域中处于上游水平，基本进入县域发展的第一梯队，影响其综合竞争力水平的主要是发展竞争力和基础竞争力。其中，地区生产总值增长速度在全区县域中列第 44 位，工业增加值增长速度列第 43 位，社会消费品零售总额增长速度列第 48 位，每万人公共交通拥有量列第 86 位，每万人口中中学生数列第 72 位。总体来看，柳江县各项竞争力的表现在各县域中较为均衡，且具有较高的发展水平，随着柳州市工业布局的进一步优化，其发展潜力和发展空间依然较大。

《珠江－西江经济带发展规划》上升为国家战略，自治区启动实施“双核驱动”战略，积极推进西江经济带建设，柳州市加快柳州柳江同城化发展，着力打造柳州经济升级版，为柳江县经济发展增添新的动力。柳江县应以新型工业化为主导，加快推动工业经济转型升级，加快构建“332”工业产业体系，以城乡一体化为目标，提升城镇综合承载能力，进一步推动重点领域改革，激发县域经济发展动力。

（2）柳城县

柳城县位于广西中部偏北，下辖 9 个镇、3 个乡，总人口为 40.75 万人。2013 年，柳城县县域综合竞争力评价指数为 34.89，在全区县域中排第

33 位，在西江经济带县域中排第 19 位（见表 4 - 18）。其中规模竞争力、发展竞争力、质量竞争力、工业竞争力、民生竞争力和基础竞争力的评价指数分别为 24.47、56.43、39.58、19.12、42.20 和 31.89（见图 4 - 26），在全区县域中分别列第 40、第 22、第 23、第 62、第 17 和第 45 位，在西江经济带县域中分别列第 23、第 11、第 14、第 36、第 10 和第 22 位。在各项竞争力中，柳城县的民生竞争力处于较高水平①。其中，人均社会消费品零售额达到 6353 元，列全区县域第 22 位；农村居民人均纯收入达到 8780 元，列全区县域第 13 位；城乡居民收入统筹系数达到 0.431，列全区县域第 2 位。

表 4 - 18　柳城县县域竞争力评价结果及排序

序号	竞争力名称	评价指数	全区排序		西江经济带排序	
			2011 年	2013 年	2011 年	2013 年
1	规模竞争力	24.47	39	40	21	23
2	发展竞争力	56.43	6	22	5	11
3	质量竞争力	39.58	37	23	22	14
4	工业竞争力	19.12	57	62	33	36
5	民生竞争力	42.20	16	17	9	10
6	基础竞争力	31.89	51	45	26	22
7	综合竞争力	34.89	38	33	20	19

从综合竞争力来看，柳城县在广西县域中处于中游偏上水平，影响其综合竞争力水平的主要是工业竞争力。其中，规模以上工业总产值在全区县域中列第 54 位，人均规模以上工业总产值列第 50 位。

柳城县作为柳州的“北大门”，具有“近水楼台”之利，可优先承接柳州城市圈的辐射和带动功能，在新一轮发展布局和竞争格局中抢得先机。柳城县应坚持“工业立县、富民强县”战略，按照“改革联动、城乡一体，建设幸福美丽新柳城”的基本导向，主动融入柳州一小时经济

① 2012 年，柳城县基础竞争力提升较快，主要原因在于每万人移动电话用户数和每万人互联网用户数的统计数值增幅较大。

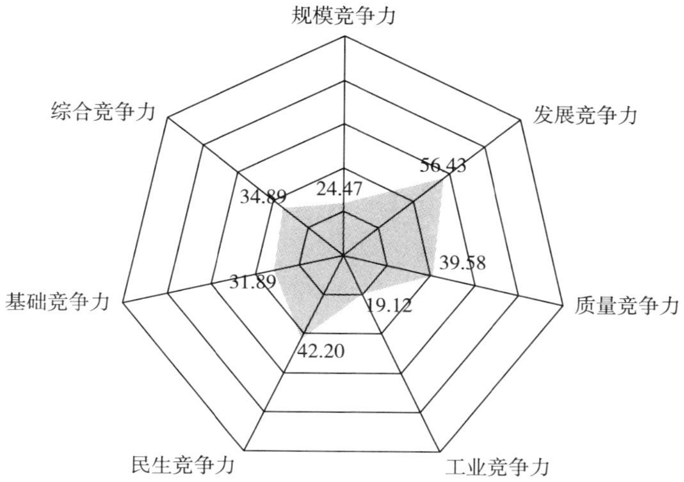

图 4－26 柳城县县域竞争力评价结果解析

圈，加快大企业引入，加快大项目建设，打造服务柳州工业和城市发展的大后方。

（3）鹿寨县

鹿寨县地处桂中腹地，县境中部和南部地势低平，主要为和缓的丘陵、台地和小平原，下辖 4 个镇、5 个乡，总人口为 40.50 万人。2013 年，鹿寨县县域综合竞争力评价指数为 34.39，在全区县域中排第 35 位，在西江经济带县域中排第 20 位（见表 4－19）。其中规模竞争力、发展竞争力、质量竞争力、工业竞争力、民生竞争力和基础竞争力的评价指数分别为 38.06、37.92、30.84、26.12、43.15 和 26.27（见图 4－27），在全区县域中分别列第 23、第 73、第 39、第 40、第 15 和第 69 位，在西江经济带县域中分别列第 16、第 40、第 24、第 23、第 8 和第 34 位。在各项竞争力中，鹿寨县的规模竞争力和民生竞争力具有一定优势。其中，农林牧渔业产值达到 35.78 亿元，列全区县域第 16 位；全社会固定资产投资达到 344.93 亿元，列全区县域第 1 位；人均社会消费品零售额达到 6478 元，列全区县域第 19 位；农村居民人均纯收入达到 8295 元，列全区县域第 18 位；城乡居民收入统筹系数达到 0.368，列全区县域第 15 位；每万人医院、卫生院床位数达到40.20张，列全区县域第11位；每万人医院、卫生院技术人员数达到48.32人，列全区县域第11位。

表4－19　鹿寨县县域竞争力评价结果及排序

序号	竞争力名称	评价指数	全区排序		西江经济带排序	
			2011年	2013年	2011年	2013年
1	规模竞争力	38.06	19	23	12	16
2	发展竞争力	37.92	51	73	29	40
3	质量竞争力	30.84	24	39	15	24
4	工业竞争力	26.12	21	40	11	23
5	民生竞争力	43.15	14	15	7	8
6	基础竞争力	26.27	58	69	29	34
7	综合竞争力	34.39	21	35	13	20

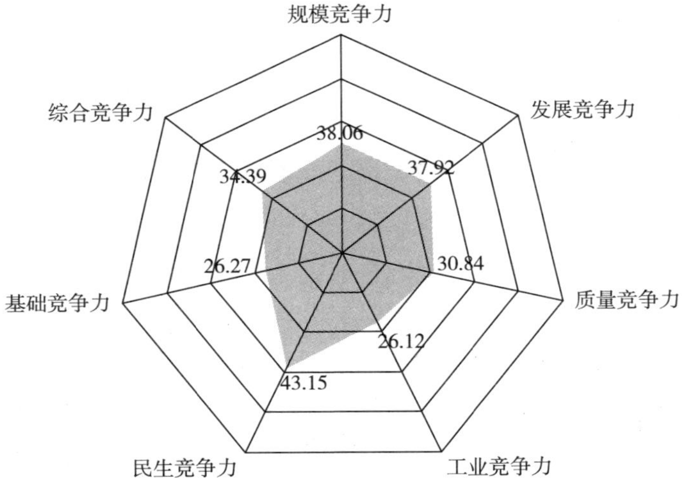

图4－27　鹿寨县县域竞争力评价结果解析

从综合竞争力来看，鹿寨县在广西县域中处于中游水平，影响其综合竞争力水平的主要是发展竞争力和基础竞争力。其中，地区生产总值增长速度在全区县域中列第86位，工业增加值增长速度列第74位，社会消费品零售总额增长速度列第89位，每万人技术人员数列第59位，每万人口中中学生数列第85位。

鹿寨县要紧紧围绕“建设宜居宜业美丽鹿寨、率先在广西县级全面建成小康社会”的总体目标，深入推进“工业强县、城建塑县、农业稳县、旅游旺县、文化兴县、商贸物流活县”战略，坚持创新驱动、转型升级，加快“工业四化”（产业集聚化、工业园区化、园区循环化、生产清洁化）发展步伐，以实现与柳州同城化发展为目标，以创新国家智慧城市为平台，统筹推进城乡一体化发展，进一步实施同城化、城乡一体化建设，推进鹿寨经济开发区“智慧园区”建设，抓好清华紫荆（柳州）技术转移中心建设，扶持博士后工作站、工程技术研究中心等企业研发机构发展，不断培育提升工业核心发展能力。

（4）融安县

融安县位于广西北部，素有“金橘之乡”和“小柳州”之称，下辖6个镇、6个乡，总人口为31.93万人。2013年，融安县县域综合竞争力评价指数为25.75，在全区县域中排第64位，在西江经济带县域中排第39位（见表4-20）。其中规模竞争力、发展竞争力、质量竞争力、工业竞争力、民生竞争力和基础竞争力的评价指数分别为12.46、44.96、24.84、16.79、37.00和28.59（见图4-28），在全区县域中分别列第68、第54、第55、第72、第26和第58位，在西江经济带县域中分别列第38、第29、第34、第41、第15和第29位。在各项竞争力中，融安县的民生竞争力处于相对较高的水平。其中，每万人医院、卫生院床位数达到39.15张，列全区县域第13位；每万人医院、卫生院技术人员数达到42.15人，列全区县域第17位。

表4-20 融安县县域竞争力评价结果及排序

序号	竞争力名称	评价指数	全区排序		西江经济带排序	
			2011年	2013年	2011年	2013年
1	规模竞争力	12.46	65	68	38	38
2	发展竞争力	44.96	48	54	27	29
3	质量竞争力	24.84	60	55	36	34
4	工业竞争力	16.79	69	72	39	41
5	民生竞争力	37.00	24	26	14	15
6	基础竞争力	28.59	65	58	32	29
7	综合竞争力	25.75	65	64	37	39

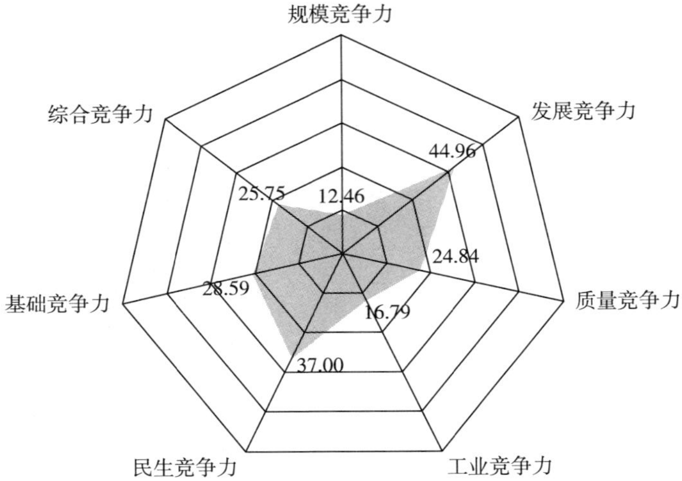

图 4－28　融安县县域竞争力评价结果解析

从综合竞争力来看，融安县在广西县域中处于中游偏下水平，影响其综合竞争力水平的主要是规模竞争力、工业竞争力和基础竞争力。其中，年末总人口在全区县域中列第 67 位，地区生产总值列第 66 位，公共财政收入列第 70 位，工业增加值列第 63 位，规模以上工业总产值列第 65 位，人均规模以上工业总产值列第 61 位，规模以上企业平均规模列第 69 位，单位面积公路里程列第 83 位。

融安县应紧紧围绕农产品主产区的功能定位，突出生态工业发展、突出现代特色农业发展、突出新型城镇化建设，加快柳州市域次中心城市建设步伐，以“国家生态文明示范县”建设为导向，加快推进生态工业发展和现代特色农业，全力打造百亿香杉产业基地，着力推进香杉生态产业、金橘、灵芝加工等特色产业升级转型。以打造“中国长寿之乡”为突破口，加快打造环都市农业生态观光休闲旅游圈，积极创建广西特色旅游名县。

（5）融水苗族自治县

融水苗族自治县位于广西东北部，县境地势为中部高、四周低，是广西林业重点县之一，下辖 4 个镇、14 个乡、2 个民族乡，总人口为 49. 80 万人。2013 年，融水苗族自治县县域综合竞争力评价指数为 24. 35，在全区县域中排第 66 位，在西江经济带县域中排第 40 位（见表 4 -21）。其中规模竞争力、发展竞争力、质量竞争力、工业竞争力、民生竞争力和基础竞争力的评价指数分别为 16. 62、53. 09、19. 69、17. 43、18. 57 和 28. 98（见图 4 -29），在全区县域中分别列第 56、第 33、第 69、第 68、第 74 和第 56 位，在西江经济带县域中分别列第 32、第 19、第 42、第 40、第 44 和第 27 位。在各项竞争力中，融水苗族自治县的发展竞争力水平相对较高。其中，地区生产总值增长速度达到 7. 91%，列全区县域第 19 位；工业增加值增长速度达到 7. 92%，列全区县域第 25 位。

表 4 -21　融水苗族自治县县域竞争力评价结果及排序

序号	竞争力名称	评价指数	全区排序		西江经济带排序	
			2011 年	2013 年	2011 年	2013 年
1	规模竞争力	16. 62	57	56	32	32
2	发展竞争力	53. 09	47	33	26	19
3	质量竞争力	19. 69	73	69	44	42
4	工业竞争力	17. 43	77	68	42	40
5	民生竞争力	18. 57	74	74	44	44
6	基础竞争力	28. 98	82	56	42	27
7	综合竞争力	24. 35	71	66	42	40

从综合竞争力来看，融水苗族自治县在广西县域中处于下游水平，影响其综合竞争力水平的主要是质量竞争力、工业竞争力和民生竞争力。其中，人均地区生产总值在全区县域中列第 68 位，单位面积地区生产总值列第 76 位，规模以上工业总产值列第 62 位，规模以上企业平均规模列第 68 位，人均社会消费品零售额列第 63 位，农村居民人均纯收入列第 73 位，城乡居民收入统筹系数列第 80 位，每万人医院、卫生院床位数列第 61 位。

融水苗族自治县应坚持“以资源换产业，以‘三化’促发展”的理念，按照稳中求进的工作总基调，主动适应新常态，全面深化改革，以项

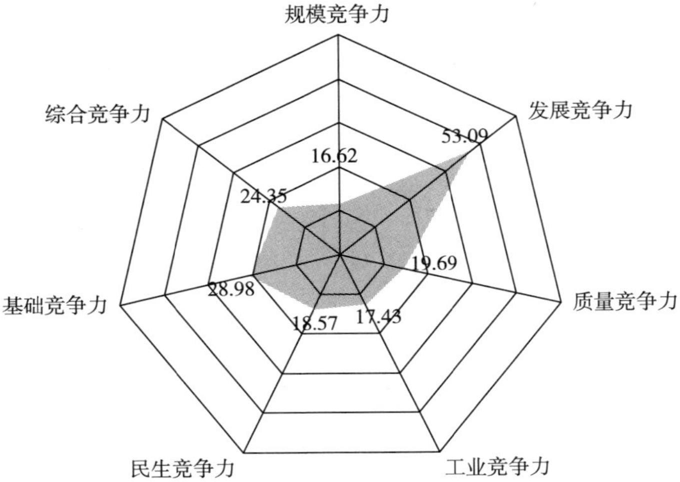

图 4－29　融水苗族自治县县域竞争力评价结果解析

目建设为抓手，加快基础设施建设和特色优势产业发展，按照“秀美融水·风情苗乡”，全力创建广西特色旅游名县，做大做强旅游产业，主动融入粤桂黔高铁旅游经济带，努力建成全区最佳乡村休闲旅游胜地和自驾游重要目的地。

（6）三江侗族自治县

三江侗族自治县位于广西北部，享有“民间文化艺术之乡”的称号，下辖4个镇、14个乡、2个民族乡，总人口为38.80万人。2013年，三江侗族自治县县域综合竞争力评价指数为17.86，在全区县域中排第81位，在西江经济带县域中排第45位（见表4－22）。其中规模竞争力、发展竞争力、质量竞争力、工业竞争力、民生竞争力和基础竞争力的评价指数分别为9.87、36.41、13.00、12.38、18.35和27.19（见图4－30），在全区县域中分别列第73、第75、第82、第81、第75和第64位，在西江经济带县域中分别列第41、第42、第45、第44、第45和第32位。在各项竞争力中，三江侗族自治县的基础竞争力具有一定的相对优势。其中，每万人技术人员数达到102人，列全区县域第42位；每万人移动电话用户数达到5170户，列全区县域第43位。

表 4－22 三江侗族自治县县域竞争力评价结果及排序

序号	竞争力名称	评价指数	全区排序		西江经济带排序	
			2011 年	2013 年	2011 年	2013 年
1	规模竞争力	9.87	77	73	41	41
2	发展竞争力	36.41	81	75	44	42
3	质量竞争力	13.00	76	82	45	45
4	工业竞争力	12.38	88	81	45	44
5	民生竞争力	18.35	77	75	45	45
6	基础竞争力	27.19	68	64	34	32
7	综合竞争力	17.86	80	81	45	45

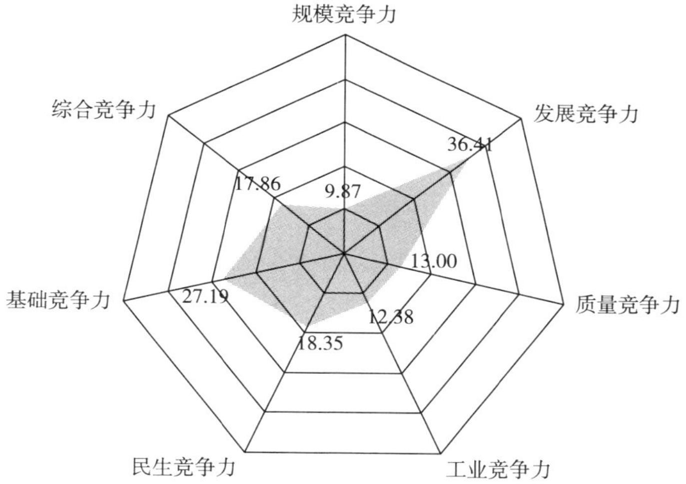

图 4－30 三江侗族自治县县域竞争力评价结果解析

从综合竞争力来看，三江侗族自治县在广西县域中处于下游水平，影响其综合竞争力水平的主要是质量竞争力和工业竞争力。其中，人均地区生产总值在全区县域中列第 81 位，人均公共财政收入列第 76 位，人均工业增加值列第 84 位，单位面积地区生产总值列第 74 位，工业增加值列第 82 位，规模以上工业总产值列第 86 位，人均规模以上工业总产值列第 78 位，规模以上企业平均规模列第 88 位。

三江侗族自治县应充分利用粤桂黔高铁经济带建设契机，加快推进珠三角、桂北地区重要生态农产品供应基地和桂、湘、黔民族旅游集散地建设，加快启动并推进“五区一带一改造”、“三柳”高速、“桂三”高速、“林古”公路、三江南站广场等重大基础设施建设，着力提升现代生态农业发展质量，加快民族文化旅游融合发展，突出城乡一体化发展，着力推动产城融合，持续夯实县域发展后劲。

（二）桂林市

桂林市参与县域竞争力评价的有阳朔县、临桂区、灵川县、全州县、兴安县、永福县、灌阳县、龙胜各族自治县、资源县、平乐县、荔浦县和恭城瑶族自治县。2013 年，上述县域行政总面积为 27109.5 平方公里，年末总人口为 445.06 万人，实现地区生产总值 1187.12 亿元，工业增加值达到 505.29 亿元，公共财政收入达到 60.51 亿元，全社会固定资产投资达到 1025.68 亿元，社会消费品零售总额达到 281.13 亿元，分别占全区县域的 11.88%、9.17%、13.49%、15.23%、13.76%、13.40% 和 9.81%（见图 4－31）。2013 年，桂林市县域人均地区生产总值达到 26673 元，比上年增长 12.5%。

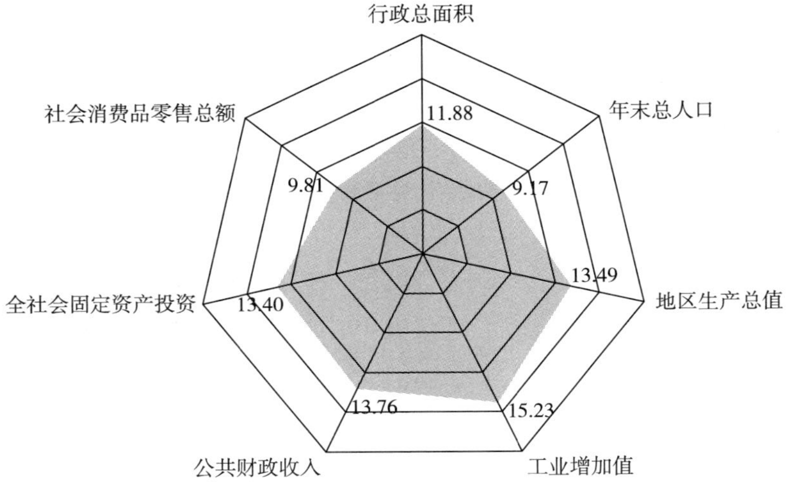

图 4－31　桂林市县域经济社会指标占全区县域比重

（1）阳朔县

阳朔县位于广西东北部，有“阳朔堪称甲桂林”和“中国旅游名县”的美誉，下辖6个镇、3个乡，总人口为31.83万人。2013年，阳朔县县域综合竞争力评价指数为31.58，在全区县域中排第45位，在西江经济带县域中排第23位（见表4－23）。其中规模竞争力、发展竞争力、质量竞争力、工业竞争力、民生竞争力和基础竞争力的评价指数分别为19.80、34.71、41.74、18.36、44.55和36.43（见图4－32），在全区县域中分别列第49、第78、第19、第65、第14和第26位，在西江经济带县域中分别列第29、第43、第11、第38、第7和第13位。在各项竞争力中，阳朔县的质量竞争力和民生竞争力具有相对明显的优势。其中，人均地区生产总值达到30347元，列全区县域第17位；单位电力消耗地区生产总值达到25.34元/千瓦时，列全区县域第13位；城镇居民人均可支配收入达到29428元，列全区县域第1位；农村居民人均纯收入达到9592元，列全区县域第4位。

表4－23　阳朔县县域竞争力评价结果及排序

序号	竞争力名称	评价指数	全区排序		西江经济带排序	
			2011年	2013年	2011年	2013年
1	规模竞争力	19.80	45	49	25	29
2	发展竞争力	34.71	22	78	15	43
3	质量竞争力	41.74	30	19	17	11
4	工业竞争力	18.36	72	65	40	38
5	民生竞争力	44.55	13	14	6	7
6	基础竞争力	36.43	54	26	28	13
7	综合竞争力	31.58	46	45	26	23

从综合竞争力来看，阳朔县在广西县域中处于中游水平，影响其综合竞争力水平的主要是发展竞争力和工业竞争力。其中，公共财政收入增长速度在全区县域中列第88位，银行存贷款比例评级列第66位，工业增加值列第62位，规模以上工业总产值列第61位，人均规模以上工业总产值列第83位。

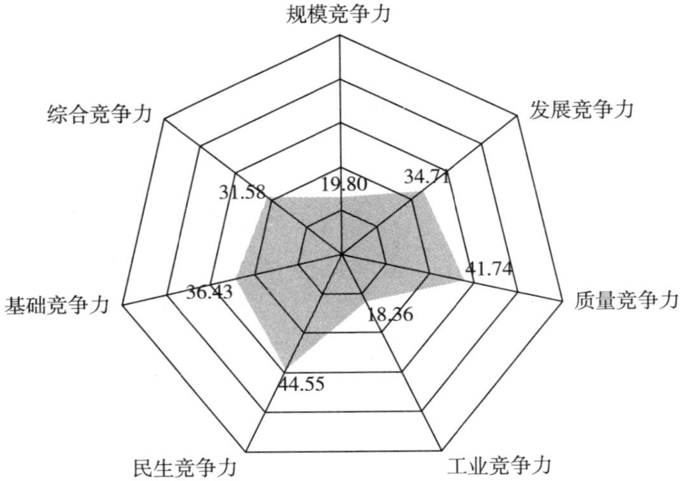

图 4 – 32　阳朔县县域竞争力评价结果解析

阳朔县是广西乃至中国的旅游大县，被联合国世界旅游组织确定为"最佳休闲度假旅游目的地"。2014 年，阳朔县接待游客 1200 多万人次，连续三年接待游客超过千万人次。阳朔县要进一步加快旅游国际化进程，与更多的国外城市缔结友好关系。"十三五"时期，阳朔县应进一步发挥旅游资源优势，加大旅游基础设施建设，完善旅游服务体系建设，提高旅游业发展质量。

（2）临桂区

临桂区位于桂林市西部，是桂林市重要的工业基地和交通枢纽，下辖 5 个镇、4 个乡、2 个民族乡，总人口为 48.47 万人。2013 年，临桂区县域综合竞争力评价指数为 57.10，在全区县域中排第 2 位，在西江经济带县域中排第 2 位（见表 4 – 24）。其中规模竞争力、发展竞争力、质量竞争力、工业竞争力、民生竞争力和基础竞争力的评价指数分别为 56.35、65.25、70.96、59.09、46.05 和 32.62（见图 4 – 33），在全区县域中分别列第 10、第 3、第 1、第 2、第 13 和第 41 位，在西江经济带县域中分别列第 8、第 1、第 1、第 1、第 6 和第 20 位。在各项竞争力中，临桂区的质量竞争力和工业竞争力处于比较明显的优势。其中，人均地区生产总值达到

43388 元，列全区县域第 4 位；人均公共财政收入达到 2878. 50 元，列全区县域第 3 位；人均工业增加值达到 22897. 39 元，列全区县域第 2 位；单位面积地区生产总值达到 876. 80 万元/平方公里，列全区县域第 7 位；工业增加值达到 1109949 万元，列全区县域第 5 位；规模以上工业总产值达到 3313308 万元，列全区县域第 4 位；人均规模以上工业总产值达到 194. 00 万元，列全区县域第 8 位；规模以上企业平均规模达到 53440 万元，列全区县域第 4 位。

表 4 – 24 临桂区县域竞争力评价结果及排序

序号	竞争力名称	评价指数	全区排序		西江经济带排序	
			2011 年	2013 年	2011 年	2013 年
1	规模竞争力	56. 35	13	10	8	8
2	发展竞争力	65. 25	14	3	10	1
3	质量竞争力	70. 96	5	1	3	1
4	工业竞争力	59. 09	6	2	4	1
5	民生竞争力	46. 05	15	13	8	6
6	基础竞争力	32. 62	37	41	21	20
7	综合竞争力	57. 10	4	2	3	2

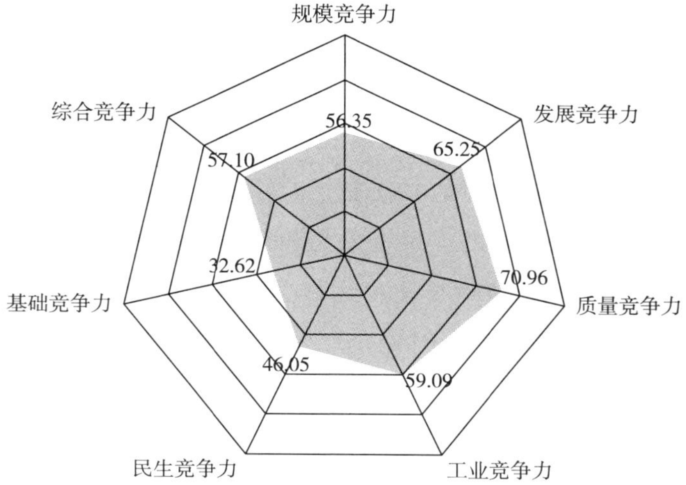

图 4 – 33 临桂区县域竞争力评价结果解析

从综合竞争力来看，临桂区是广西县域经济发展的排头兵之一，县域经济发展水平处于绝对领先地位，影响其综合竞争力水平的主要是基础竞争力。其中，每万人互联网用户数在全区县域中列第 40 位，每万人口中中学生数列第 48 位。

临桂区应按照经济发展与民生改善同步提高，“清洁临桂”“生态临桂”“宜居临桂”同步打造，全面融入桂林主城区建设，坚持走新型工业化道路，围绕打造先进装备制造、生物医药、食品饮料等主导产业和新能源新材料、电子信息、化工建材、农产品深加工等骨干产业，加快推进产业集群集约发展。大力发展特色效益农业、乡村旅游农业、生态循环农业，促进农业增产、农民增收。抢抓高铁经济带建设契机，大力发展旅游业、现代物流业，培育发展休闲养生、养老服务等新型业态。

（3）灵川县

灵川县位于广西东北部，素以“地灵人杰山川秀，物华天宝五谷丰”而著称于世，下辖 6 个镇、5 个乡、2 个民族乡，总人口为 37.66 万人。2013 年，灵川县县域综合竞争力评价指数为 41.76，在全区县域中排第 15 位，在西江经济带中排第 10 位（见表 4－25）。其中规模竞争力、发展竞争力、质量竞争力、工业竞争力、民生竞争力和基础竞争力的评价指数分别为 37.29、60.18、39.23、32.25、51.05 和 30.72（见图 4－34），在全区县域中分别列第 25、第 11、第 24、第 29、第 8 和第 49 位，在西江经济带县域中分别列第 17、第 7、第 15、第 17、第 4 和第 24 位。在各项竞争力中，灵川县的发展竞争力和民生竞争力具有相对明显的优势。其中，地区生产总值增长速度达到 10.23%，列全区县域第 10 位，工业增加值增长速度达到 12.81%，列全区县域第 10 位；人均社会消费品零售额达到 10392 元，列全区县域第 8 位；城镇居民人均可支配收入达到 25720 元，列全区县域第 7 位；农村居民人均纯收入达到 8886 元，列全区县域第 10 位。

表 4-25 灵川县县域竞争力评价结果及排序

序号	竞争力名称	评价指数	全区排序		西江经济带排序	
			2011 年	2013 年	2011 年	2013 年
1	规模竞争力	37.29	29	25	19	17
2	发展竞争力	60.18	33	11	19	7
3	质量竞争力	39.23	15	24	7	15
4	工业竞争力	32.25	50	29	31	17
5	民生竞争力	51.05	9	8	4	4
6	基础竞争力	30.72	34	49	19	24
7	综合竞争力	41.76	25	15	15	10

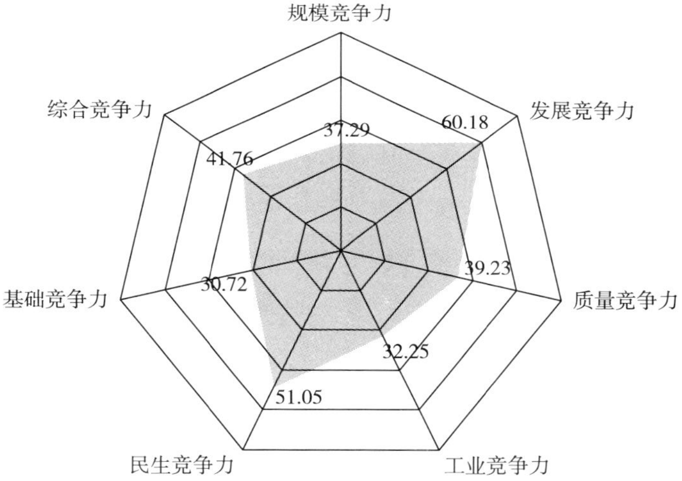

图 4-34 灵川县县域竞争力评价结果解析

从综合竞争力来看，灵川县在广西县域中处于上游水平，影响其综合竞争力水平的主要是工业竞争力和基础竞争力。其中，规模以上企业平均规模在全区县域中列第 41 位，每万人技术人员数列第 72 位，每万人口中中学生数列第 61 位。

灵川县应坚持总量提质、分量提速，主动适应经济发展新常态，按照“做强工业、做优农业、做活第三产业，开发甘棠江，建设大县城，打造新灵川”的既定思路和“北改、南兴、东拓、西延”的“桂林北新城”建设思路，按照建设“桂灵都市区”的部署要求，以重大项目建设为抓手，增强经济发展支撑力，以调结构、促转型为引领，构建特色现代产业体系，以提升品质为目标，提高城乡建设治理水平，以生态经济为导向，全面推进生态文明建设。

（4）全州县

全州县位于广西东北部，是桂林市行政区划面积最大、人口最多的县，有“中国金槐之乡”之称，下辖13个镇、3个乡、2个民族乡，总人口为82.91万人。2013年，全州县县域综合竞争力评价指数为31.39，在全区县域中排第46位，在西江经济带县域中排第24位（见表4－26）。其中规模竞争力、发展竞争力、质量竞争力、工业竞争力、民生竞争力和基础竞争力的评价指数分别为33.40、38.55、22.90、39.35、32.60和18.87（见图4－35），在全区县域中分别列第31、第71、第61、第15、第41和第84位，在西江经济带县域中分别列第19、第39、第37、第9、第24和第42位。在各项竞争力中，全州县的规模竞争力和工业竞争力具有相对比较优势。其中，年末总人口达到82.91万人，列全区县域第17位；农林牧渔业产值达到41.23亿元，列全区县域第11位；工业增加值达到46.22亿元，列全区县域第25位；人均规模以上工业总产值达到225.05万元，列全区县域第3位。

表4－26　全州县县域竞争力评价结果及排序

序号	竞争力名称	评价指数	全区排序		西江经济带排序	
			2011年	2013年	2011年	2013年
1	规模竞争力	33.40	26	31	17	19
2	发展竞争力	38.55	44	71	24	39
3	质量竞争力	22.90	52	61	33	37
4	工业竞争力	39.35	37	15	22	9
5	民生竞争力	32.60	38	41	22	24
6	基础竞争力	18.87	63	84	31	42
7	综合竞争力	31.39	40	46	22	24

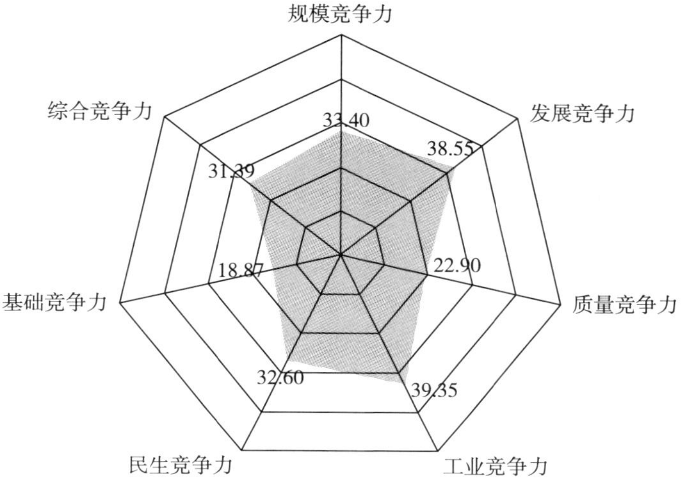

图 4－35 全州县县域竞争力评价结果解析

从综合竞争力来看，全州县在广西县域中处于中游水平，影响其综合竞争力水平的主要是发展竞争力和基础竞争力。其中，地区生产总值增长速度在全区县域中列第 52 位，社会消费品零售总额增长速度列第 62 位，公共财政收入增长速度列第 87 位，每万人技术人员数列第 70 位，每万人移动电话用户数列第 80 位，每万人互联网用户数列第 87 位。

全州县应深入实施“强工业、建新城、兴旅游、促商贸、富农业”发展战略，加快工业优化升级，努力培育壮大特色农产品加工、新能源、新材料等，重点加快推进风电项目建设，改造提升建材等传统产业，切实增强工业经济实力和竞争力。加快特色农业示范区建设，着力推动砂糖橘、金槐等产业加快发展，实现传统农业向特色效益农业转变。以创建自治区“休闲农业与乡村旅游业示范县”为契机，加快打造自治区级旅游名村。加大物流资源整合力度，努力将全州县打造成为桂林市最大的区域性物流中心。

（5）兴安县

兴安县位于广西东北部，是世界上最古老的运河——灵渠的所在地，自古以来就是楚越文化交汇之区，下辖6个镇、3个乡、1个民族乡，总人口为38.12万人。2013年，兴安县县域综合竞争力评价指数为44.01，在全区县域中排第22位，在西江经济带县域中排第15位（见表4－27）。其中规模竞争力、发展竞争力、质量竞争力、工业竞争力、民生竞争力和基础竞争力的评价指数分别为38.55、57.15、29.33、39.05、52.82和17.33（见图4－36），在全区县域中分别列第21、第20、第21、第16、第7和第87位，在西江经济带县域中分别列第14、第9、第13、第10、第3和第43位。在各项竞争力中，兴安县的工业竞争力和民生竞争力具有比较明显的优势。其中，工业增加值达到688592万元，列全区县域第16位；主营业务收入占工业总产值比重达到98.23%，列全区县域第16位；农村居民人均纯收入达到10386元，列全区县域第2位；城乡居民收入统筹系数达到0.419，列全区县域第3位。

表4－27　兴安县县域竞争力评价结果及排序

序号	竞争力名称	评价指数	全区排序		西江经济带排序	
			2011年	2013年	2011年	2013年
1	规模竞争力	38.55	27	21	18	14
2	发展竞争力	57.15	5	20	4	9
3	质量竞争力	29.33	4	21	2	13
4	工业竞争力	39.05	33	16	19	10
5	民生竞争力	52.82	7	7	3	3
6	基础竞争力	17.33	77	87	39	43
7	综合竞争力	44.01	14	22	10	15

从综合竞争力来看，兴安县在广西县域中处于上游水平，影响其综合竞争力水平的主要是基础竞争力。其中，每万人移动电话用户数在全区县域中列第86位，每万人互联网用户数列第60位，每万人口中中学生数列第84位。

兴安县应积极融入桂林国际旅游胜地建设和高铁经济带建设，以转变经

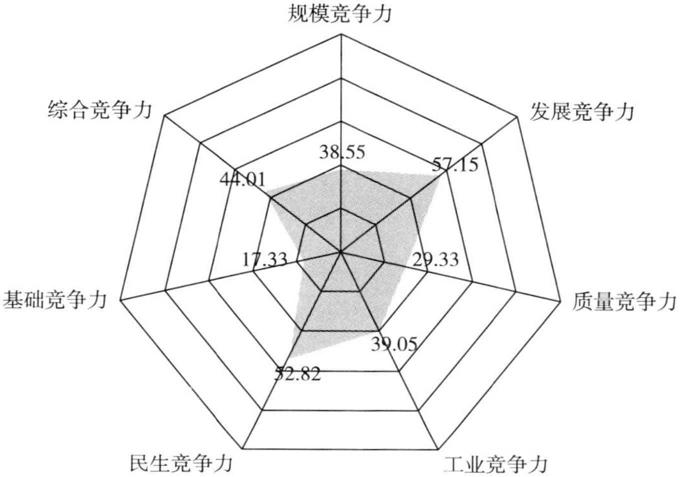

图 4-36 兴安县县域竞争力评价结果解析

济发展方式为主线，努力实现“新能源示范县、农业特色县、文化旅游名县、和谐文明县”建设的新跨越，把项目建设作为调结构、增后劲的重中之重，以大项目大投入，加快工业转型升级，加速“抓大壮小扶微”进程，以“旅游名县巩固提升”为抓手，推进旅游产品由观光型向观光休闲度假复合型转变，不断提高兴安旅游综合竞争力。

（6）永福县

永福县位于广西东北部，桂林西南，素有“福寿之乡”之美称，下辖 4 个镇、5 个乡，总人口为 28.42 万人。2013 年，永福县县域综合竞争力评价指数为 36.13，在全区县域中排第 30 位，在西江经济带县域中排第 17 位（见表 4-28）。其中规模竞争力、发展竞争力、质量竞争力、工业竞争力、民生竞争力和基础竞争力的评价指数分别为 19.89、51.14、50.51、33.49、40.88 和 22.26（见图 4-37），在全区县域中分别列第 47、第 41、第 6、第 23、第 19 和第 76 位，在西江经济带县域中分别列第 27、第 24、第 3、第 13、第 12 和第 39 位。在各项竞争力中，永福县的质量竞争力具有比较明显的优势。其中，人均地区生产总值达到 39739 元，列全区县域第 6 位；人均工业增加值达到 16029.1 元，列全区县域第 7 位。

表 4－28　永福县县域竞争力评价结果及排序

序号	竞争力名称	评价指数	全区排序		西江经济带排序	
			2011 年	2013 年	2011 年	2013 年
1	规模竞争力	19.89	50	47	28	27
2	发展竞争力	51.14	46	41	25	24
3	质量竞争力	50.51	9	6	4	3
4	工业竞争力	33.49	42	23	25	13
5	民生竞争力	40.88	20	19	13	12
6	基础竞争力	22.26	71	76	36	39
7	综合竞争力	36.13	39	30	21	17

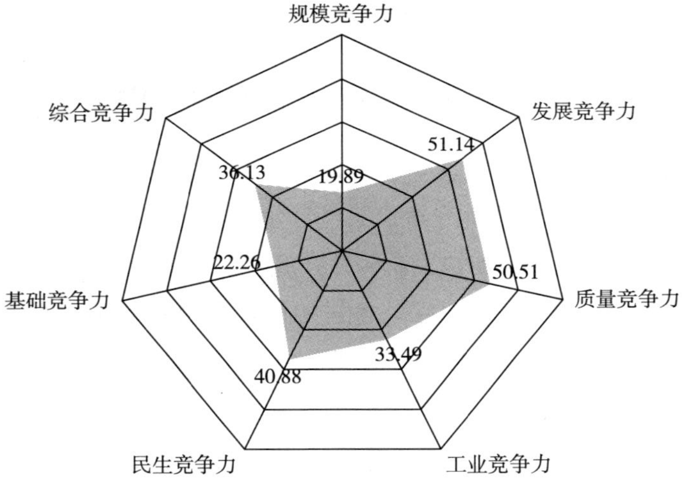

图 4－37　永福县县域竞争力评价结果解析

从综合竞争力来看，永福县在广西县域中处于中游偏上水平，影响其综合竞争力水平的主要是规模竞争力、发展竞争力和基础竞争力。其中，年末总人口在全区县域中列第 73 位，公共财政收入列第 51 位，公共财政收入增长速度列第 68 位，全社会固定资产投资增长速度列第 48 位，单位面积公路里程列第 89 位，每万人移动电话用户数列第 65 位，每万人口中中学生数列第 73 位。

永福县应牢固树立抓项目就是抓发展的理念，大力抓好招商引资、向上争资、项目建设三项重点工作，全力促成项目的签约落地、开工建设、竣工投产，为推动县域经济持续发展积蓄后劲。以“五大工程”为载体，全力推进园区建设，着力发展县域特色工业，促进产业结构转型升级，提升新型工业化发展水平。坚持多产业融合、特色化发展、大品牌突破，促进健康养生、文化旅游等产业的协调发展。坚持以人的城镇化为核心，完善城镇规划布局，提升建设管理水平，加快新型城镇体系建设步伐，努力推进城乡一体化进程。

（7）灌阳县

灌阳县位于桂林东北部，素有“八山一耕地，半水半村庄”之说，是桂北农业强县之一，下辖3个镇、6个乡，总人口为29.06万人。2013年，灌阳县县域综合竞争力评价指数为28.37，在全区县域中排第55位，在西江经济带县域中排第32位（见表4－29）。其中，规模竞争力、发展竞争力、质量竞争力、工业竞争力、民生竞争力和基础竞争力的评价指数分别为11.73、52.65、25.46、41.04、21.84和30.15（见图4－38），在全区县域中分别列第70、第34、第53、第12、第68和第52位，在西江经济带县域中分别列第40、第20、第32、第6、第42和第25位。在各项竞争力中，灌阳县的工业竞争力具有一定的优势。其中，人均规模以上工业总产值达到308.5万元，列全区县域第2位；主营业务收入占工业总产值比重达到98.5%，列全区县域第11位。

表4－29 灌阳县县域竞争力评价结果及排序

序号	竞争力名称	评价指数	全区排序		西江经济带排序	
			2011年	2013年	2011年	2013年
1	规模竞争力	11.73	72	70	39	40
2	发展竞争力	52.65	55	34	31	20
3	质量竞争力	25.46	43	53	25	32
4	工业竞争力	41.04	59	12	34	6
5	民生竞争力	21.84	67	68	39	42
6	基础竞争力	30.15	85	52	43	25
7	综合竞争力	28.37	68	55	39	32

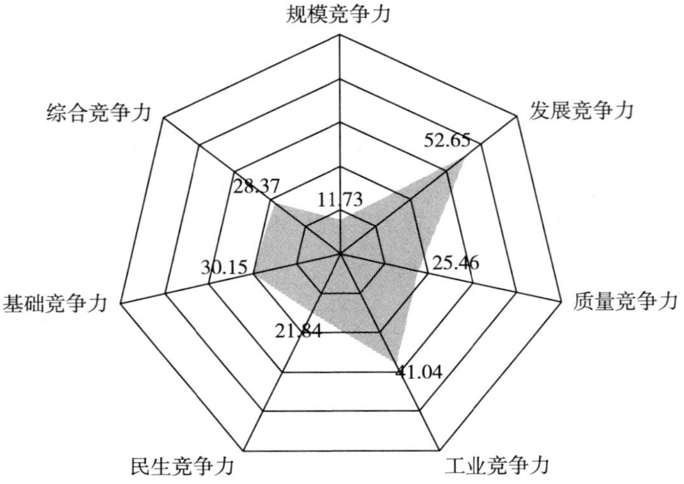

图 4－38　灌阳县县域竞争力评价结果解析

从综合竞争力来看，灌阳县在广西县域中处于中游偏下水平，影响其综合竞争力水平的主要是规模竞争力和民生竞争力。其中，年末总人口在全区县域中列第 72 位，地区生产总值列第 58 位，农林牧渔业产值列第 59 位，社会消费品零售总额列第 66 位，公共财政收入列第 72 位，农村居民人均纯收入列第 70 位，城乡居民收入统筹系数列第 77 位。

灌阳县应深化工业产业结构调整，加快冶炼、选矿机械制造、石材、木材等传统优势产业升级改造，扎实推进产城互动试点园区建设，优化完善园区规划和产业布局，加大基础设施建设力度。以强农业、富农民为方向，优化农业结构，提升特色农业发展水平。积极主动融入桂林国际旅游胜地建设，以争创特色旅游名县为动力，推进旅游与城市、文化、生态和产业融合，加快灌阳县旅游形象打造、旅游功能提升和旅游产品开发。

（8）龙胜各族自治县

龙胜各族自治县位于广西东北部，旅游资源丰富，有“天下一绝”的国家一级景点龙脊梯田景观，下辖 3 个镇、7 个乡，总人口为 17.93 万人。2013 年，龙胜各族自治县县域综合竞争力评价指数为 28.01，在全区县域中排第58位，在西江经济带县域中排第34位（见表4－30）。其中规模竞争力、发展竞争力、质量竞争力、工业竞争力、民生竞争力和基础竞争力的评价指数分别为8.35、61.54、32.27、22.06、21.41和37.16（见图4－39），在全区县域中分别列第75、第9、第36、第56、第69和第22位，在西江经济带县域中分别列第42、第5、第22、第32、第43和第10位。在各项竞争力中，龙胜各族自治县的发展竞争力和基础竞争力具有一定的比较优势。其中，地区生产总值增长速度达到11.39%，列全区县域第5位；工业增加值增长速度达到13.58%，列全区县域第9位；公共财政收入增长速度达到20.24%，列全区县域第21位；每万人技术人员数达到150人，列全区县域第2位；每万人移动电话用户数达到7733户，列全区县域第10位。

表4－30 龙胜各族自治县县域竞争力评价结果及排序

序号	竞争力名称	评价指数	全区排序		西江经济带排序	
			2011年	2013年	2011年	2013年
1	规模竞争力	8.35	79	75	42	42
2	发展竞争力	61.54	84	9	45	5
3	质量竞争力	32.27	31	36	18	22
4	工业竞争力	22.06	73	56	41	32
5	民生竞争力	21.41	72	69	43	43
6	基础竞争力	37.16	80	22	40	10
7	综合竞争力	28.01	72	58	43	34

从综合竞争力来看，龙胜各族自治县在广西县域中处于中游偏下水平，影响其综合竞争力水平的主要是规模竞争力、工业竞争力和民生竞争力。其中，年末总人口在全区县域中列第82位，地区生产总值列第68位，农林牧渔业产值列第75位，社会消费品零售总额列第84位，公共财政收入列第60位，工业增加值列第58位，规模以上工业总产值列第63位，人均规模以上工业总产值列第65位，人均社会消费品零售额列第52位，农村居民人均纯收入列第74位，城乡居民收入统筹系数列第85位。

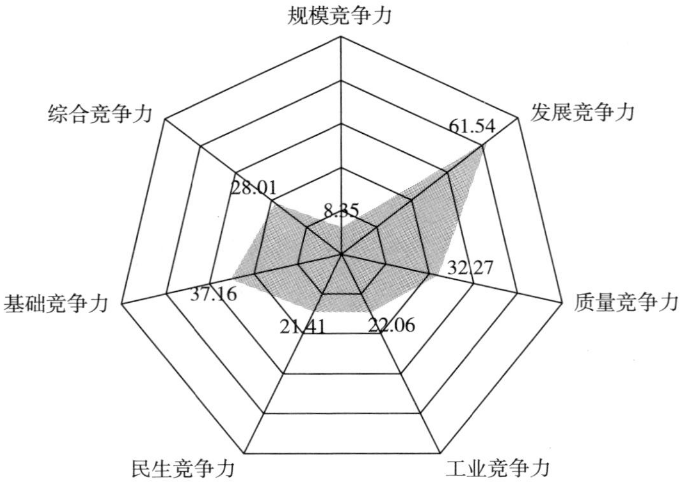

图 4－39　龙胜各族自治县县域竞争力评价结果解析

龙胜各族自治县以“生态立县，绿色发展”为引领，突出产业特色，促进农业产业转型升级，突出抓好工业重大项目，加快建设特色工业小区，继续实施“抓大壮小扶微”工程，切实将工业“提质增效”战略同重点生态功能区、旅游发展重点县建设和生态环境保护有机结合起来，围绕资源优势发展和壮大特色工业、生态工业，加快新型工业化发展。坚持“旅游兴县富民”战略，按照桂林国际旅游胜地建设和广西特色旅游名县创建工作要求，加快推进生态旅游强县建设步伐，着力发展现代服务业。

（9）资源县

资源县位于广西东北部，是广西八大重点风景开发区之一，境内有华南第一高峰猫儿山，下辖 1 个镇、3 个乡、3 个民族乡，总人口为 17.71 万人。2013 年，资源县县域综合竞争力评价指数为 24.14，在全区县域中排第 67 位，在西江经济带县域中排第 41 位（见表 4－31）。其中规模竞争力、发展竞争力、质量竞争力、工业竞争力、民生竞争力和基础竞争力的评价指数分别为 6.18、54.42、23.69、18.13、27.28 和 28.85（见图 4－40），在全区县域中分别列第 79、第 27、第 58、第 66、第 58 和第 57 位，在西江经济带县域中分别列第43、第15、第35、第39、第34和第28位。在各项竞争力中，资源县的发展竞争力①具有一定的比较优势。其中，地区生产总值增长速度达到10.30%，列全区县域第9位；工业增加值增长速度达到12.32%，列全区县域第12位。

表4－31　资源县县域竞争力评价结果及排序

序号	竞争力名称	评价指数	全区排序		西江经济带排序	
			2011年	2013年	2011年	2013年
1	规模竞争力	6.18	83	79	44	43
2	发展竞争力	54.42	17	27	13	15
3	质量竞争力	23.69	42	58	24	35
4	工业竞争力	18.13	83	66	43	39
5	民生竞争力	27.28	57	58	35	34
6	基础竞争力	28.85	76	57	38	28
7	综合竞争力	24.14	67	67	38	41

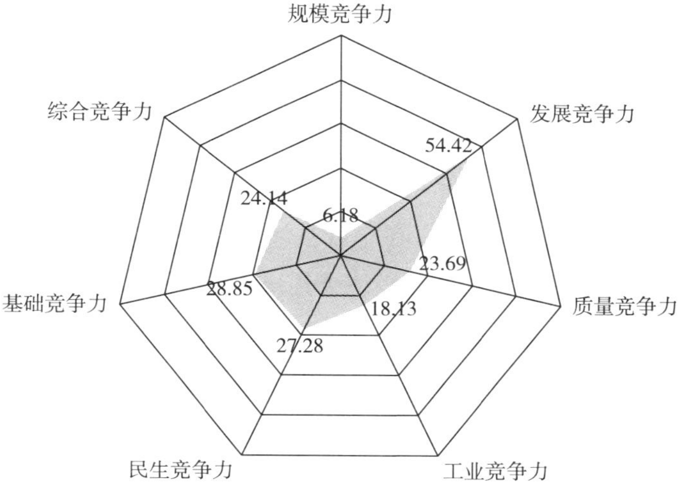

图4－40　资源县县域竞争力评价结果解析

① 资源县经济发展增速保持稳定，使其发展竞争力比较靠前。

从综合竞争力来看，资源县在广西县域中处于下游水平，影响其综合竞争力水平的主要是规模竞争力和工业竞争力。其中，年末总人口在全区县域中列第 83 位，地区生产总值列第 73 位，农林牧渔业产值列第 79 位，社会消费品零售总额列第 78 位，公共财政收入列第 82 位，全社会固定资产投资列第 72 位，工业增加值列第 62 位，规模以上工业总产值列第 64 位，规模以上企业平均规模列第 66 位。

资源县应坚持“生态立县、农业稳县、工业富县、旅游强县”的发展思路，以“坚持一个优先（民生建设）、突出两个并重（党的建设和法治建设）、实现三个提升（生态建设、产业发展、项目建设）”为重点，加快推进特色工业转型升级，着力培育壮大主导产业，提速发展以旅游业为龙头的现代服务业，以重大项目为抓手，增强经济发展支撑力，以打造桂北特色名县为目标，提高城乡建设和治理水平。

（10）平乐县

平乐县位于广西东北部、桂林市东南部，下辖 6 个镇、3 个乡、1 个民族乡，总人口为 44.85 万人。2013 年，平乐县县域综合竞争力评价指数为 32.43，在全区县域中排第 42 位，在西江经济带县域中排第 22 位（见表 4－32）。其中规模竞争力、发展竞争力、质量竞争力、工业竞争力、民生竞争力和基础竞争力的评价指数分别为 20.48、55.35、33.44、33.05、33.17 和 23.83（见图 4－41），在全区县域中分别列第 45、第 24、第 34、第 25、第 36 和第 73 位，在西江经济带县域中分别列第 25、第 12、第 20、第 14、第 22 和第 37 位。在各项竞争力中，平乐县的发展竞争力和工业竞争力具有一定的比较优势。其中，地区生产总值增长速度达到 8.53%，列全区县域第 15 位；工业增加值增长速度达到 9.74%，列全区县域第 19 位；全社会固定资产投资增长速度达到 10.16%，列全区县域第 8 位；人均规模以上工业总产值达到 124.27 万元，列全区县域第 22 位；规模以上企业平均规模达到 41843 万元，列全区县域第 12 位；主营业务收入占工业总产值比重达到 97.18%，列全区县域第25 位。

表 4-32　平乐县县域竞争力评价结果及排序

序号	竞争力名称	评价指数	全区排序		西江经济带排序	
			2011 年	2013 年	2011 年	2013 年
1	规模竞争力	20.48	54	45	31	25
2	发展竞争力	55.35	71	24	39	12
3	质量竞争力	33.44	51	34	32	20
4	工业竞争力	33.05	61	25	35	14
5	民生竞争力	33.17	42	36	26	22
6	基础竞争力	23.83	71	73	45	37
7	综合竞争力	32.43	64	42	36	22

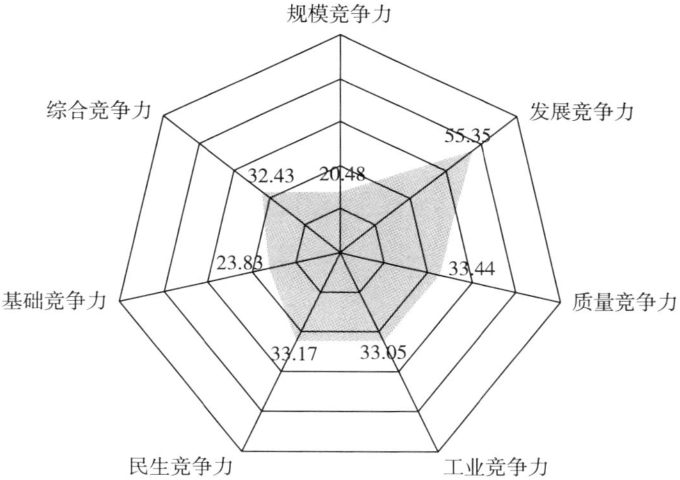

图 4-41　平乐县县域竞争力评价结果解析

从综合竞争力来看，平乐县在广西县域中处于中游水平，影响其综合竞争力水平的主要是规模竞争力和基础竞争力。其中，公共财政收入在全区县域中列第 59 位，全社会固定资产投资列第 52 位，单位面积公路里程列第 63 位，每万人技术人员数列第 64 位，每万人口中中学生数列第 74 位。

平乐县应坚持“调结构、促发展，强功能、促民生”的总基调，以提高经济发展质量和效益为中心，按照桂林市南部综合交通运输枢纽和特色江城的定位，推进“一核两带三功能区”建设一本蓝图绘到底，主动适应经济发展新常态，以项目建设为核心，着力在新型工业化、城镇化、现代农业及特色旅游上实现新突破，促进经济平稳健康发展与社会和谐稳定。

（11）荔浦县

荔浦县地处广西东北部，是享誉中国的南方食品城，同时也是中国乃至世界最大的木衣架出口生产基地，荣获“中国衣架之都”称号，下辖10个镇、2个乡、1个民族乡，总人口为38.18万人。2013年，荔浦县县域综合竞争力评价指数为39.46，在全区县域中排第20位，在西江经济带县域中排第13位（见表4－33）。其中规模竞争力、发展竞争力、质量竞争力、工业竞争力、民生竞争力和基础竞争力的评价指数分别为26.86、64.68、45.15、23.44、47.33和33.98（见图4－42），在全区县域中分别列第35、第4、第11、第51、第11和第35位，在西江经济带县域中分别列第21、第2、第6、第30、第5和第16位。在各项竞争力中，荔浦县的发展竞争力具有比较明显的优势。其中，地区生产总值增长速度达到9.71%，列全区县域第12位；工业增加值增长速度达到12.16%，列全区县域第13位；全社会固定资产投资增长速度达到11.61%，列全区县域第4位。

表4－33　荔浦县县域竞争力评价结果及排序

序号	竞争力名称	评价指数	全区排序		西江经济带排序	
			2011年	2013年	2011年	2013年
1	规模竞争力	26.86	41	35	22	21
2	发展竞争力	64.68	70	4	38	2
3	质量竞争力	45.15	19	11	11	6
4	工业竞争力	23.44	48	51	29	30
5	民生竞争力	47.33	11	11	5	5
6	基础竞争力	33.98	61	35	30	16
7	综合竞争力	39.46	43	20	24	13

从综合竞争力来看，荔浦县在广西县域中处于上游水平，影响其综合竞争力水平的主要是规模竞争力、工业竞争力和基础竞争力。其中，年末总人

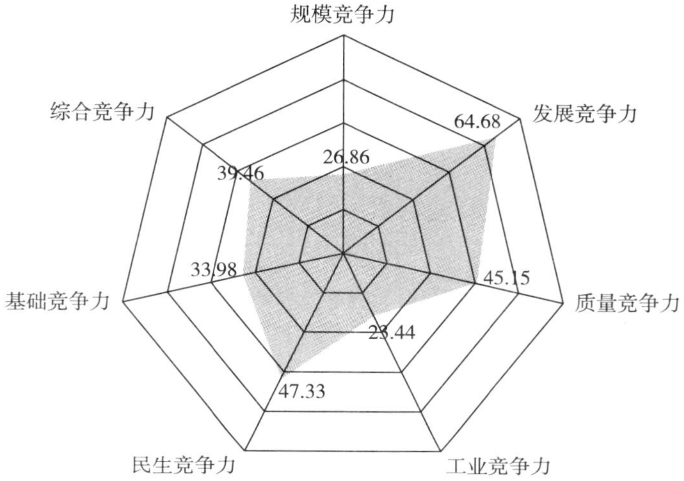

图 4-42 荔浦县县域竞争力评价结果解析

口在全区县域中列第 53 位，全社会固定资产投资列第 39 位，人均规模以上工业总产值列第 79 位，主营业务收入占工业总产值比重列第 61 位，每万人技术人员数列第 65 位，每万人口中中学生数列第 56 位。

荔浦县应主动融入桂林国际旅游胜地建设，坚持以重大项目建设为引擎，增强经济社会发展后劲；以特色效益农业为主导，实现农业增效、农民增收；以工业园区建设为载体，加快发展壮大工业经济；以旅游商贸物流为龙头，带动第三产业快速发展。努力适应经济发展新常态，推进民生改善和增进社会和谐，促进全县经济持续健康较快发展。

（12）恭城瑶族自治县

恭城瑶族自治县位于广西东北部、桂林市东南部，下辖 3 个镇、6 个乡，总人口为 29.92 万人。2013 年，恭城瑶族自治县县域综合竞争力评价指数为 28.37，在全区县域中排第 56 位，在西江经济带县域中排第 33 位（见表 4-43）。其中规模竞争力、发展竞争力、质量竞争力、工业竞争力、民生竞争力和基础竞争力的评价指数分别为 15.78、42.68、28.04、28.15、33.87 和 31.12（见图 4-43），在全区县域中分别列第 58、第 60、第 45、第 38、第 35 和第 47 位，在西江经济带县域中分别列第 33、第 34、第 27、第 21、第 21 和第 23

位。在各项竞争力中，恭城瑶族自治县的工业竞争力和民生竞争力处于较高水平。其中，人均规模以上工业总产值达到105.96万元，列全区县域第33位；规模以上企业平均规模达到32596万元，列全区县域第21位；人均社会消费品零售额达到6696元，列全区县域第16位；每万人医院、卫生院技术人员数达到34.79人，列全区县域第34位。

表4－34　恭城瑶族自治县县域竞争力评价结果及排序

序号	竞争力名称	评价指数	全区排序		西江经济带排序	
			2011年	2013年	2011年	2013年
1	规模竞争力	15.78	58	58	33	33
2	发展竞争力	42.68	19	60	14	34
3	质量竞争力	28.04	35	45	20	27
4	工业竞争力	28.15	65	38	37	21
5	民生竞争力	33.87	29	35	17	21
6	基础竞争力	31.12	70	47	35	23
7	综合竞争力	28.37	58	56	32	33

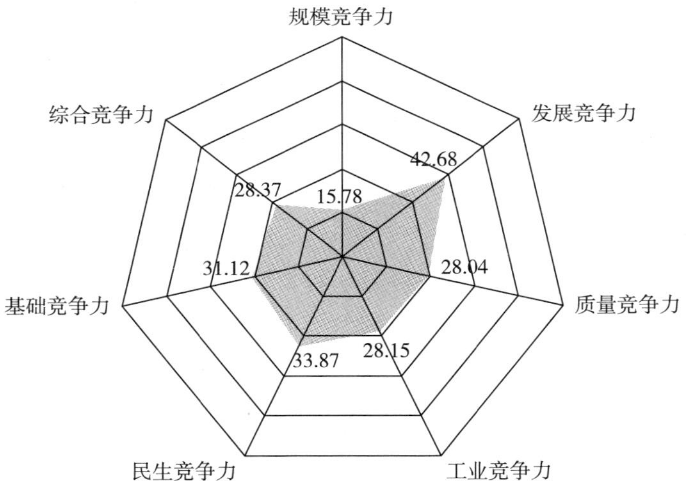

图4－43　恭城瑶族自治县县域竞争力评价结果解析

从综合竞争力来看，恭城瑶族自治县在广西县域中处于中游偏下水平，影响其综合竞争力水平的主要是规模竞争力和发展竞争力。其中，年末总人口在全区县域中列第71位，公共财政收入列第55位，全社会固定资产投资列第56位，地区生产总值增长速度列第67位，社会消费品零售总额增长速度列第82位，公共财政收入增长速度列第69位。

恭城瑶族自治县应依托粤桂黔高铁经济带建设，全面融入桂林“半小时生活圈”和广州、贵阳“三小时经济圈”，以创建“广西特色旅游名县”为目标，突出抓好以旅游为龙头的现代服务业，培育新的经济增长点，坚持工业强县战略，坚持总量扩大与质量提升并重，扶强壮大工业经济，大力发展现代农业，促进生态农业提质增效。强化项目投资拉动，增强县域经济发展后劲。

（三）梧州市

梧州市参与县域竞争力评价的有苍梧县、藤县、蒙山县和岑溪市。2013年，上述县域行政总面积为11473平方公里，年末总人口为284.13万人，实现地区生产总值613.24亿元，工业增加值达到357.5亿元，公共财政收入达到40.36亿元，全社会固定资产投资达到519.79亿元，社会消费品零售总额达到158.76亿元，分别占全区县域的5.03%、5.85%、6.97%、10.78%、9.18%、6.79%和5.54%（见图4－44）。2013年，梧州市县域

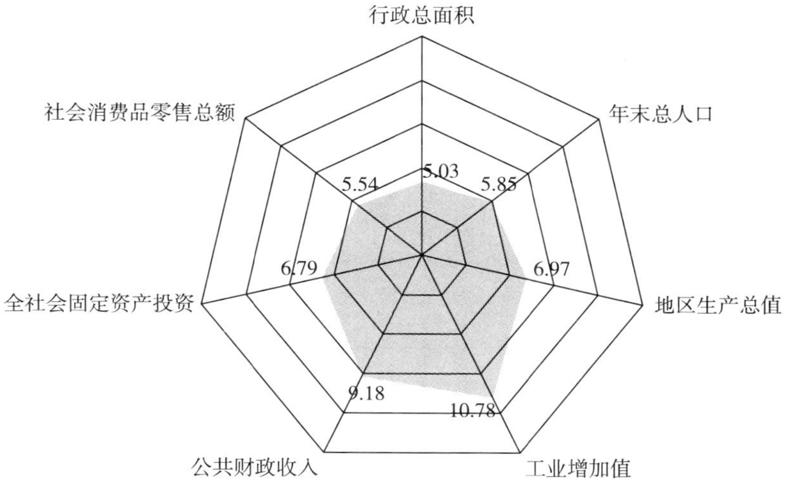

图4－44　梧州市县域经济社会指标占全区县域比重

人均地区生产总值达到 21583 元。

（1）苍梧县

苍梧县位于广西东部，“遥连五岭，总纳三江”，素有“广西水上门户”之称，下辖9个镇，总人口为63.59万人①。2013年，苍梧县县域综合竞争力评价指数为46.00，在全区县域中排第10位，在西江经济带县域中排第5位（见表4－35）。其中规模竞争力、发展竞争力、质量竞争力、工业竞争力、民生竞争力和基础竞争力的评价指数分别为47.99、64.03、45.19、45.42、31.37和38.42（见图4－45），在全区县域中分别列第15、第6、第10、第5、第46和第18位，在西江经济带县域中分别列第10、第4、第5、第3、第27和第6位。在各项竞争力中，苍梧县的发展竞争力和工业竞争力具有比较明显的优势。其中，地区生产总值增长速度达到10.88%，列全区县域第7位；工业增加值增长速度达到14.34%，列全区县域第8位；公共财政收入增长速度达到26.69%，列全区县域第5位；工业增加值达到114.19亿元，列全区县域第3位；人均规模以上工业总产值达到177.17万元，列全区县域第9位。

表4－35　苍梧县县域竞争力评价结果及排序

序号	竞争力名称	评价指数	全区排序		西江经济带排序	
			2011年	2013年	2011年	2013年
1	规模竞争力	47.99	21	15	14	10
2	发展竞争力	64.03	2	6	2	4
3	质量竞争力	45.19	20	10	12	5
4	工业竞争力	45.42	11	5	8	3
5	民生竞争力	31.37	44	46	28	27
6	基础竞争力	38.42	22	18	9	6
7	综合竞争力	46.00	12	10	8	5

① 2013年，国务院下发《关于同意广西壮族自治区行政区划调整梧州市部分行政区划的批复》，苍梧县人民政府驻地由龙圩镇迁至石桥镇。调整后，新苍梧县行政区辖石桥、六堡、旺甫等9个镇，总人口为38.6万人。

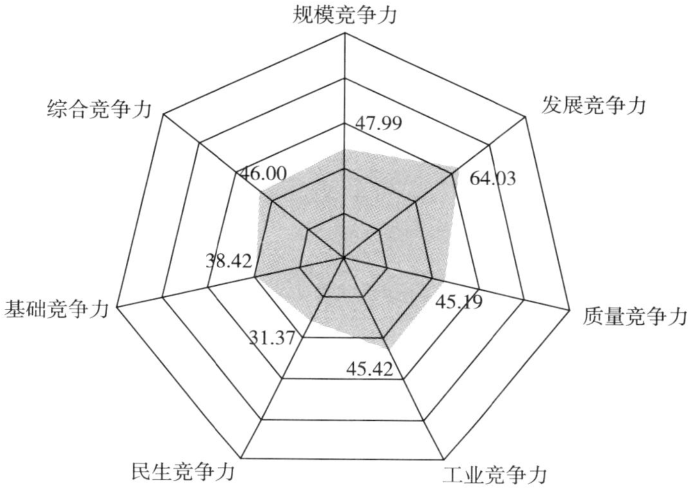

图 4－45 苍梧县县域竞争力评价结果解析

从综合竞争力来看，苍梧县在广西县域中处于领先水平，影响其综合竞争力水平的主要是民生竞争力。其中，每万人医院、卫生院床位数列第 81 位，每万人医院、卫生院技术人员数列第 73 位。

苍梧县应坚持“两极优先，多点并进”的发展思路，加快苍梧新县城建设和旺甫工业小镇建设，打造工业新载体。加快推进规划和征地工作，全面启动基础设施建设，加大招商引资力度，促进产业集群集聚发展。着力加快新县城建设，打造美好新家园。充分利用梧州市加快“两区一城”建设重大机遇，全面加快项目建设，促进投资稳定增长。

（2）藤县

藤县位于梧州市西部、浔江下游，下辖 15 个镇、1 个乡，总人口为 106.04 万人。2013 年，藤县县域综合竞争力评价指数为 42.33，在全区县域中排第 14 位，在西江经济带县域中排第 9 位（见表 4－36）。其中规模竞争力、发展竞争力、质量竞争力、工业竞争力、民生竞争力和基础竞争力的评价指数分别为 57.14、61.18、29.33、35.61、29.20 和 32.84（见图 4－46），在全区县域中分别列第 9、第 10、第 43、第 19、第 53 和第 38 位，在西江经济带县域中分别列第 7、第 6、第 26、第 12、第 32 和第 17 位。在各项竞争力中，藤县的规模竞争力和发展竞争力具有比较明显的优势。其中，农林牧渔业产值达到 425869 万元，列全区县域第 10 位；公共财政收入达到 124069 万元，列全区县域第 5 位；全社会固定资产投资增长速度达到 12.49%，列全区县域第 2 位。

表 4－36　藤县县域竞争力评价结果及排序

序号	竞争力名称	评价指数	全区排序		西江经济带排序	
			2011 年	2013 年	2011 年	2013 年
1	规模竞争力	57.14	14	9	9	7
2	发展竞争力	61.18	39	10	20	6
3	质量竞争力	29.33	44	43	26	26
4	工业竞争力	35.61	15	19	10	12
5	民生竞争力	29.20	54	53	33	32
6	基础竞争力	32.84	31	38	16	17
7	综合竞争力	42.33	23	14	14	9

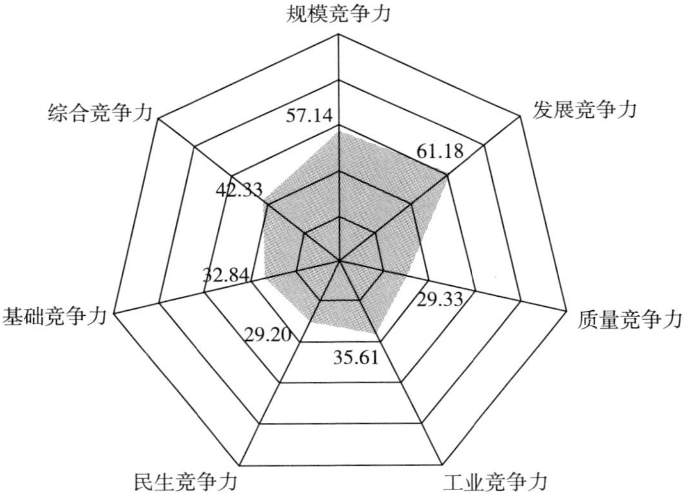

图 4－46　藤县县域竞争力评价结果解析

从综合竞争力来看，藤县在广西县域中处于上游水平，影响其综合竞争力水平的主要是质量竞争力和民生竞争力。其中，人均地区生产总值在全区县域中列第 50 位，城镇居民人均可支配收入列第 57 位，每万人医院、卫生院床位数列第 80 位，每万人医院、卫生院技术人员数列第 77 位。

藤县应牢牢抓住珠江 - 西江经济带开放发展等重大机遇，依托南广高铁经济带建设，扎实做好“稳增长、促改革、调结构、惠民生”工作，加强顶层设计和科学规划，搭建好各种发展平台，着力加快推进重大项目建设，着力做优做强工业经济，着力推进农业现代化进程，着力抓好现代服务业，加快融入珠江 - 西江经济带建设中，加快与梧州市区同城化的步伐，提升民生建设水平，推动经济社会平稳较快发展。

（3）蒙山县

蒙山县位于广西东部大瑶山之东，是太平天国开国之地，下辖 6 个镇、1 个乡、2 个民族乡，总人口为 21.90 万人。2013 年，蒙山县县域综合竞争力评价指数为 29.92，在全区县域中排第 51 位，在西江经济带县域中排第 28 位（见表 4 - 37）。其中规模竞争力、发展竞争力、质量竞争力、工业竞争力、民生竞争力和基础竞争力的评价指数分别为 11.82、48.55、40.79、23.90、28.54 和 36.60（见图 4 - 47），在全区县域中分别列第 69、第 46、第 21、第 46、第 54 和第 25 位，在西江经济带县域中分别列第 39、第 26、第 13、第 26、第 33 和第 12 位。在各项竞争力中，蒙山县的质量竞争力具有比较明显的优势。其中，人均公共财政收入达到 1600.71 元，列全区县域第 16 位；人均工业增加值达到 12129.49 元，列全区县域第 17 位；单位电力消耗地区生产总值达到 24.25 元/千瓦时，列全区县域第 17 位。

表 4 - 37 蒙山县县域竞争力评价结果及排序

序号	竞争力名称	评价指数	全区排序		西江经济带排序	
			2011 年	2013 年	2011 年	2013 年
1	规模竞争力	11.82	74	69	40	39
2	发展竞争力	48.55	3	46	3	26
3	质量竞争力	40.79	16	21	8	13
4	工业竞争力	23.90	45	46	27	26
5	民生竞争力	28.54	56	54	34	33
6	基础竞争力	36.60	44	25	24	12
7	综合竞争力	29.92	47	51	27	28

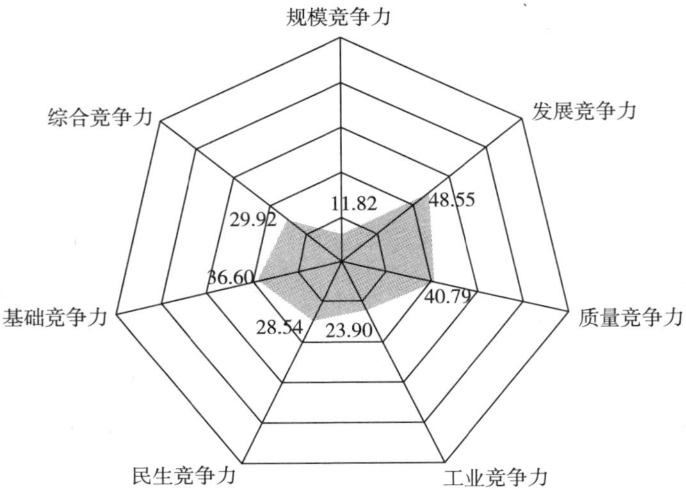

图 4－47　蒙山县县域竞争力评价结果解析

从综合竞争力来看，蒙山县在广西县域中处于中游偏下水平，影响其综合竞争力水平的主要是规模竞争力和民生竞争力。其中，年末总人口在全区县域中列第 79 位，地区生产总值列第 61 位，农林牧渔业产值列第 74 位，社会消费品零售总额列第 71 位，公共财政收入列第 52 位，全社会固定资产投资列第 70 位，城镇居民人均可支配收入列第 62 位，农村居民人均纯收入列第 65 位，城乡居民收入统筹系数列第 67 位。

蒙山县应主动适应经济发展新常态，坚持“特色农业、优势工业、休闲旅游、精品城镇”的发展思路，突出发展优势工业，突出改善交通环境，突出生态乡村建设，突出推进新型城镇化进程，突出保障和改善民生，努力保持经济平稳健康发展，加快创建广西特色旅游名县。进一步加快发展速度，提升发展水平，提高民生建设水平。

（4）岑溪市

岑溪市位于广西东南部，被誉为“花岗岩之都”，2012 年岑溪市被中国老年学会授予“中国长寿之乡”牌匾。下辖 14 个镇，总人口为 92. 60 万人。2013 年，岑溪市县域综合竞争力评价指数为 49. 49，在全区县域中排第

5位，在西江经济带县域中排第3位（见表4－38）。其中规模竞争力、发展竞争力、质量竞争力、工业竞争力、民生竞争力和基础竞争力的评价指数分别为58.50、57.80、43.48、56.15、32.91和41.42（见图4－48），在全区县域中分别列第7、第18、第13、第3、第38和第10位，在西江经济带县域中分别列第5、第8、第7、第2、第23和第3位。在各项竞争力中，岑溪市的规模竞争力和工业竞争力具有绝对优势。其中，地区生产总值达到203.49亿元，列全区县域第7位；公共财政收入达到12.88亿元，列全区县域第3位；全社会固定资产投资达到175.42亿元，列全区县域第7位；工业增加值达到127.55亿元，列全区县域第1位；规模以上工业总产值达到371.8亿元，列全区县域第2位；规模以上企业平均规模达到43233万元，列全区县域第11位。

表4－38 岑溪市县域竞争力评价结果及排序

序号	竞争力名称	评价指数	全区排序		西江经济带排序	
			2011年	2013年	2011年	2013年
1	规模竞争力	58.50	11	7	7	5
2	发展竞争力	57.80	42	18	23	8
3	质量竞争力	43.48	21	13	13	7
4	工业竞争力	56.15	3	3	2	2
5	民生竞争力	32.91	39	38	23	23
6	基础竞争力	41.42	10	10	2	3
7	综合竞争力	49.49	6	5	5	3

从综合竞争力来看，岑溪市在广西县域中处于领先水平，影响其综合竞争力水平的主要是发展竞争力和民生竞争力。其中，社会消费品零售总额增长速度在全区县域中列第77位，每万人医院、卫生院床位数列第68位，每万人医院、卫生院技术人员数列第65位。

岑溪市应积极融入“双核驱动”、两广经济一体化战略和梧州市“向东”发展战略，充分发挥投资拉动作用，抓好“一城三园五区”建设［“一

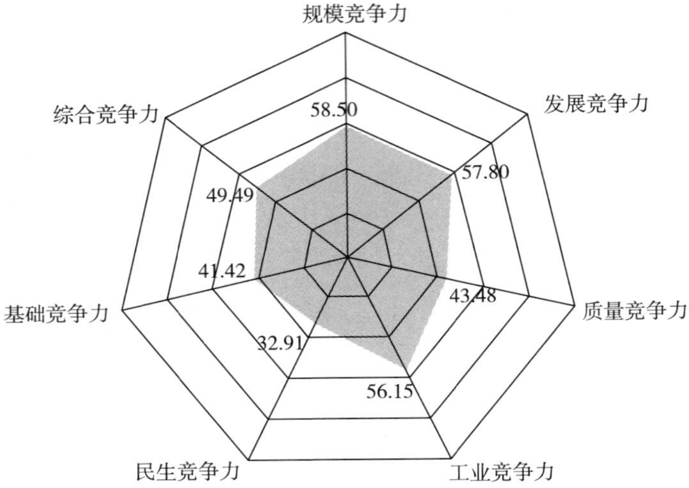

图 4－48　岑溪市县域竞争力评价结果解析

城”，即桂东南副中心城市；“三园”，即泽仁现代商贸物流园、西部农民创业园、鼎立新材料科技产业园；“五区”，即糯垌三兴石材加工区、三堡振兴石材加工区、马路义垌（包括水平）石材加工区、新塘石材废料综合利用加工区和大业陶瓷集中区］，进一步完善再生资源、电子信息产业链条，改造提升传统优势产业，鼓励和支持食品医药、林产林化、纺织等产业企业“二次创业”，培育发展战略性新兴产业，提升先进制造水平。

（四）贵港市

贵港市参与县域竞争力评价的有港北区、港南区、覃塘区、平南县和桂平市。2013 年，上述县域行政总面积为 10602.36 平方公里，年末总人口为 538.16 万人，实现地区生产总值 718.02 亿元，工业增加值达到 225.41 亿元，公共财政收入达到 21.67 亿元，全社会固定资产投资达到 463.44 亿元，社会消费品零售总额达到 321.17 亿元，分别占全区县域的 4.65%、11.08%、8.16%、7.53%、4.93%、6.05% 和 11.22%（见图 4－49）。2013 年，贵港市县域人均地区生产总值达到 13342 元。

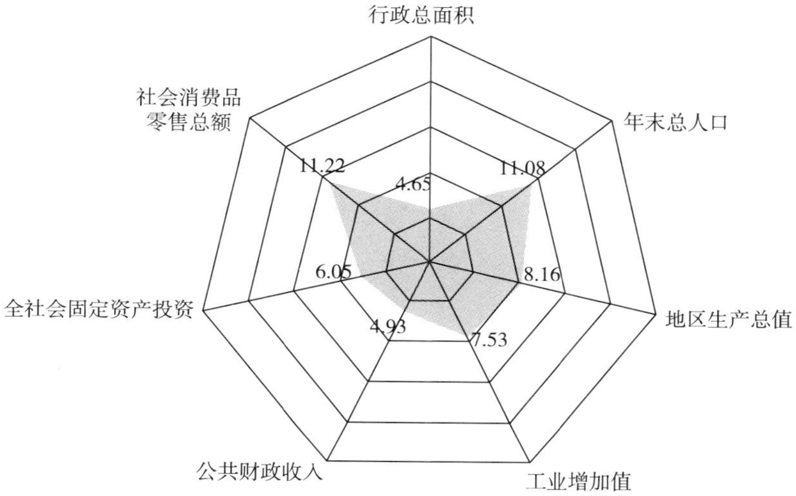

图 4-49 贵港市县域经济社会指标占全区县域比重

（1）港北区

港北区位于浔郁平原中部，是广西重要的水泥生产和金银矿开采基地，下辖 3 个镇、4 个乡、1 个街道，总人口为 67.02 万人。2013 年，港北区县域综合竞争力评价指数为 38.60，在全区县域中排第 21 位，在西江经济带县域中排第 14 位（见表 4-39）。其中规模竞争力、发展竞争力、质量竞争力、工业竞争力、民生竞争力和基础竞争力的评价指数分别为 36.65、43.61、33.82、32.55、58.02 和 25.49（见图 4-50），在全区县域中分别列第 26、第 58、第 31、第 27、第 5 和第 72 位，在西江经济带县域中分别列第 18、第 33、第 19、第 15、第 2 和第 36 位。在各项竞争力中，港北区的民生竞争力具有比较明显的优势。其中，人均社会消费品零售额达到 14141 元，列全区县域第 4 位；农村居民人均纯收入达到 8939 元，列全区县域第 9 位；城乡居民收入统筹系数达到 0.396，列全区县域第 7 位；每万人医院、卫生院床位数达到 39.75 张，列全区县域第 12 位；每万人医院、卫生院技术人员数达到 55.11 人，列全区县域第 9 位。

表 4－39　港北区县域竞争力评价结果及排序

序号	竞争力名称	评价指数	全区排序		西江经济带排序	
			2010 年	2013 年	2010 年	2013 年
1	规模竞争力	36.65	18	26	11	18
2	发展竞争力	43.61	15	58	9	33
3	质量竞争力	33.82	9	31	5	19
4	工业竞争力	32.55	21	27	12	15
5	民生竞争力	58.02	5	5	2	2
6	基础竞争力	25.49	8	72	3	36
7	综合竞争力	38.60	8	21	5	14

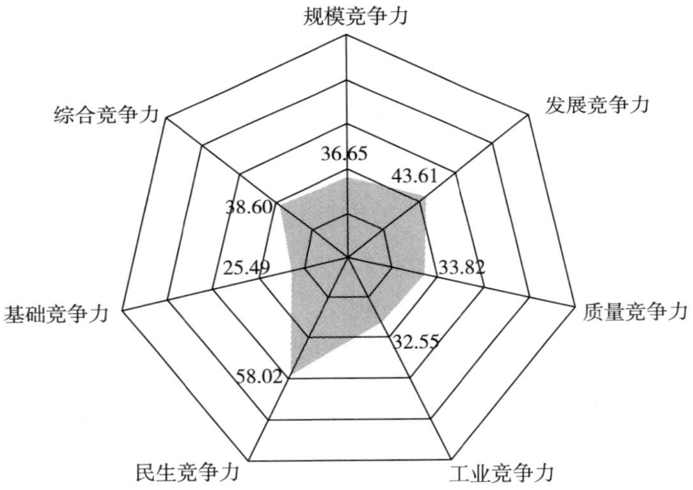

图 4－50　港北区县域竞争力评价结果解析

从综合竞争力来看，港北区在广西县域中处于中游偏上水平，影响其综合竞争力水平的主要是基础竞争力。其中，每万人技术人员数在全区县域中列第 78 位，每万人移动电话用户数和每万人互联网用户数均列最后一位。

港北区应以珠江－西江经济带建设为契机，加快发展园中园项目建设，着力推动国家级现代农业示范区、自治区级核心农业示范区、北环生态农业景观廊道等项目建设，积极推进东山多用途泊位工程、华电码头、上亿国际汽贸城、美家居国际博览城、西江华轩物流中心、中江农产品市场、西南物流、龙涡瀑布、爱凯尔20万标准箱及堆场扩建等现代服务业重大项目建设，深入开展清洁乡村活动，扎实推进生态乡村活动。

（2）港南区

港南区位于黄金水道西江流域郁江河畔、贵港市东南部，境内以平原、山丘为主，下辖6个镇、2个乡、1个街道，总人口为68.38万人。2013年，港南区县域综合竞争力评价指数为29.21，在全区县域中排第53位，在西江经济带县域中排第30位（见表4－40）。其中规模竞争力、发展竞争力、质量竞争力、工业竞争力、民生竞争力和基础竞争力的评价指数分别为19.85、55.15、27.73、19.01、35.32和22.80（见图4－51），在全区县域中分别列第48、第25、第47、第63、第30和第75位，在西江经济带县域中分别列第28、第13、第29、第37、第17和第38位。在各项竞争力中，港南区的发展竞争力具有一定的比较优势。其中，社会消费品零售总额增长速度达到19.72%，列全区县域第6位；公共财政收入增长速度达到28.44%，列全区县域第2位；全社会固定资产投资增长速度达到11.85%，列全区县域第3位；银行存贷款比例评级达到0.692，列全区县域第19位。

表4－40 港南区县域竞争力评价结果及排序

序号	竞争力名称	评价指数	全区排序		西江经济带排序	
			2011年	2013年	2011年	2013年
1	规模竞争力	19.85	51	48	29	28
2	发展竞争力	55.15	72	25	40	13
3	质量竞争力	27.73	64	47	40	29
4	工业竞争力	19.01	63	63	36	37
5	民生竞争力	35.32	36	30	21	17
6	基础竞争力	22.80	43	75	23	38
7	综合竞争力	29.21	63	53	35	30

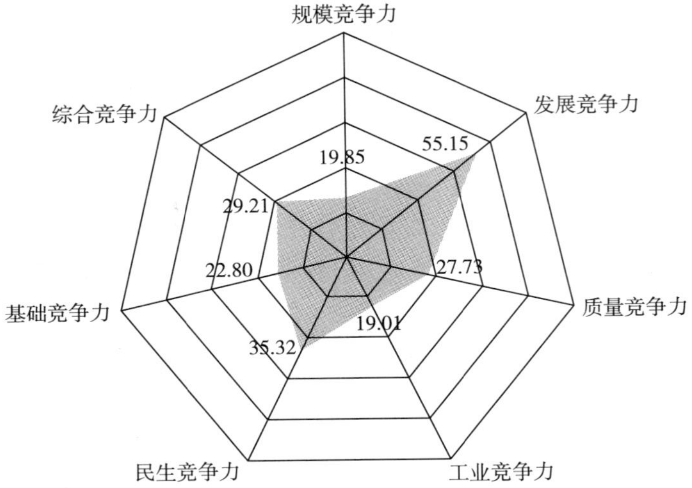

图 4－51　港南区县域竞争力评价结果解析

从综合竞争力来看，港南区在广西县域中处于中游偏下水平，影响其综合竞争力水平的主要是基础竞争力。其中，每万人公共交通拥有量在全区县域中列第 66 位，每万人技术人员数列第 86 位，每万人移动电话用户数列第 87 位，每万人互联网用户数列第 89 位。

港南区应依托珠江－西江经济带建设和玉贵区域一体化发展，进一步突出工业发展的主导地位，依托江南工业园区，把打造江南工业园“一园”、羽绒工业城和环保皮革城“两城”，以及木业、造纸、造船“三个产业集群中心”作为港南区经济加快发展的着力点和主攻方向，努力推动经济量的扩张和质的提升。重点打响“东津细米”“富硒米”“珍珠红龙果”“木格白玉蔗”等特色品牌，进一步打造优质高效农业。用好千年古刹南山寺“佛文化”和“寿文化”、始建于清朝咸丰年间的木格君子垌客家围屋群、桥圩铜鼓湾优质温泉等特有资源，打造精品旅游景区和路线。

（3）覃塘区

覃塘区位于贵港市西部，下辖 6 个镇、4 个乡，总人口为 59.89 万人。

2013年，覃塘区县域综合竞争力评价指数为29.59，在全区县域中排第52位，在西江经济带县域中排第29位（见表4－41）。其中规模竞争力、发展竞争力、质量竞争力、工业竞争力、民生竞争力和基础竞争力的评价指数分别为20.42、46.06、25.08、19.84、39.09和37.20（见图4－52），在全区县域中分别列第46、第50、第54、第61、第20和第21位，在西江经济带县域中分别列第26、第28、第33、第35、第13和第9位。在各项竞争力中，覃塘区的民生竞争力和基础竞争力具有比较明显的优势。其中，农村居民人均纯收入达到8706元，列全区县域第14位；城乡居民收入统筹系数达到0.386，列全区县域第9位；单位面积公路里程达到0.723公里/平方公里，列全区县域第7位。

表4－41　覃塘区县域竞争力评价结果及排序

序号	竞争力名称	评价指数	全区排序		西江经济带排序	
			2011年	2013年	2011年	2013年
1	规模竞争力	20.42	44	46	24	26
2	发展竞争力	46.06	74	50	41	28
3	质量竞争力	25.08	47	54	29	33
4	工业竞争力	19.84	27	61	14	35
5	民生竞争力	39.09	17	20	10	13
6	基础竞争力	37.20	12	21	4	9
7	综合竞争力	29.59	45	52	25	29

从综合竞争力来看，覃塘区在广西县域中处于中游偏下水平，影响其综合竞争力水平的主要是质量竞争力和工业竞争力。其中，人均地区生产总值在全区县域中列第51位，人均公共财政收入列第77位，人均工业增加值列第52位，单位电力消耗地区生产总值列第79位，规模以上企业平均规模列第65位。

覃塘区应扩大对外开放合作，努力推动产业集聚园区发展，着力引进新型特种材料项目，打造新型特种材料产业基地，着力引进船舶制造及配套产业项目，重点加快西江重工项目建设，打造清洁动力制造基地，着力引进电

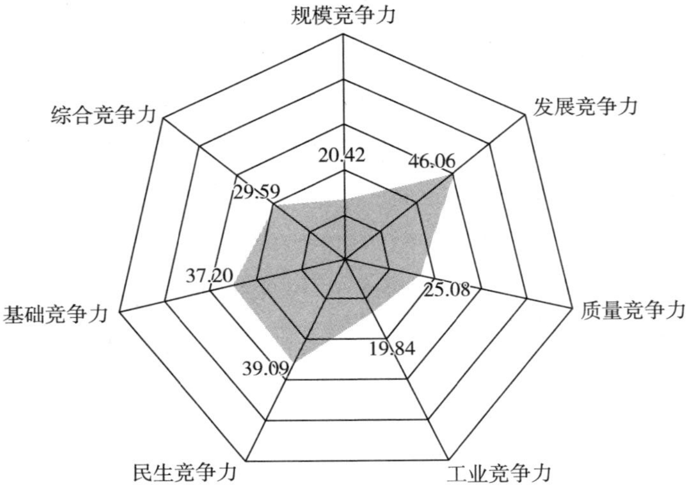

图 4－52　覃塘区县域竞争力评价结果解析

子信息产业项目和生物医药产业项目。积极谋划发展现代物流、金融商务、教育、旅游等服务业。积极发展行业电商、农村电商、社区电商，推动电子商务加快发展。

（4）平南县

平南县位于广西东南部，下辖 17 个镇、2 个乡、2 个民族乡，总人口为 147. 86 万人。2013 年，平南县县域综合竞争力评价指数为 35. 43，在全区县域中排第 32 位，在西江经济带县域中排第 18 位（见表 4－42）。其中规模竞争力、发展竞争力、质量竞争力、工业竞争力、民生竞争力和基础竞争力的评价指数分别为 48. 81、44. 00、23. 16、25. 31、31. 35 和 35. 01（见图 4－53），在全区县域中分别列第 14、第 57、第 60、第 42、第 47 和第 32 位，在西江经济带县域中分别列第 9、第 32、第 36、第 24、第 28 和第 15 位。在各项竞争力中，平南县的规模竞争力具有比较明显的优势。其中，地区生产总值达到 170. 79 亿元，列全区县域第 14 位；农林牧渔业产值达到 47. 32 亿元，列全区县域第 9 位；社会消费品零售总额达到 58. 72 亿元，列全区县域第 12 位。

表 4－42　平南县县域竞争力评价结果及排序

序号	竞争力名称	评价指数	全区排序		西江经济带排序	
			2011 年	2013 年	2011 年	2013 年
1	规模竞争力	48.81	8	14	6	9
2	发展竞争力	44.00	69	57	37	32
3	质量竞争力	23.16	59	60	35	36
4	工业竞争力	25.31	24	42	13	24
5	民生竞争力	31.35	47	47	30	28
6	基础竞争力	35.01	28	32	13	15
7	综合竞争力	35.43	28	32	16	18

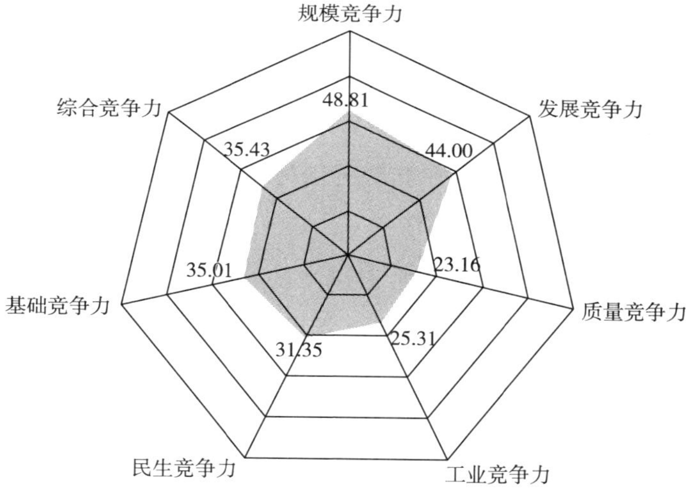

图 4－53　平南县县域竞争力评价结果解析

从综合竞争力来看，平南县在广西县域中处于中游偏上水平，影响其综合竞争力水平的主要是发展竞争力和质量竞争力。其中，公共财政收入增长速度在全区县域中列第 71 位，全社会固定资产投资增长速度列第 50 位，银行存贷款比例评级列第 71 位，人均地区生产总值列第 69 位，人均公共财政收入列第 83 位。

平南县是广西的人口大县，但长期以来处于无铁路、无高速公路、无等级公路的边缘化状态。2014 年 4 月，南广高铁广西段正式开通运营，使平南县进入高铁时代。2015 年 4 月，梧州至贵港的高速公路通车，结束了平南县不通高速公路的历史，平南县形成了“水路、公路、铁路”的立体交通网络，这将为平南县积极适应经济发展新常态带来新的增长动力。平南县应稳妥推进高铁新城、西江流域文化城、城东新城和龙祥区与老城区的统筹发展，形成“三城一区”的规划格局，加快提升平南县工业园区，布局重大项目，引进龙头企业，着力提升产业转型发展的载体平台。

（5）桂平市

桂平市位于广西东南部，荣获“中国优秀旅游城市”和“国家地质公园”称号，是华南地区首个以“佛教文化”为主导的旅游城市，下辖 21 个镇、5 个乡，总人口为 195.02 万人。2013 年，桂平市县域综合竞争力评价指数为 43.37，在全区县域中排第 13 位，在西江经济带县域中排第 8 位（见表 4－43）。其中规模竞争力、发展竞争力、质量竞争力、工业竞争力、民生竞争力和基础竞争力的评价指数分别为 65.44、44.64、27.15、42.64、32.09 和 36.73（见图 4－54），在全区县域中分别列第 4、第 56、第 49、第 9、第 45 和第 24 位，在西江经济带县域中分别列第 3、第 31、第 30、第 5、第 26 和第 11 位。在各项竞争力中，桂平市的规模竞争力具有比较明显的优势。其中，地区生产总值达到 247.78 亿元，列全区县域第 2 位；农林牧渔业产值达到 53.76 亿元，列全区县域第 7 位；社会消费品零售总额达到 92.31 亿元，列全区县域第 2 位。

表 4－43　桂平市县域竞争力评价结果及排序

序号	竞争力名称	评价指数	全区排序		西江经济带排序	
			2011 年	2013 年	2011 年	2013 年
1	规模竞争力	65.44	3	4	3	3
2	发展竞争力	44.64	58	56	34	31
3	质量竞争力	27.15	62	49	38	30
4	工业竞争力	42.64	7	9	5	5
5	民生竞争力	32.09	41	45	25	26
6	基础竞争力	36.73	25	24	11	11
7	综合竞争力	43.37	9	13	6	8

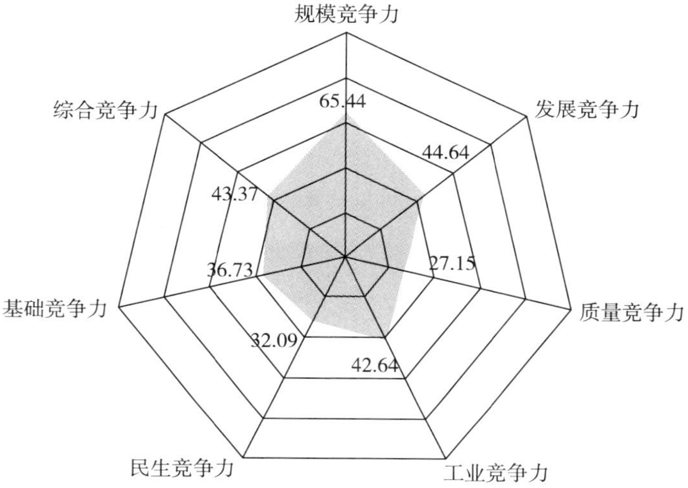

图 4－54 桂平市县域竞争力评价结果解析

从综合竞争力来看，桂平市在广西县域中处于上游水平，影响其综合竞争力水平的主要是发展竞争力和质量竞争力。其中，社会消费品零售总额增长速度和公共财政收入增长速度在全区县域中均列第 78 位，全社会固定资产投资增长速度列第 68 位，银行存贷款比例评级列第 70 位，人均地区生产总值列第 65 位，人均公共财政收入列第 88 位。

桂平市应围绕自治区“双核驱动”战略和贵港市打造西江流域核心港口城市的决策部署，全面实施“四大工程三年攻坚行动计划”（重大项目突破、城市形象提升、旅游产业攻坚、城乡一体化推进），大力推进新型工业化、新型城镇化、旅游产业化和农业现代化，促进产城融合、城乡融合发展，力争把长安工业集中区打造成为广西示范区，规划建设物流园区和专业市场，积极申报设立西江桂平物流保税港区。

（五）玉林市

玉林市参与县域竞争力评价的有玉州区、福绵管理区、容县、陆川县、博白县、兴业县和北流市。2013 年，上述县域行政总面积为 13611. 19 平方公里，年末总人口为740.13万人，实现地区生产总值1166.54亿元，工业增加值达到433.32亿元，公共财政收入达到55.82亿元，全社会固定资产投资达到953.59亿元，社会消费品零售总额达到482.91亿元，分别占全区县域的5.97%、15.24%、13.25%、13.06%、12.69%、12.46%和16.85%（见图4－55）。2013年，玉林市县域人均地区生产总值达到15761元。

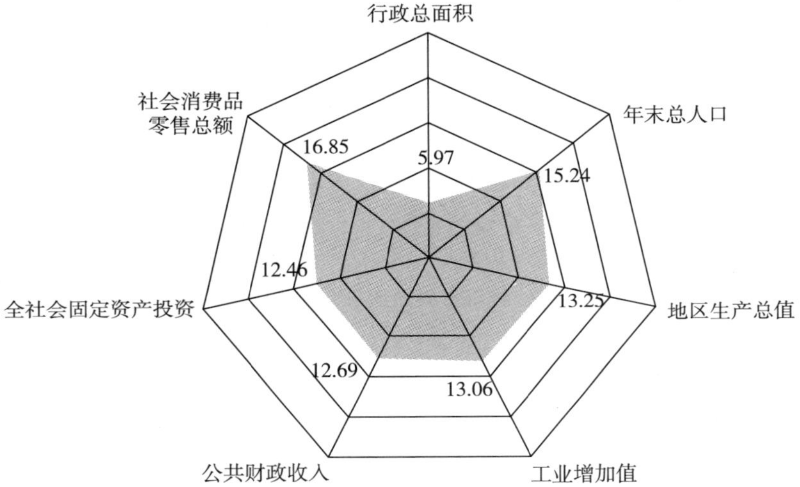

图4－55　玉林市县域经济社会指标占全区县域比重

（1）玉州区

玉州区位于广西东南部，是玉林市的政治、经济、文化中心，下辖10个镇、5个街道，总人口为106.37万人。2013年，玉州区县域综合竞争力评价指数为58.21，在全区县域中排第1位，在西江经济带县域中排第1位（见表4－44）。其中规模竞争力、发展竞争力、质量竞争力、工业竞争力、民生竞争力和基础竞争力的评价指数分别为77.28、54.58、50.14、39.84、74.08和35.86（见图4－56），在全区县域中分别列第1、第26、第7、第13、第1和第30位，在西江经济带县域中分别列第1、第14、第4、第7、第1和第14位。在各项竞争力中，玉州区的规模竞争力和民生竞争力具有比较明显的优势。其中，地区生产总值达到264.24亿元，列全区县域第1

位；社会消费品零售总额达到209.15亿元，列全区县域第1位；公共财政收入达到12.51亿元，列全区县域第4位；全社会固定资产投资达到240.75亿元，列全区县域第2位；人均社会消费品零售额达到19662元，列全区县域第1位；城镇居民人均可支配收入达到27547元，列全区县域第4位；农村居民人均纯收入达到9518元，列全区县域第5位；每万人医院、卫生院床位数达到55.43张，列全区县域第4位；每万人医院、卫生院技术人员数达到69.49人，列全区县域第4位。

表4－44　玉州区县域竞争力评价结果及排序

序号	竞争力名称	评价指数	全区排序		西江经济带排序	
			2011年	2013年	2011年	2013年
1	规模竞争力	77.28	1	1	1	1
2	发展竞争力	54.58	79	26	43	14
3	质量竞争力	50.14	3	7	1	4
4	工业竞争力	39.84	4	13	3	7
5	民生竞争力	74.08	1	1	1	1
6	基础竞争力	35.86	15	30	6	14
7	综合竞争力	58.21	1	1	1	1

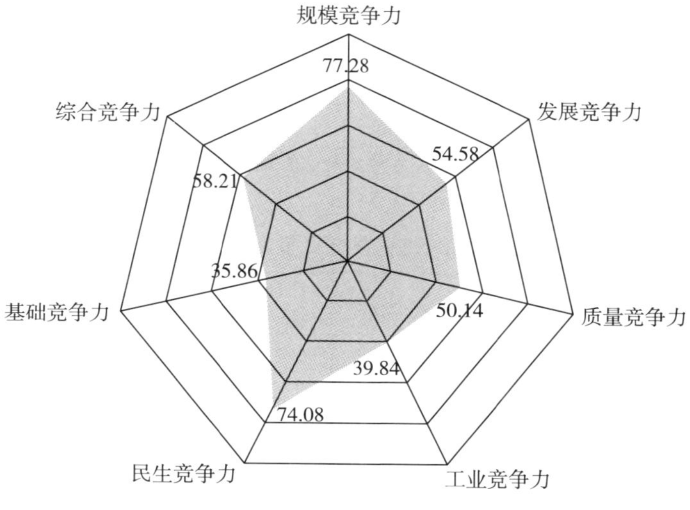

图4－56　玉州区县域竞争力评价结果解析

从综合竞争力来看，玉州区是广西县域经济发展的排头兵和领军者。但在基础竞争力的个别指标上，近两年有所下滑。其中，每万人技术人员数、每万人口中中学生数在全区县域中均列最后一位，推进教育事业发展应是政府工作的重点之一。

玉州区应紧紧围绕“全面建成小康玉州”，在全区县域小康社会建成进程中发挥示范带动作用，大力推进“全域玉州，三城同建”，加快推进玉林中医药健康产业园建设，着力打造“健康之城”“商贸之城”“动力之城”，进一步加快城区改造升级，积极创建国家园林城市。

（2）福绵管理区

福绵管理区位于广西南部、玉林城区西南部，下辖6个镇，总人口为39.25万人。2013年，福绵管理区县域综合竞争力评价指数为26.32，在全区县域中排第61位，在西江经济带县域中排第36位（见表4－45）。其中规模竞争力、发展竞争力、质量竞争力、工业竞争力、民生竞争力和基础竞争力的评价指数分别为14.76、37.63、35.83、9.88、41.46和21.18（见图4－57），在全区县域中分别列第60、第74、第27、第86、第18和第81位，在西江经济带县域中分别列第34、第41、第17、第45、第11和第41位。在各项竞争力中，福绵管理区的民生竞争力具有比较明显的优势。其中，城镇居民人均可支配收入达到25729元，列全区县域第6位；每万人医院、卫生院床位数达到53.58张，列全区县域第5位；每万人医院、卫生院技术人员数达到55.81人，列全区县域第8位。

表4－45　福绵管理区县域竞争力评价结果及排序

序号	竞争力名称	评价指数	全区排序		西江经济带排序	
			2011年	2013年	2011年	2013年
1	规模竞争力	14.76	61	60	34	34
2	发展竞争力	37.63	49	74	28	41
3	质量竞争力	35.83	54	27	34	17
4	工业竞争力	9.88	22	86	12	45
5	民生竞争力	41.46	26	18	15	11
6	基础竞争力	21.18	13	81	5	41
7	综合竞争力	26.32	52	61	30	36

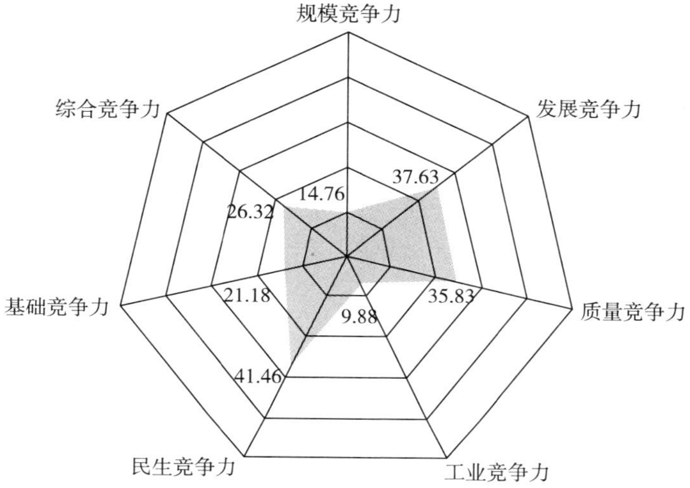

图 4－57 福绵管理区县域竞争力评价结果解析

从综合竞争力来看，福绵管理区在广西县域中处于中游偏下的水平，影响其综合竞争力水平的主要是工业竞争力和基础竞争力。其中，工业增加值在全区县域中列第 66 位，规模以上工业总产值列第 82 位，人均规模以上工业总产值列第 90 位，规模以上业企业平均规模列第 87 位，主营业务收入占工业总产值比重列第 68 位，每万人公共交通拥有量列第 73 位，每万人技术人员数列第 74 位，每万人移动电话用户数列第 83 位。

福绵管理区应紧抓新的历史机遇，高起点、高标准谋划好福绵管理区的功能、定位、产业布局，紧紧围绕“玉北同城化”的发展思路，构建以福绵城区为核心，下属各镇为基础的布局合理、功能完善、城乡一体化的城镇体系。应着力加快产业转型升级，坚持城镇化与工业化、信息化、农业现代化同步发展，增强城镇产业支撑。应进一步加快发展农业观光旅游，大力推动农业和旅游业的融合发展，提升现代农业观光旅游品牌。

（3）容县

容县古称容州，地处广西东南部，下辖 15 个镇，总人口为 84.02 万人。2013 年，容县县域综合竞争力评价指数为 37.74，在全区县域中排第 23 位，在西江经济带县域中排第 16 位（见表 4－46）。其中规模竞争力、发展竞争力、质量竞争力、工业竞争力、民生竞争力和基础竞争力的评价指数分别为38.20、51.69、35.54、29.68、34.30和37.29（见图4-58），在全区县域中分别列第22、第38、第28、第36、第33和第20位，在西江经济带县域中分别列第15、第23、第18、第20、第19和第8位。在各项竞争力中，容县的基础竞争力处于比较明显的优势。其中，单位面积公路里程达到0.0562公里/平方公里，列全区县域第19位；每万人口中中学生数达到556人，列全区县域第13位。

表4-46　容县县域竞争力评价结果及排序

序号	竞争力名称	评价指数	全区排序		西江经济带排序	
			2011年	2013年	2011年	2013年
1	规模竞争力	38.20	25	22	16	15
2	发展竞争力	51.69	30	38	17	23
3	质量竞争力	35.54	36	28	21	18
4	工业竞争力	29.68	30	36	16	20
5	民生竞争力	34.30	31	33	19	19
6	基础竞争力	37.29	30	20	15	8
7	综合竞争力	37.74	29	23	17	16

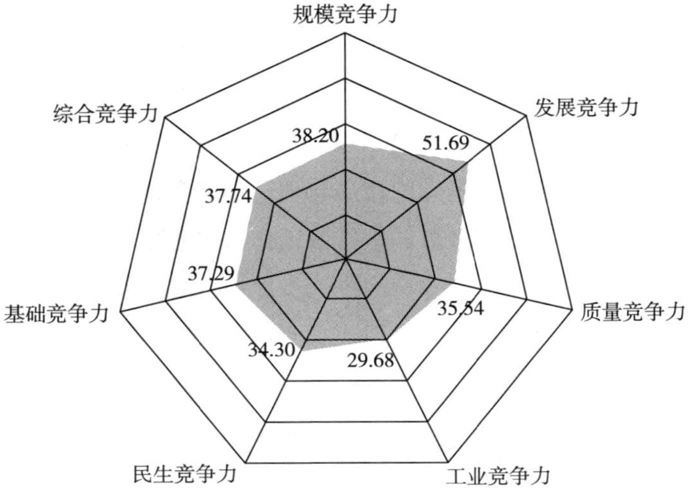

图4-58　容县县域竞争力评价结果解析

从综合竞争力来看，容县在广西县域中处于中游偏上水平，影响其综合竞争力水平的主要是发展竞争力和工业竞争力。其中，银行存贷款比例评级在全区县域中列第75位，人均规模以上工业总产值列第62位。

“十三五”期间，容县要积极主动适应经济发展新常态，稳步推进产业转型，以容县经济开发区为核心载体，加快九龙工业园、电子机械产业园等重大工业项目建设，进一步提升工业竞争力，继续保持五项竞争力的均衡发展。

（4）陆川县

陆川县地处桂东南端，享有“温泉之乡”的美誉，下辖11个镇、3个乡，总人口为108.28万人。2013年，陆川县县域综合竞争力评价指数为43.48，在全区县域中排第12位，在西江经济带县域中排第7位（见表4－47）。其中规模竞争力、发展竞争力、质量竞争力、工业竞争力、民生竞争力和基础竞争力的评价指数分别为47.14、54.05、42.36、39.60、32.25和43.35（见图4－59），在全区县域中分别列第16、第29、第18、第14、第44和第6位，在西江经济带县域中分别列第11、第16、第10、第8、第25和第1位。在各项竞争力中，陆川县的基础竞争力具有比较明显的优势。其中，单位面积公路里程达到1.075公里/平方公里，列全区县域第1位；每万人口中中学生数达到511人，列全区县域第22位。

表4－47 陆川县县域竞争力评价结果及排序

序号	竞争力名称	评价指数	全区排序		西江经济带排序	
			2011年	2013年	2011年	2013年
1	规模竞争力	47.14	17	16	11	11
2	发展竞争力	54.05	12	29	8	16
3	质量竞争力	42.36	23	18	14	10
4	工业竞争力	39.60	10	14	7	8
5	民生竞争力	32.25	46	44	29	25
6	基础竞争力	43.35	11	6	3	1
7	综合竞争力	43.48	11	12	7	7

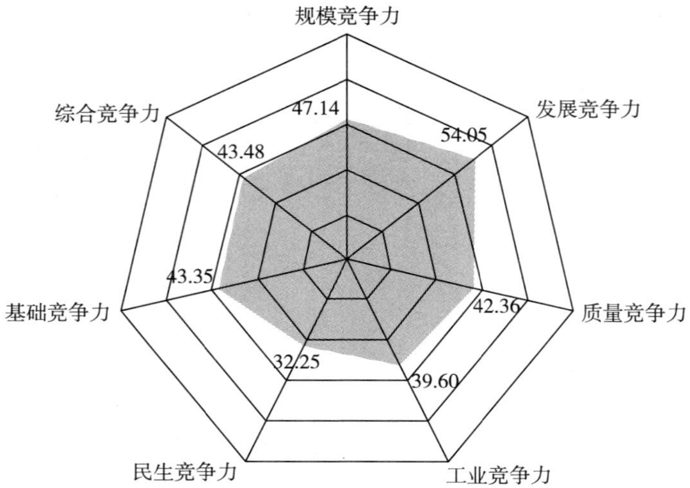

图 4－59　陆川县县域竞争力评价结果解析

从综合竞争力来看，陆川县在广西县域中处于上游水平，但发展竞争力和民生竞争力表现相对欠佳。其中，公共财政收入增长速度在全区县域中列第 39 位，银行存贷款比例评级列第 48 位，人均社会消费品零售额列第 61 位，每万人医院、卫生院床位数列第 77 位，每万人医院、卫生院技术人员数列第 84 位。

陆川县应继续全力推进“双八工程”，加快项目落地建设，扩大有效投资规模，进一步推动产业转型升级，盘活国有资产、壮大经济总量、做实发展增量，大力推进城镇化建设，努力完成一批城镇道路、配套设施、房地产等项目建设，加快打造具有岭南特色的客家温泉生态旅游城市，继续加大九洲江生态环境综合整治工作力度，深入推进“美丽陆川·生态乡村”建设活动，打造九洲江流域生态乡村示范带，建设“工业强县、旅游活县、生态美县”。

（5）博白县

博白县，古称白州，位于广西东南部，被称为“空心菜之乡”和“中国桂圆之乡”，下辖 27 个镇、1 个乡，总人口为 181.29 万人。2013

年，博白县县域综合竞争力评价指数为40.62，在全区县域中排第16位，在西江经济带县域中排第11位（见表4－48）。其中规模竞争力、发展竞争力、质量竞争力、工业竞争力、民生竞争力和基础竞争力的评价指数分别为65.62、44.93、27.83、21.16、31.13和40.65（见图4－60），在全区县域中分别列第3、第55、第46、第58、第49和第13位，在西江经济带县域中分别列第2、第30、第28、第33、第30和第5位。在各项竞争力中，博白县的规模竞争力具有比较明显的优势。其中，地区生产总值达到190.85亿元，在全区县域列第9位；农林牧渔业产值达到72.76亿元，在全区县域列第1位；社会消费品零售总额达到74.96亿元，在全区县域列第4位，全社会固定资产投资达到158.63亿元，在全区县域列第9位。

表4－48 博白县县域竞争力评价结果及排序

序号	竞争力名称	评价指数	全区排序		西江经济带排序	
			2011年	2013年	2011年	2013年
1	规模竞争力	65.62	4	3	4	2
2	发展竞争力	44.93	15	55	11	30
3	质量竞争力	27.83	61	46	37	28
4	工业竞争力	21.16	29	58	15	33
5	民生竞争力	31.13	43	49	27	30
6	基础竞争力	40.65	26	13	12	5
7	综合竞争力	40.62	13	16	9	11

从综合竞争力来看，博白县在广西县域中处于上游水平，影响其综合竞争力水平的主要是发展竞争力和工业竞争力。其中，地区生产总值增长速度在全区县域中列第75位，工业增加值增长速度列第66位，银行存贷款比例评级列第61位，人均规模以上工业总产值列第85位，规模以上企业平均规模列第72位，主营业务收入占工业总产值比重列第65位。

博白县应聚焦重点、加压发力，重点打好“六大攻坚战”，大力推进中央投资项目和区、市层面统筹推进的重大项目建设，打好项目建设攻坚战，

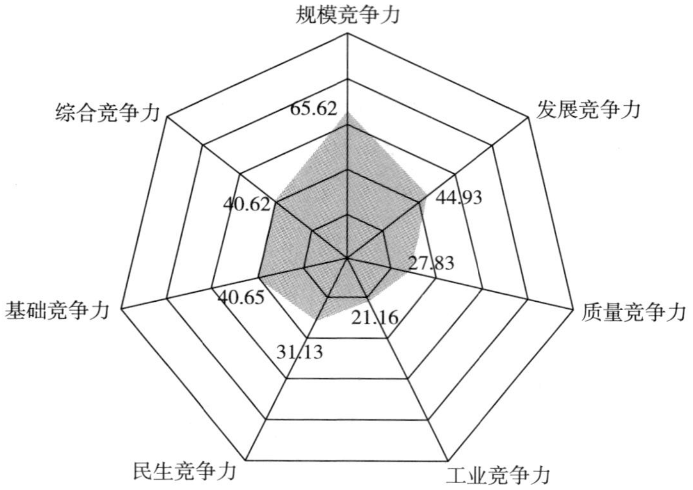

图 4－60　博白县县域竞争力评价结果解析

重点推进中金镍合金二期、银亿技改、机械制造、新盈邦生产线等产业项目建设，打好产业转型攻坚战；加快推进城区配套项目以及小城镇开发项目建设，打好城镇化建设攻坚战；强化招商引资，全力配合支持龙潭产业园建设，大力推进旺茂、城东等园区建设。

（6）兴业县

兴业县位于广西东南部，是广西重要的粮食生产基地，下辖 13 个镇，总人口为 75. 85 万人。2013 年，兴业县县域综合竞争力评价指数为 33. 21，在全区县域中排第 39 位，在西江经济带县域中排第 21 位（见表 4－49）。其中规模竞争力、发展竞争力、质量竞争力、工业竞争力、民生竞争力和基础竞争力的评价指数分别为 31. 82、53. 18、32. 94、27. 24、25. 24 和 28. 14（见图 4－61），在全区县域中分别列第 33、第 32、第 35、第 39、第 61 和第 60 位，在西江经济带县域中分别列第 20、第 18、第 21、第 22、第 36 和第 30 位。在各项竞争力中，兴业县的发展竞争力具有比较明显的优势。其中，社会消费品零售总额增长速度达到 10. 03%，列全区县域第 20 位；全社会固定资产投资增长速度达到 7. 94%，列全区县域第 13 位。

表 4－49　兴业县县域竞争力评价结果及排序

序号	竞争力名称	评价指数	全区排序		西江经济带排序	
			2011 年	2013 年	2011 年	2013 年
1	规模竞争力	31.82	34	33	20	20
2	发展竞争力	53.18	54	32	30	18
3	质量竞争力	32.94	46	35	28	21
4	工业竞争力	27.24	49	39	30	22
5	民生竞争力	25.24	63	61	37	36
6	基础竞争力	28.14	38	60	22	30
7	综合竞争力	33.21	53	39	31	21

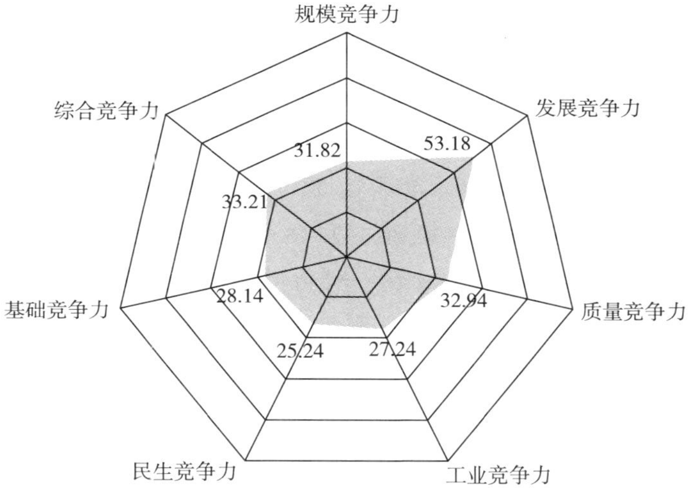

图 4－61　兴业县县域竞争力评价结果解析

从综合竞争力来看，兴业县在广西县域中处于中游水平，影响其综合竞争力水平的主要是民生竞争力和基础竞争力。其中，人均社会消费品零售额在全区县域中列第 72 位，城镇居民人均可支配收入列第 63 位，每万人医院、卫生院床位数列第 89 位，每万人医院、卫生院技术人员数列第 90 位，每万人公共交通拥有量列第 53 位，每万人技术人员数列第 84 位，每万人互联网用户数列第 70 位。

兴业县应着力进行工业园区产业调整，优化壮大清洁能源、建材、轻化、机械、食品、饲料、新材料七大产业；以建设国家现代农业示范区为契机，重点打造农业示范区核心区的引领功能，大力发展无公害、绿色、有机农产品标准化规模种植和禽畜规模养殖；大力发展现代物流产业，加快冷链物流园、建材贸易物流城等重大物流项目建设；加快推进天外天游乐场项目、葵山主题景区开发项目、寒山西线旅游区、大水乡村旅游区等项目规划建设。

（7）北流市

北流市位于广西东南部，素有“小佛山”和“金北流”之称，是世界铜鼓王的故乡、荔枝之乡、陶瓷之乡等，下辖22个镇，总人口为145.06万人。2013年，北流市县域综合竞争力评价指数为47.21，在全区县域中排第7位，在西江经济带县域中排第4位（见表4－50）。其中规模竞争力、发展竞争力、质量竞争力、工业竞争力、民生竞争力和基础竞争力的评价指数分别为64.74、52.47、38.56、36.93、38.79和40.83（见图4－62），在全区县域中分别列第5、第35、第26、第18、第21和第12位，在西江经济带县域中分别列第4、第21、第16、第11、第14和第4位。在各项竞争力中，北流市的规模竞争力具有比较明显的优势。其中，地区生产总值达到232.24亿元，列全区县域第6位；社会消费品零售总额达到71.89亿元，列全区县域第7位；公共财政收入达到11.01亿元，列全区县域第7位。

表4－50　北流市县域竞争力评价结果及排序

序号	竞争力名称	评价指数	全区排序		西江经济带排序	
			2011年	2013年	2011年	2013年
1	规模竞争力	64.74	6	5	5	4
2	发展竞争力	52.47	16	35	12	21
3	质量竞争力	38.56	32	26	19	16
4	工业竞争力	36.93	8	18	6	11
5	民生竞争力	38.79	28	21	16	14
6	基础竞争力	40.83	20	12	7	4
7	综合竞争力	47.21	5	7	4	4

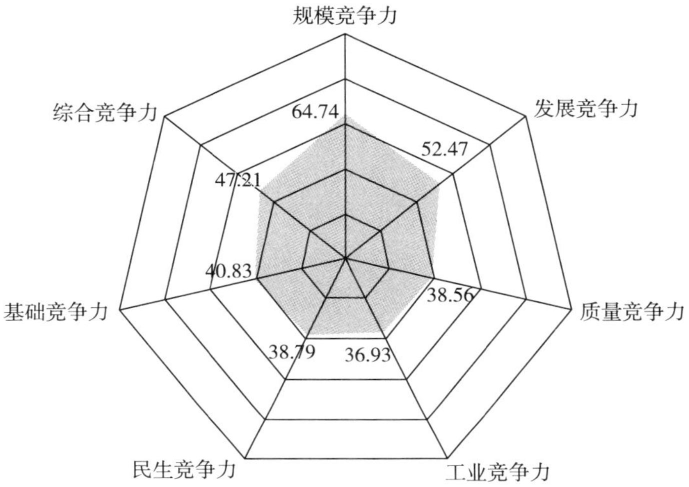

图 4－62 北流市县域竞争力评价结果解析

从综合竞争力来看，北流市在广西县域中处于领先水平，影响其综合竞争力水平的主要是发展竞争力和质量竞争力。其中，工业增加值增长速度在全区县域中列第 41 位，银行存贷款比例评级列第 44 位，人均地区生产总值列第 53 位，人均公共财政收入和人均工业增加值均列第 42 位。

北流市应紧紧抓住实施“玉北同城化”发展战略和创建“广西特色旅游名县（市）”“中国慈孝文化之乡”“中国长寿之乡”等发展机遇，以发展项目为主要载体，主动适应经济发展新常态，抓产业、扩投资、调结构、促生产、强保障，切实加快经济转型升级步伐，提高经济发展质量和效益。

（六）贺州市

贺州市参与县域竞争力评价的有八步区、平桂管理区、昭平县、钟山县和富川瑶族自治县。2013 年，上述县域行政总面积为 13772. 56 平方公里，年末总人口为 303. 93 万人，实现地区生产总值 403. 17 亿元，工业增加值达到 134. 20 亿元，公共财政收入达到 16. 67 亿元，全社会固定资产投资达到 451. 84 亿元，社会消费品零售总额达到 119. 0 亿元，分别占全区县域的

6.04%、6.26%、4.58%、4.04%、3.79%、5.90%和4.15%（见图4-63）。2013年，贺州市县域人均地区生产总值达到13265元。

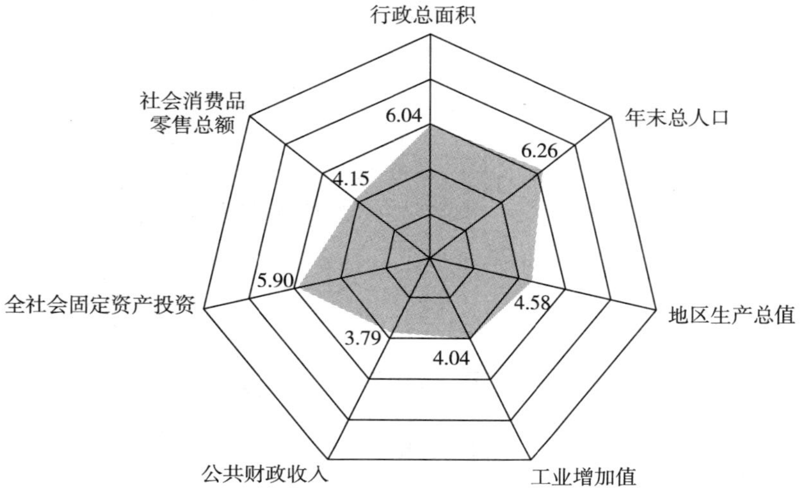

图4-63　贺州市县域经济社会指标占全区县域比重

（1）八步区

八步区地处湘、粤、桂三省（区）交界处，是大西南通往粤、港、澳的便捷通道，下辖12个镇、1个瑶族乡、3个街道，总人口为106.43万人。2013年，八步区县域综合竞争力评价指数为30.71，在全区县域中排第49位，在西江经济带县域中排第26位（见表4-51）。其中规模竞争力、发展竞争力、质量竞争力、工业竞争力、民生竞争力和基础竞争力的评价指数分别为38.82、46.59、13.98、32.33、31.35和16.64（见图4-64），在全区县域中分别列第20、第48、第78、第28、第48和第88位，在西江经济带县域中分别列第13、第27、第44、第16、第29和第44位。在各项竞争力中，八步区的规模竞争力具有比较优势。其中，地区生产总值达到133.93亿元，列全区县域第24位；社会消费品零售总额达到43.34亿元，列全区县域第21位；全社会固定资产投资达到136.51亿元，列全区县域第16位。

表 4－51 八步区县域竞争力评价结果及排序

序号	竞争力名称	评价指数	全区排序		西江经济带排序	
			2011 年	2013 年	2011 年	2013 年
1	规模竞争力	38.82	24	20	15	13
2	发展竞争力	46.59	57	48	33	27
3	质量竞争力	13.98	49	78	31	44
4	工业竞争力	32.33	35	28	21	16
5	民生竞争力	31.35	19	48	12	29
6	基础竞争力	16.64	29	88	14	44
7	综合竞争力	30.71	31	49	18	26

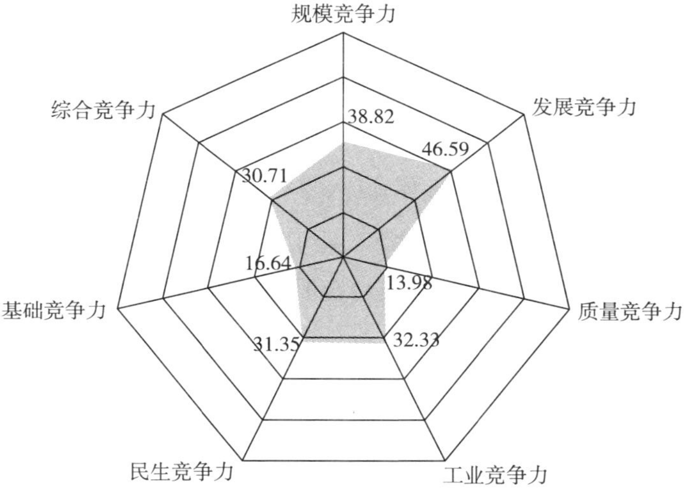

图 4－64 八步区县域竞争力评价结果解析

从综合竞争力来看，八步区在广西县域中处于中游水平，影响其综合竞争力水平的主要是质量竞争力和基础竞争力。其中，人均公共财政收入在全区县域中列第 68 位，单位面积地区生产总值列第 60 位，单位面积粮食产量列第 62 位，单位电力消耗地区生产总值列第 87 位，单位面积公路里程列第 79 位，每万人技术人员数列第 89 位，每万人口中中学生数列第 87 位。

八步区应紧紧依托粤桂黔高铁经济带建设，以园区为载体，有序承接产业转移，进一步加大招商引资力度，做好效益分析，不断引进科技含量高、带动作用大、市场前景好的大项目，延长产业链条，增强经济活力，进一步简化审批手续，提高工作效率，优化投资环境，推动项目落地实施，确保园区和项目建设加快推进，全面融入粤港澳经济圈，加快推进粤桂产业合作示范区建设。

（2）平桂管理区

平桂管理区位于广西东北部、贺州市中部，下辖7个镇、1个瑶族乡、1个街道，总人口为70.38万人。2013年，平桂管理区县域综合竞争力评价指数为26.18，在全区县域中排第62位，在西江经济带县域中排第37位（见表4－52）。其中规模竞争力、发展竞争力、质量竞争力、工业竞争力、民生竞争力和基础竞争力的评价指数分别为25.35、53.42、21.51、23.70、24.56和2.86（见图4－65），在全区县域中分别列第37、第31、第65、第48、第63和90位，在西江经济带县域中分别列第22、第17、第40、第28、第37和第45位。在各项竞争力中，平桂管理区的发展竞争力具有比较明显的优势。其中，公共财政收入增长速度达到28.40%，列全区县域第1位；银行存贷款比例评级达到0.741，列全区县域第15位。

表4－52　平桂管理区县域竞争力评价结果及排序

序号	竞争力名称	评价指数	全区排序		西江经济带排序	
			2011年	2013年	2011年	2013年
1	规模竞争力	25.35	42	37	23	22
2	发展竞争力	53.42	13	31	9	17
3	质量竞争力	21.51	41	65	23	40
4	工业竞争力	23.70	47	48	28	28
5	民生竞争力	24.56	49	63	31	37
6	基础竞争力	2.86	73	90	37	45
7	综合竞争力	26.18	48	62	28	37

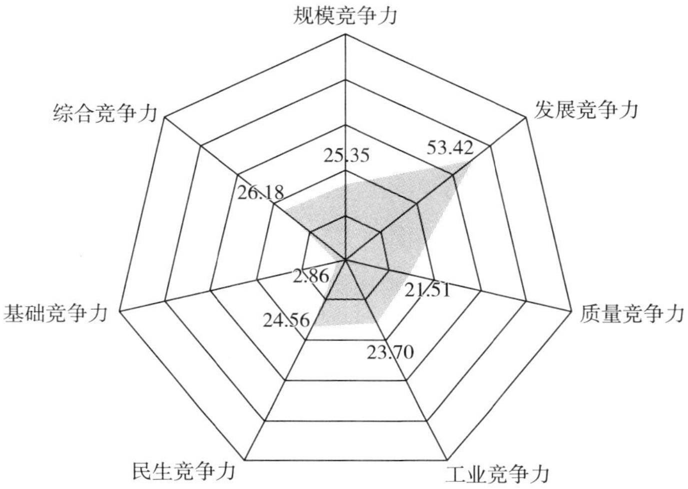

图 4-65 平桂管理区县域竞争力评价结果解析

从综合竞争力来看，平桂管理区在广西县域中处于下游水平，影响其综合竞争力水平的主要是质量竞争力、民生竞争力和基础竞争力。其中，人均地区生产总值在全区县域中列第 43 位，人均公共财政收入列第 59 位，人均工业增加值列第 53 位，单位电力消耗地区生产总值列第 75 位，人均社会消费品零售额列第 83 位，城镇居民人均可支配收入列第 63 位，单位面积公路里程列第 88 位，每万人公共交通拥有量列第 86 位，每万人技术人员数列第 88 位，每万人移动电话用户数列第 89 位，每万人口中中学生数列第 89 位。

平桂管理区应紧紧抓住碳酸钙千亿元产业落户和“生态新城”建设等重大机遇和平台载体，做大做强重质碳酸钙超细粉产业，加快推动产业化发展，力争将平桂管理区打造成为全国最大的重钙粉体生产基地和华南地区最大的石材加工生产基地。同时，要加快新型城镇化建设，优化城乡生产生活环境。

（3）昭平县

昭平县地处广西东部、桂江中游，享有“中国观赏石之乡”“中国长寿之乡”之称，下辖7个镇、4个乡、1个民族乡，总人口为43.61万人。2013年，昭平县县域综合竞争力评价指数为21.66，在全区县域中排第72位，在西江经济带县域中排第42位（见表4-53）。其中规模竞争力、发展竞争力、质量竞争力、工业竞争力、民生竞争力和基础竞争力的评价指数分别为13.29、39.78、19.95、15.52、22.75和26.45（见图4-66），在全区县域中分别列第62、第69、第68、第75、第65和第67位，在西江经济带县域中分别列第35、第38、第41、第42、第39和第33位。在各项竞争力中，昭平县的规模竞争力具有一定的比较优势。其中，社会消费品零售总额达到17.91亿元，列全区县域第51位；全社会固定资产投资达到62.16亿元，列全区县域第53位。

表4-53　昭平县县域竞争力评价结果及排序

序号	竞争力名称	评价指数	全区排序		西江经济带排序	
			2011年	2013年	2011年	2013年
1	规模竞争力	13.29	63	62	36	35
2	发展竞争力	39.78	41	69	22	38
3	质量竞争力	19.95	71	68	42	41
4	工业竞争力	15.52	66	75	38	42
5	民生竞争力	22.75	69	65	41	39
6	基础竞争力	26.45	81	67	41	33
7	综合竞争力	21.66	70	72	41	42

从综合竞争力来看，昭平县在广西县域中处于下游水平，影响其综合竞争力水平的主要是工业竞争力。其中，工业增加值在全区县域中列第73位，规模以上工业总产值列第72位，规模以上企业平均规模列第77位。此外，昭平县的规模竞争力、发展竞争力、质量竞争力、民生竞争力和基础竞争力水平也比较低。其中，公共财政收入在全区县域中列第72位，工业增加值增长速度列第67位，社会消费品零售总额增长速度列第68位，公共财政收入增长速度列第72位，人均公共财政收入列第80位，每万人医院、卫生院床位数列第65位，每万人移动电话用户数列第71位。

昭平县应把握好高铁经济时代带来的新机遇和新挑战，依托拥有千年历

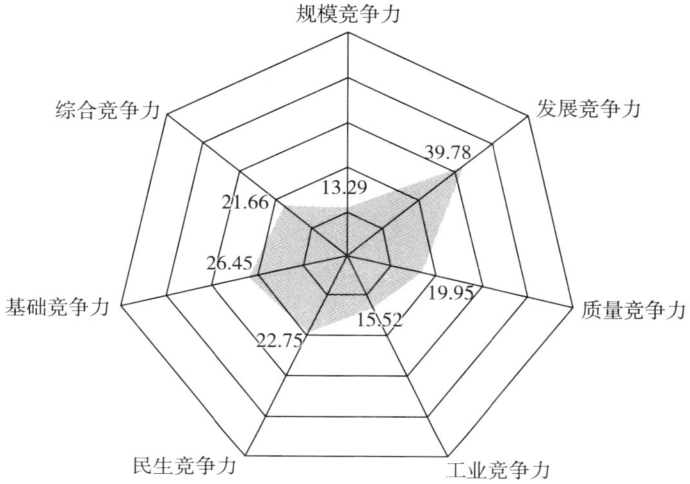

图 4-66 昭平县县域竞争力评价结果解析

史的黄姚古镇、“中国长寿之乡” 和 “中国名茶之乡” 等品牌资源优势，坚持走城镇化建设与生态文化旅游产业深度融合之路，努力发展特色农业、特色旅游产业，着力把昭平县打造成一座具有山区特点、民族特色、时代特征的宜居宜业新型城市。

（4）钟山县

钟山县位于广西东北部，下辖 10 个镇、2 个瑶族乡，总人口为 51.21 万人。2013 年，钟山县县域综合竞争力评价指数为 26.89，在全区县域中排第 59 位，在西江经济带县域中排第 35 位（见表 4-54）。其中规模竞争力、发展竞争力、质量竞争力、工业竞争力、民生竞争力和基础竞争力的评价指数分别为 17.01、41.96、31.21、23.25、26.79 和 25.96（见图 4-67），在全区县域中分别列第 55、第 64、第 38、第 53、第 59 和第 70 位，在西江经济带县域中分别列第 31、第 35、第 23、第 31、第 35 和第 35 位。在各项竞争力中，钟山县的质量竞争力具有比较明显的优势。其中，单位面积地区生产总值达到 465.94 万元/平方公里，列全区县域第 34 位；单位面积粮食产量达到 100.14 吨/公顷，列全区县域第 21 位；单位电力消耗地区生产总值达到 23.06 元/千瓦时，列全区县域第 20 位。

表 4－54　钟山县县域竞争力评价结果及排序

序号	竞争力名称	评价指数	全区排序		西江经济带排序	
			2011 年	2013 年	2011 年	2013 年
1	规模竞争力	17.01	53	55	30	31
2	发展竞争力	41.96	75	64	42	35
3	质量竞争力	31.21	48	38	30	23
4	工业竞争力	23.25	54	53	32	31
5	民生竞争力	26.79	50	59	32	35
6	基础竞争力	25.96	21	70	8	35
7	综合竞争力	26.89	60	59	33	35

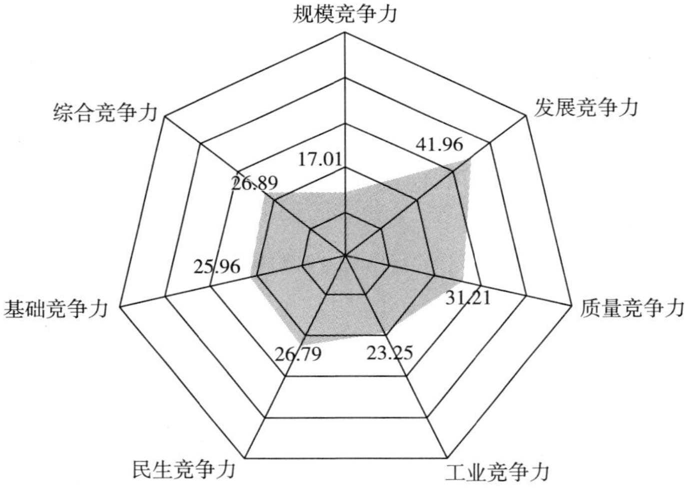

图 4－67　钟山县县域竞争力评价结果解析

从综合竞争力来看，钟山县在广西县域中处于中游偏下水平，影响其综合竞争力水平的主要是发展竞争力和基础竞争力。其中，社会消费品零售总额增长速度在全区县域中列第 64 位，银行存贷款比例评级列第 78 位，每万人公共交通拥有量列第 78 位，每万人技术人员数列第 79 位，每万人移动电话用户数列第 65 位。

钟山县应紧紧围绕实现“平安宜居富裕幸福新钟山”的发展目标，牢牢把握建设“贵广高铁经济带”的重大机遇，以实施“多规合一”试点工作为切入点，以扩量提质增效为中心，以项目建设为引擎，以开放合作为纽带，以服务业集聚区建设为载体，以核心示范区为依托，大力实施“一轴两翼三区”发展战略，加快与贺州（八步）同城化建设，加快产业转型升级，培育产业新的增长点，完善基础设施，建设特色城镇，全面深化改革，全面融入粤港澳经济圈，进一步提升开放开发水平。

（5）富川瑶族自治县

富川瑶族自治县位于广西东北部，下辖 9 个镇、3 个乡，总人口为 32.30 万人。2013 年，富川瑶族自治县县域综合竞争力评价指数为 28.93，在全区县域中排第 54 位，在西江经济带县域中排第 31 位（见表 4－55）。其中规模竞争力、发展竞争力、质量竞争力、工业竞争力、民生竞争力和基础竞争力的评价指数分别为 13.27、56.92、26.17、30.92、22.48 和 38.27（见图 4－68），在全区县域中分别列第 63、第 21、第 52、第 34、第 66 和第 19 位，在西江经济带县域中分别列第 36、第 10、第 31、第 18、第 40 和第 7 位。在各项竞争力中，富川瑶族自治县的基础竞争力具有较明显的优势。其中，每万人技术人员数达到 139 人，列全区县域第 7 位；每万人口中中学生数达到 484 人，列全区县域第 27 位。

表 4－55　富川瑶族自治县县域竞争力评价结果及排序

序号	竞争力名称	评价指数	全区排序		西江经济带排序	
			2011 年	2013 年	2011 年	2013 年
1	规模竞争力	13.27	64	63	37	36
2	发展竞争力	56.92	40	21	21	10
3	质量竞争力	26.17	63	52	39	31
4	工业竞争力	30.92	32	34	18	18
5	民生竞争力	22.48	70	66	42	40
6	基础竞争力	38.27	24	19	10	7
7	综合竞争力	28.93	61	54	34	31

从综合竞争力来看，富川瑶族自治县在广西县域中处于中游偏下水平，影响其综合竞争力水平的主要是规模竞争力和民生竞争力。其中，地区生产

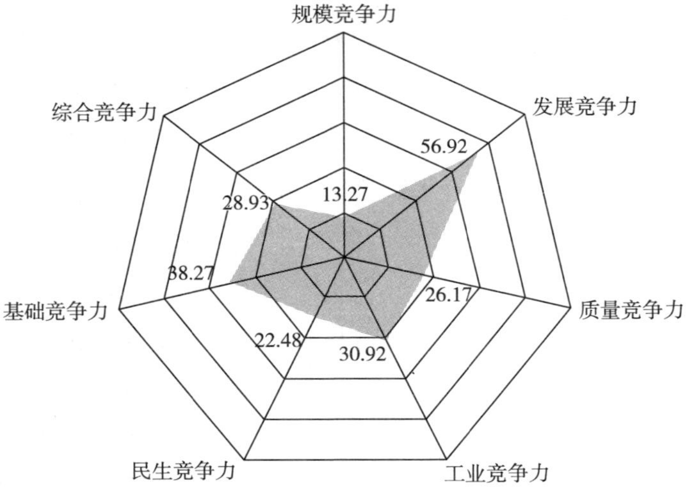

图 4－68　富川瑶族自治县县域竞争力评价结果解析

总值在全区县域中列第 60 位，社会消费品零售总额列第 72 位，公共财政收入列第 63 位，人均社会消费品零售额列第 66 位，城镇居民人均可支配收入列第 69 位，农村居民人均纯收入列第 63 位，每万人医院、卫生院床位数列第 66 位。

富川瑶族自治县要以贺州市打造贵广高铁经济带先行区为引领，积极对接和融入粤港澳经济圈，做大做强做特现代农业，大力发展农业物流，创建一批特色品牌产品，更好地依托贺州华润循环经济示范核心区建设，大力发展循环工业、循环农业，全力打造循环工业强县、电力强县、特色优势农业强县和瑶乡文化旅游目的地，在规模竞争力较难实现突破的前提下，进一步加快提升质量竞争力。

（七）来宾市

来宾市参与县域竞争力评价的有兴宾区、忻城县、象州县、武宣县、金秀瑶族自治县和合山市。2013 年，上述县域行政总面积为 13381 平方公里，年末总人口为 263.76 万人，实现地区生产总值 519.49 亿元，工业增加值达到 168.94 亿元，公共财政收入达到 18.37 亿元，全社会固定资产投资达到 410.42 亿元，社会消费品零售总额达到 120.87 亿元，分别占全区县域的 5.87%、5.43%、5.90%、5.09%、4.18%、5.36% 和 4.22%（见图 4－69）。2013 年，来宾市县域人均地区生产总值达到 19695 元。

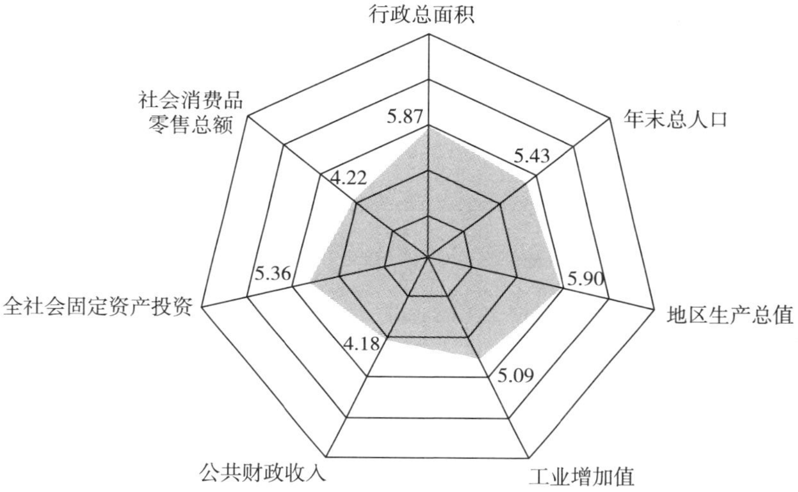

图 4－69　来宾市县域经济社会指标占全区县域比重

（1）兴宾区

兴宾区位于广西中部、红水河下游，下辖 3 个街道、6 个镇、14 个乡，总人口为 111.74 万人。2013 年，兴宾区县域综合竞争力评价指数为 38.32，在全区县域中排第 11 位，在西江经济带县域中排第 6 位（见表 4－56）。其中规模竞争力、发展竞争力、质量竞争力、工业竞争力、民生竞争力和基础竞争力的评价指数分别为 58.28、64.23、51.46、43.41、36.12 和 32.76（见图 4－70），在全区县域中分别列第 8、第 5、第 4、第 7、第 27 和 39 位，在西江经济带县域中分别列第 6、第 3、第 2、第 4、第 16 和第 18 位。在各项竞争力中，兴宾区的规模竞争力、发展竞争力、质量竞争力和工业竞争力具有绝对优势。其中，地区生产总值达到 243.16 万元，列全区县域第 3 位；农林牧渔业产值达到 54.38 亿元，列全区县域第 5 位；全社会固定资产投资达到229.55亿元，列全区县域第3位；银行存贷款比例评级达到0.840，列全区县域第5位；人均地区生产总值达到26030元，列全区县域第5位；人均公共财政收入达到451.16元，列全区县域第6位；人均工业增加值达到6219.02元，列全区县域第3位；规模以上工业总产值达到254.70亿元，列全区县域第10位；规模以上企业平均规模达到48980万元，列全区县域第6位。

表4－56　兴宾区县域竞争力评价结果及排序

序号	竞争力名称	评价指数	全区排序		西江经济带排序	
			2011年	2013年	2011年	2013年
1	规模竞争力	58.28	2	8	2	6
2	发展竞争力	64.23	7	5	6	3
3	质量竞争力	51.46	26	4	16	2
4	工业竞争力	43.41	1	7	1	4
5	民生竞争力	36.12	34	27	20	16
6	基础竞争力	32.76	32	39	17	18
7	综合竞争力	38.32	2	11	2	6

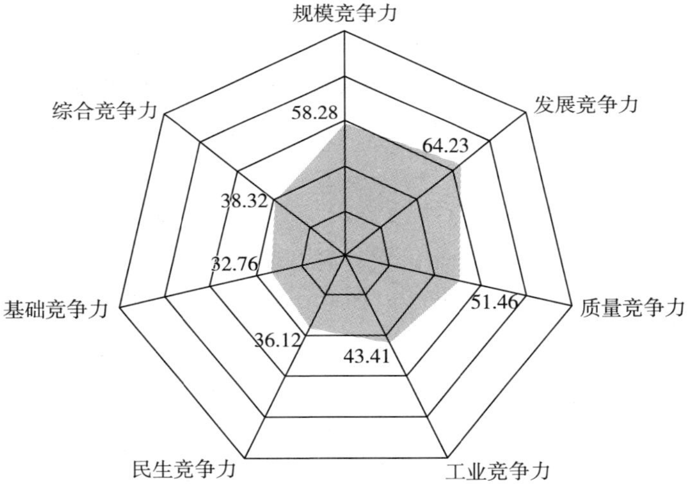

图4－70　兴宾区县域竞争力评价结果解析

从综合竞争力来看，兴宾区在广西县域中处于领先水平，是广西县域经济发展的领军者，影响其综合竞争力水平的主要是民生竞争力和基础竞争力。

其中，人均社会消费品零售额在全区县域中列第46位，农村居民人均纯收入列第34位，每万人技术人员数列第68位，每万人口中中学生数列第64位。

兴宾区应进一步释放新型工业化、新型城镇化的巨大潜力和发展红利，加快发展先进制造业、战略性新兴产业和现代服务业，提升第三产业发展质量和贡献率，进一步优化产业结构，坚持走调整型、追赶型、特色型和绿色型的可持续发展道路，坚持“工业强区”“质量兴区”战略，依托资源优势，推进市区共建，打造和培育工业经济新的增长点。

（2）忻城县

忻城县位于广西中部，下辖5个镇、7个乡，总人口为42.22万人。2013年，忻城县县域综合竞争力评价指数为21.55，在全区县域中排第73位，在西江经济带县域中排第43位（见表4－57）。其中规模竞争力、发展竞争力、质量竞争力、工业竞争力、民生竞争力和基础竞争力的评价指数分别为12.61、34.53、22.40、20.71、23.02和21.77（见图4－71），在全区县域中分别列第66、第79、第63、第60、第64和第78位，在西江经济带县域中分别列第37、第41、第39、第34、第38和第40位。从各项竞争力来看，忻城县的各项竞争力均处于较低水平，但也有个别指标居全区县域前列。其中，单位电力消耗地区生产总值达到20.76元/千瓦时，列全区县域第29位；城镇居民人均可支配收入达到22684元，列全区县域第32位；每万人移动电话用户数达到6456户，列全区县域第20位。

表4－57 忻城县县域竞争力评价结果及排序

序号	竞争力名称	评价指数	全区排序		西江经济带排序	
			2011年	2013年	2011年	2013年
1	规模竞争力	12.61	62	66	35	37
2	发展竞争力	34.53	59	79	35	41
3	质量竞争力	22.40	72	63	43	39
4	工业竞争力	20.71	39	60	24	34
5	民生竞争力	23.02	68	64	40	38
6	基础竞争力	21.77	88	78	44	40
7	综合竞争力	21.55	69	73	40	43

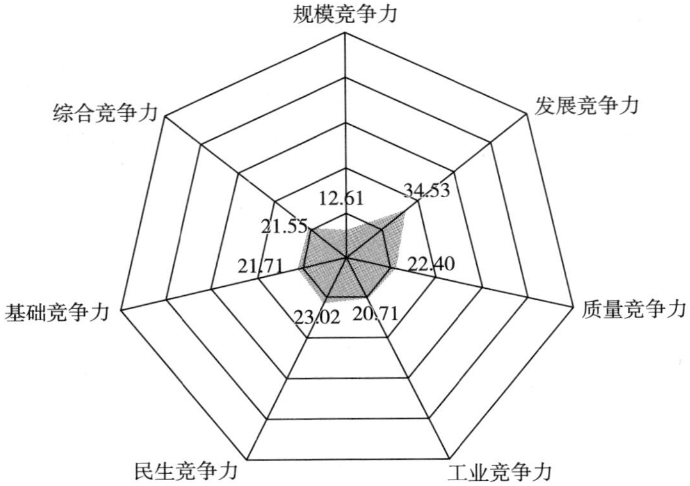

图 4－71　忻城县县域竞争力评价结果解析

从综合竞争力来看，忻城县在广西县域中处于下游水平，在各项竞争力中处于落后水平的主要是发展竞争力和基础竞争力。其中，地区生产总值增长速度在全区县域中列第 69 位，社会消费品零售总额增长速度列第 72 位，公共财政收入增长速度列第 80 位，全社会固定资产投资增长速度列第 66 位，银行存贷款比例评级列第 77 位，单位面积公路里程列第 77 位，每万人公共交通拥有量列第 82 位，每万人口中中学生数列第 81 位。

忻城县应继续深入实施“生态立县、工业富县、城建旺县、农业稳县、旅游活县”五大发展战略，主动适应经济发展新常态，把转方式、调结构放到更加重要的位置，持续深化改革，抓好蔗糖、缫丝、金银花等传统产业优化升级工作，加快产业结构调整，深入实施“工业四大会战”，打造石材、制糖、缫丝、电力 4 个“十亿元产业”，加快特色工业发展；加快发展百香果、柠檬、育肥牛三大新产业，加快现代农业发展，突出创新驱动，力争将忻城县打造成为珠江－西江经济带上的节点旅游城市、中国壮文化中心、广西乃至全国有名的石都。

（3）象州县

象州县位于广西中部，下辖7个镇、4个乡，总人口为36.28万人。2013年，象州县县域综合竞争力评价指数为31.15，在全区县域中排第47位，在西江经济带县域中排第25位（见表4-58）。其中规模竞争力、发展竞争力、质量竞争力、工业竞争力、民生竞争力和基础竞争力的评价指数分别为19.46、41.17、43.18、23.75、34.22和27.81（见图4-72），在全区县域中分别列第50、第66、第14、第47、第34和第61位，在西江经济带县域中分别列第30、第36、第8、第27、第20和第31位。在各项竞争力中，象州县的质量竞争力具有比较明显的优势。其中，人均地区生产总值达到28456元，列全区县域第22位；单位电力消耗地区生产总值达28.18元/千瓦时，列全区县域第7位。

表4-58　象州县县域竞争力评价结果及排序

序号	竞争力名称	评价指数	全区排序		西江经济带排序	
			2011年	2013年	2011年	2013年
1	规模竞争力	19.46	47	50	27	30
2	发展竞争力	41.17	11	66	7	36
3	质量竞争力	43.18	18	14	10	8
4	工业竞争力	23.75	34	47	20	27
5	民生竞争力	34.22	40	34	24	20
6	基础竞争力	27.81	52	61	27	31
7	综合竞争力	31.15	36	47	19	25

从综合竞争力来看，象州县在广西县域中处于中游偏上水平，影响其综合竞争力水平的主要是发展竞争力和基础竞争力。其中，地区生产总值增长速度在全区县域中列第68位，社会消费品零售总额增长速度列第74位，公共财政收入增长速度列第67位，单位面积公路里程列第50位，每万人公共交通拥有量列第64位，每万人口中中学生数列第52位。

象州县具有港口优势，是桂中地区重要的港口枢纽，在珠江-西江经济带发展中，象州县应当主动承接“南柳经济走廊”和“柳来河一体化”建设的产业辐射，积极打造特色产业集群，尤其是茧丝绸、新能源电动车等产

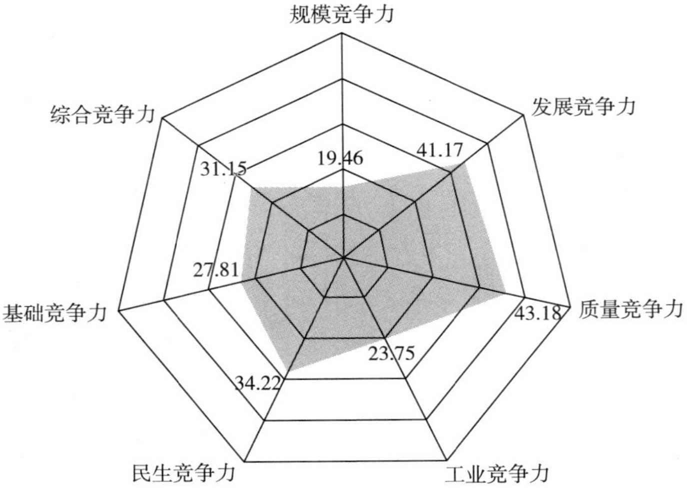

图 4－72　象州县县域竞争力评价结果解析

业集群，进而不断增强县域发展动能。同时，要加强技改投入，提升传统产业在新常态下的市场竞争力。

（4）武宣县

武宣县位于广西中部，境内黔江水道素有“黄金水道”之称，下辖 7 个镇、3 个乡，总人口为 44.22 万人。2013 年，武宣县县域综合竞争力评价指数为 30.21，在全区县域中排第 50 位，在西江经济带县域中排第 27 位（见表 4－59）。其中规模竞争力、发展竞争力、质量竞争力、工业竞争力、民生竞争力和基础竞争力的评价指数分别为 20.52、49.91、30.44、24.84、30.51 和 32.03（见图 4－73），在全区县域中分别列第 44、第 44、第 40、第 44、第 51 和第 44 位，在西江经济带县域中分别列第 24、第 25、第 25、第 25、第 31 和第 21 位。在各项竞争力中，武宣县的质量竞争力具有相对优势。其中，人均工业增加值达到 8422.73 元，列全区县域第 32 位；单位面积地区生产总值达到 512.27 万元/平方公里，列全区县域第 31 位；单位面积粮食产量达到 75.73 吨/公顷，列全区县域第 35 位。

表 4－59 武宣县县域竞争力评价结果及排序

序号	竞争力名称	评价指数	全区排序		西江经济带排序	
			2011 年	2013 年	2011 年	2013 年
1	规模竞争力	20.52	46	44	26	24
2	发展竞争力	49.91	1	44	1	25
3	质量竞争力	30.44	45	40	27	25
4	工业竞争力	24.84	38	44	23	25
5	民生竞争力	30.51	58	51	36	31
6	基础竞争力	32.03	36	44	20	21
7	综合竞争力	30.21	42	50	23	27

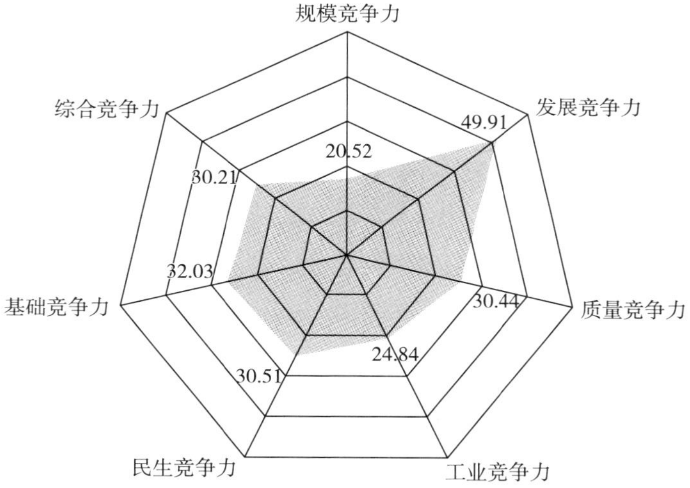

图 4－73 武宣县县域竞争力评价结果解析

从综合竞争力来看，武宣县在广西县域中处于中游水平，影响其综合竞争力水平的主要是民生竞争力。其中，人均社会消费品零售额在全区县域中列第 64 位，农村居民人均纯收入列第 51 位。

武宣县应紧抓珠江－西江经济带开放发展、大藤峡工程开工建设等机遇，坚持“以港兴运、以运促业、以业兴城”的发展思路，大力实施“水路和陆路、码头建设和园区建设、工业发展和商贸物流、经济发展和生态环境保护”四个相结合，全面推进“港产城”一体融合发展。做大做强冶金、建材、制糖、矿产品和农林产品加工等产业，打造沿江产业集中区，引导产业向武宣县集聚，建设大园区、大市场；培育县域城镇新职能，调整县域空间布局，完善城区功能，将武宣县建设成为以工业为主导，物流、旅游等现代服务业发达的内河港口城市和区域物流中心。

（5）金秀瑶族自治县

金秀瑶族自治县地处桂中东部的大瑶山，下辖3个镇、8个乡，总人口为15.59万人。2013年，金秀瑶族自治县县域综合竞争力评价指数为19.88，在全区县域中排第74位，在西江经济带县域中排第44位（见表4－60）。其中规模竞争力、发展竞争力、质量竞争力、工业竞争力、民生竞争力和基础竞争力的评价指数分别为3.04、40.48、17.49、13.06、22.40和41.74（见图4－74），在全区县域中分别列第84、第67、第70、第79、第67和第8位，在西江经济带县域中分别列第45、第37、第43、第43、第41和第2位。在各项竞争力中，金秀瑶族自治县的基础竞争力具有较为明显的优势。其中，每万人公共交通拥有量达到12.96辆，列全区县域第5位；每万人技术人员数达到156人，列全区县域第1位；每万人移动电话用户数达到9040户，列全区县域第7位。

表4－60　金秀瑶族自治县县域竞争力评价结果及排序

序号	竞争力名称	评价指数	全区排序		西江经济带排序	
			2011年	2013年	2011年	2013年
1	规模竞争力	3.04	85	84	45	45
2	发展竞争力	40.84	32	67	18	37
3	质量竞争力	17.49	67	70	41	43
4	工业竞争力	13.06	86	79	44	43
5	民生竞争力	22.40	66	67	38	41
6	基础竞争力	41.74	66	8	33	2
7	综合竞争力	19.88	76	74	44	44

从综合竞争力来看，金秀瑶族自治县在广西县域中处于下游水平，影响其综合竞争力水平的主要是规模竞争力。其中，地区生产总值在全区县域中

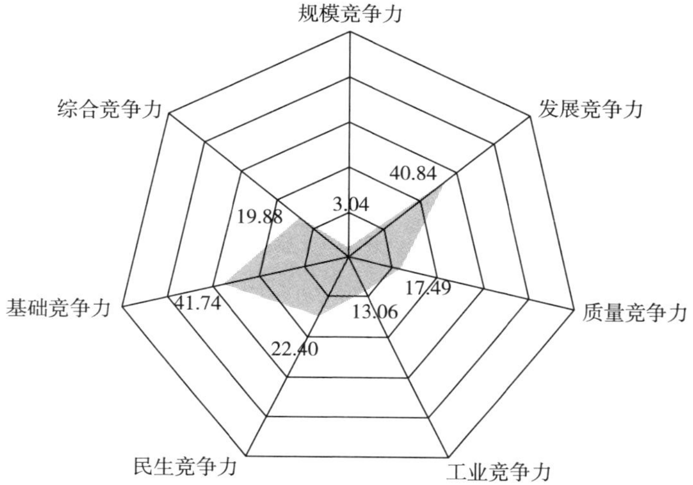

图 4－74 金秀瑶族自治县县域竞争力评价结果解析

列第 84 位，农林牧渔业产值列第 81 位，社会消费品零售总额列第 85 位，公共财政收入列第 79 位，全社会固定资产投资列第 89 位。

金秀瑶族自治县是新中国设立的第一个瑶族自治县，从长远来看，金秀瑶族自治县必须结合少数民族、山区特色等，积极创建特色旅游县域，将旅游业打造成为支柱性的产业。按照“一点两线三片区”（“一点”，即每个乡镇至少打造一个民俗风情示范点；“两线”，即特色农业产业线和乡村生态旅游产业线；“三片区”，即金秀镇六段生态观光茶园片区、忠良乡天堂山旅游片区、六巷乡生态自驾旅游片区）的空间布局，积极打造乡村生态旅游产业线，提升莲花山－圣堂山精品旅游线路品质，提高旅游基础接待能力和人文服务能力，通过瑶族特色村寨形成“大瑶山生态民俗旅游带”。

（6）合山市

合山市位于来宾市西部，下辖 2 个镇、1 个乡，总人口为 13.71 万人。2013 年，合山市县域综合竞争力评价指数为 26.13，在全区县域中排第 63 位，在西江经济带县域中排第 38 位（见表 4－61）。其中规模竞争力、发展竞争力、质量竞争力、工业竞争力、民生竞争力和基础竞争力的评价指数分别为4.10、31.35、41.70、23.61、35.00和32.73（见图4－75），在全区县域中分别列第82、第81、第20、第50、第32和第40位，在西江经济带县域中分别列第44、第45、第12、第29、第18和第19位。在各项竞争力中，合山市的质量竞争力处于比较明显的优势。其中，人均地区生产总值达到29137元，列全区县域第22位；人均工业增加值达到10221元，列全区县域第22位；单位面积地区生产总值达到923.39万元/平方公里，列全区县域列第6位。

表4－61　合山市县域竞争力评价结果及排序

序号	竞争力名称	评价指数	全区排序		西江经济带排序	
			2011年	2013年	2011年	2013年
1	规模竞争力	4.10	82	82	43	44
2	发展竞争力	31.35	56	81	32	45
3	质量竞争力	41.70	11	20	5	12
4	工业竞争力	23.61	43	50	26	29
5	民生竞争力	35.00	30	32	18	18
6	基础竞争力	32.73	9	40	1	19
7	综合竞争力	26.13	51	63	29	38

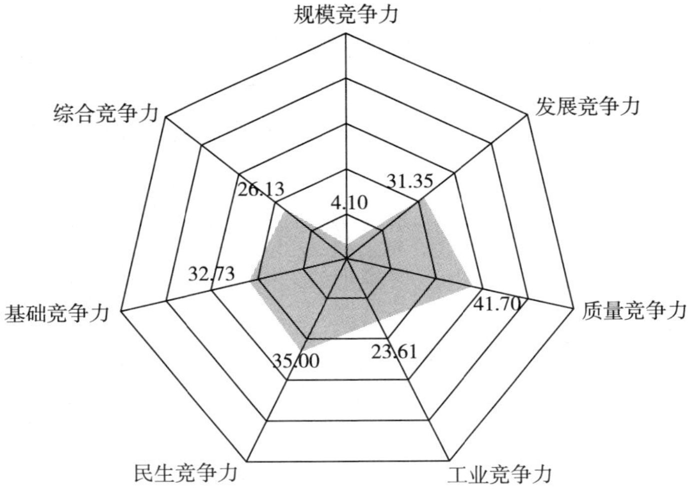

图4－75　合山市县域竞争力评价结果解析

从综合竞争力来看，合山市在广西县域中处于中游偏下水平，影响其综合竞争力水平的主要是规模竞争力和发展竞争力。其中，地区生产总值在全区县域中列第 79 位，社会消费品零售总额列第 81 位，农林牧渔业产值列第 90 位，全社会固定资产投资列第 80 位，公共财政收入增长速度列第 84 位，全社会固定资产投资增长速度列第 87 位，银行存贷款比例评级列第 90 位。

合山市因煤而生，已经有 100 多年，伴随着资源的不断枯竭，合山市要谋求发展必须寻找新的思路、新的出路，要在绿色转型道路上寻求可持续发展的新的经济增长点。合山市应紧扣“工业发展与特色旅游”的核心，借助工矿城市原有的基础，以文化植入提升旅游特色，持之以恒地打造山水生态、矿山文化、火车观光游和休闲“慢城”四大旅游品牌。

三　桂西资源富集区（左右江革命老区）

左右江革命老区是中国共产党在土地革命时期最早创建的革命根据地之一，2015 年 2 月，国务院批复同意《左右江革命老区振兴规划》（以下简称《规划》），标志着左右江革命老区发展上升为国家战略。《规划》以百色等左右江革命老区为核心，统筹考虑区域经济社会协调发展，规划范围包括：广西壮族自治区百色市、河池市、崇左市全境以及南宁市部分地区①；贵州省黔西南布依族苗族自治州全境，黔南布依族苗族自治州、黔东南苗族侗族自治州部分地区；云南省文山壮族苗族自治州全境。规划总面积为 17 万平方公里，2013 年年末总人口为 2261 万人，实现地区生产总值 3646 亿元。《规划》明确要弘扬老区革命精神，立足老区比较优势，突出体制机制创新，支持在交通、产业、金融、扶贫、生态、国土开发与保护等领域深化改革，进一步扩大开放，为全国革命老区振兴提供可复制、可推广的发展模式。《规划》提出，到 2020 年，左右江革命老区综合经济实力显著增强，生态补偿机制基本确立，新型城

① 南宁市包括马山县和隆安县，为了分析方便，仍将马山县和隆安县放在北部湾经济区部分进行分析，将百色市、河池市和崇左市在该部分进行分析。

镇化水平和质量稳步提升，基本公共服务均等化程度总体达到国家平均水平，全面建成符合老区人民期望的小康社会。到2025年，工业化、信息化、城镇化、农业现代化实现同步发展，兼容并包的开放型经济新体制基本建成，“活力老区”“美丽老区”“幸福老区”“文化老区”全面建成。

左右江革命老区是广西重要的资源富集区，也是我国西南地区的重要矿产资源区和各类生态资源的聚集地。从县域经济发展来看，左右江革命老区属于典型的欠发达后发展地区，与全区平均水平和其他区域发展水平的差距仍然较大，全面建成小康社会的难度也是最大的。按照广西公开性的县域统计数据，左右江革命老区共有30个县域参与此次县域竞争力评价（见图4－76）。

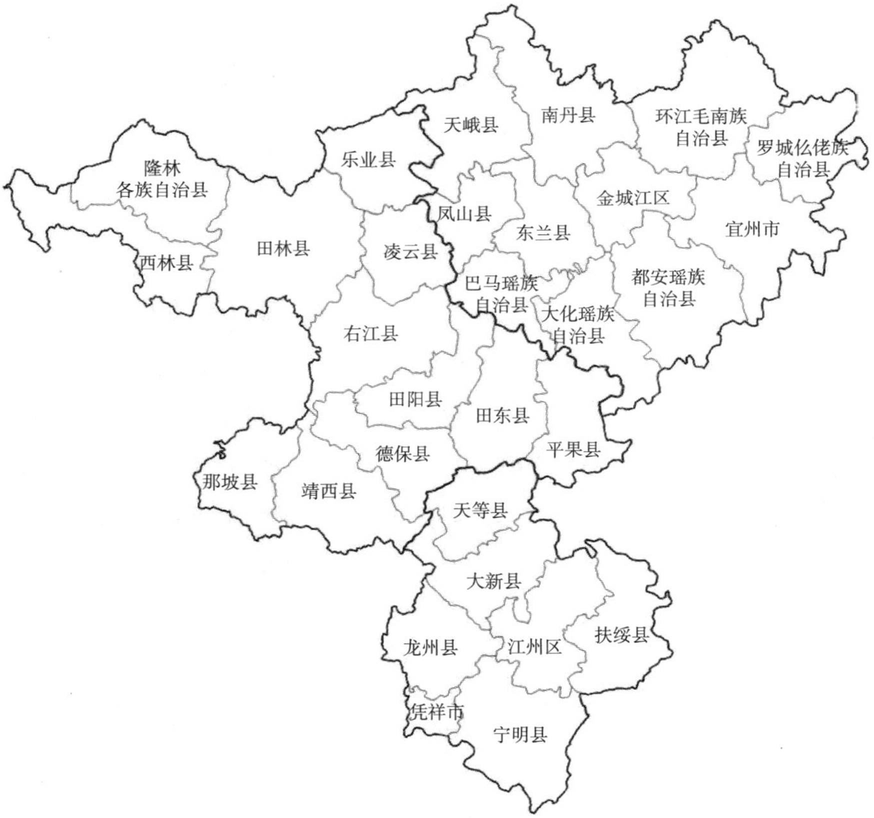

图4－76　桂西资源富集区县域分布

2013 年，桂西资源富集区行政总面积为 87009.29 平方公里，年末总人口为 1071.92 万人，实现地区生产总值 1848.02 亿元，工业增加值达到 726.93 亿元，公共财政收入达到 120.98 亿元，全社会固定资产投资达到 1550.21 亿元，社会消费品零售总额达到 473.95 亿元。

2013 年，桂西资源富集区县域主要经济社会指标在全区县域经济中的占比分别为：行政总面积占全区县域的 38.14%，年末总人口占全区县域的 22.08%，地区生产总值占全区县域的 20.99%，工业增加值占全区县域的 21.91%，公共财政收入占全区县域的 27.51%，全社会固定资产投资占全区县域的 20.25%，社会消费品零售总额占全区县域的 16.53%（见图 4－77）。

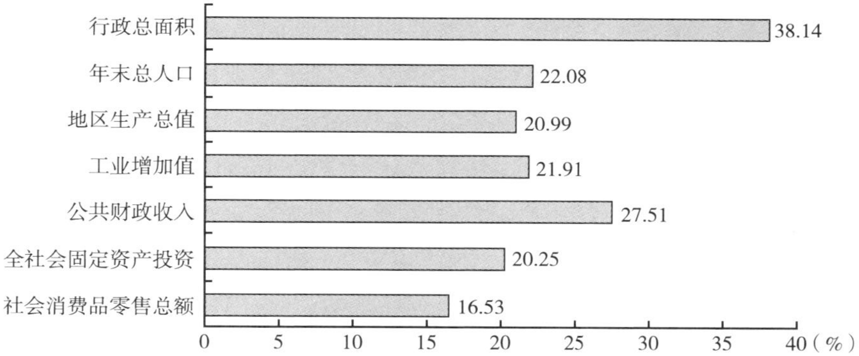

图 4－77 桂西资源富集区县域经济社会指标占全区县域比重

总体来看，桂西资源富集区县域以 38.14% 的行政总面积和 22.08% 的年末总人口创造了 20.99% 的地区生产总值、21.91% 的工业增加值、27.51% 的公共财政收入、20.25% 的全社会固定资产投资和 16.53% 的社会消费品零售总额。从以上数据可以看出，桂西资源富集区各项指标占比均低于行政总面积在全区县域中所占比重，只有公共财政收入占比高于年末总人口在全区县域中所占比重，但其中有相当部分是财政转移的因素。总体来看，桂西资源富集区县域经济发展明显滞后于全区县域经济发展，必须着力加快桂西资源富集区县域经济发展，走特色发展之路，这对于与全国同步全面建成小康社会至为关键。

（一）百色市

百色市参与县域竞争力评价的有右江区、田阳县、田东县、平果县、德保县、靖西县、那坡县、凌云县、乐业县、田林县、西林县和隆林各族自治县。2013 年，上述县域行政总面积为 36201.32 平方公里，年末总人口为 411.66 万人，实现地区生产总值 792.41 亿元，工业增加值达到 375.24 亿元，公共财政收入达到 56.13 亿元，全社会固定资产投资达到 802.49 亿元，社会消费品零售总额达到 178.60 亿元，分别占全区县域的 15.87%、8.48%、9.00%、11.31%、12.76%、10.48% 和 6.23%（见图 4－78）。2013 年，百色市县域人均地区生产总值达到 19249 元。

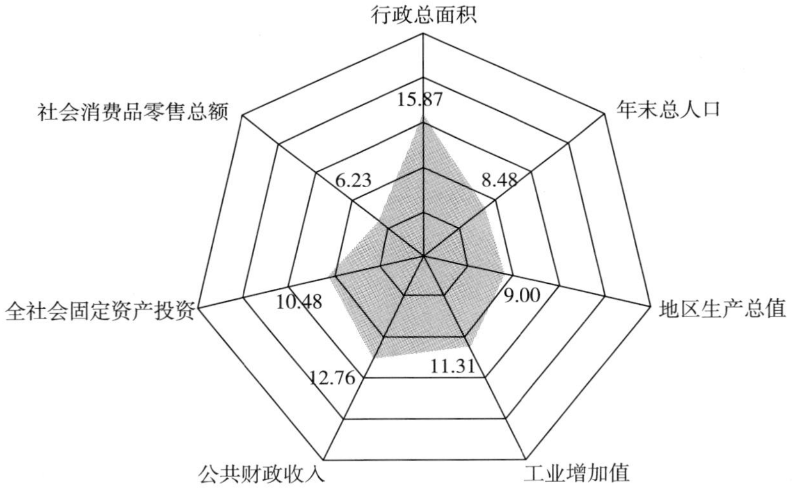

图 4－78　百色市县域经济社会指标占全区县域比重

（1）右江区

右江区位于广西西部，下辖 3 个镇、3 个乡、1 个民族乡，总人口为 35.35 万人。2013 年，右江区县域综合竞争力评价指数为 46.62，在全区县域中排第 9 位，在桂西资源富集区县域中排第 1 位（见表 4－62）。其中规模竞争力、发展竞争力、质量竞争力、工业竞争力、民生竞争力和基础竞争力的评价指数分别为 33. 94、54. 25、38. 97、42. 48、67. 59 和 56. 91（见图 4 -79），在全区县域中分别列第 30、第 28、第 25、第 10、第 2 和第 3 位，在桂西资源富集区县域中分别列第 4、第 8、第 6、第 3、第 1 和第 2 位。在各项竞争力中，右江区的民生竞争力具有明显的高位优势。其中，人均社会消费品零售额达到 12548 元，列全区县域第 6 位；每万人医院、卫生院床位数达到 100. 03 张，每万人医院、卫生院技术人员数达到 122. 75 人，均列全区县域第 1 位。

表 4 -62 右江区县域竞争力评价结果及排序

序号	竞争力名称	评价指数	全区排序		桂西资源富集区排序	
			2011 年	2013 年	2011 年	2013 年
1	规模竞争力	33. 94	28	30	4	4
2	发展竞争力	54. 25	76	28	20	8
3	质量竞争力	38. 97	6	25	2	6
4	工业竞争力	42. 48	17	10	5	3
5	民生竞争力	67. 59	2	2	1	1
6	基础竞争力	56. 91	4	3	4	2
7	综合竞争力	46. 62	7	9	1	1

从综合竞争力来看，右江区在广西县域中处于领先水平，影响其综合竞争力水平的主要是规模竞争力和发展竞争力。其中，农林牧渔业产值在全区县域中列第 40 位，公共财政收入列第 36 位，工业增加值增长速度列第 32 位，全社会固定资产投资增长速度列第 72 位。

右江区应坚持推动现代工业转型升级，以禄源工业园区为主战场，加快完善园区规划设计，抓好项目用地储备，完善路网等基础设施建设，实现园区提质扩容。加快园区管理体制改革，激发园区发展活力。加快推进林业产业园建设，谋划建设铝锰产业园、纸业加工集中区、煤化工集中区、医药保健产业园和农民工创业园。着力推动现代农业转型升级，加强与华润五丰行等龙头企业合作，加快推进永乐现代农业示范基地建设，着力打造西北乐村

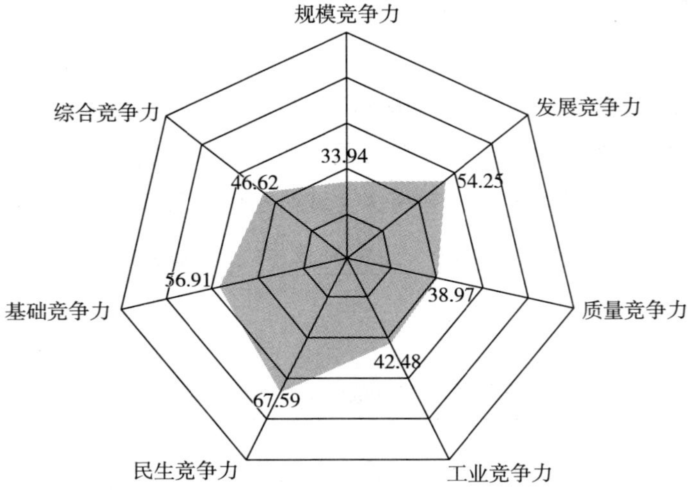

图 4－79　右江区县域竞争力评价结果解析

现代特色芒果（核心）示范园区和六沙高效生态休闲农业园，加快培育金融服务、信息咨询、文化创意、健康旅游、养老服务、互联网经济等新型业态。

（2）田阳县

田阳县地处广西西部，下辖 7 个镇、3 个乡，总人口为 35.18 万人。2013 年，田阳县县域综合竞争力评价指数为 32.43，在全区县域中排第 43 位，在桂西资源富集区县域中排第 10 位（见表 4－63）。其中规模竞争力、发展竞争力、质量竞争力、工业竞争力、民生竞争力和基础竞争力的评价指数分别为 23.89、70.07、27.06、20.99、31.05 和 27.27（见图 4－80），在全区县域中分别列第 41、第 2、第 50、第 59、第 50 和第 63 位，在桂西资源富集区县域中分别列第 8、第 1、第 11、第 15、第 8 和第 21 位。在各项竞争力中，田阳县的发展竞争力具有明显的优势。其中，工业增加值增长速度达到 14.47%，列全区县域第 7 位；公共财政收入增长速度达到 26.44%，列全区县域第 6 位；全社会固定资产投资增长速度达到 13.55%，列全区县域第1 位。

表 4-63 田阳县县域竞争力评价结果及排序

序号	竞争力名称	评价指数	全区排序		桂西资源富集区排序	
			2011 年	2013 年	2011 年	2013 年
1	规模竞争力	23.89	48	41	12	8
2	发展竞争力	70.07	63	2	16	1
3	质量竞争力	27.06	56	50	13	11
4	工业竞争力	20.99	64	59	17	15
5	民生竞争力	31.05	53	50	10	8
6	基础竞争力	27.27	78	63	24	21
7	综合竞争力	32.43	62	43	16	10

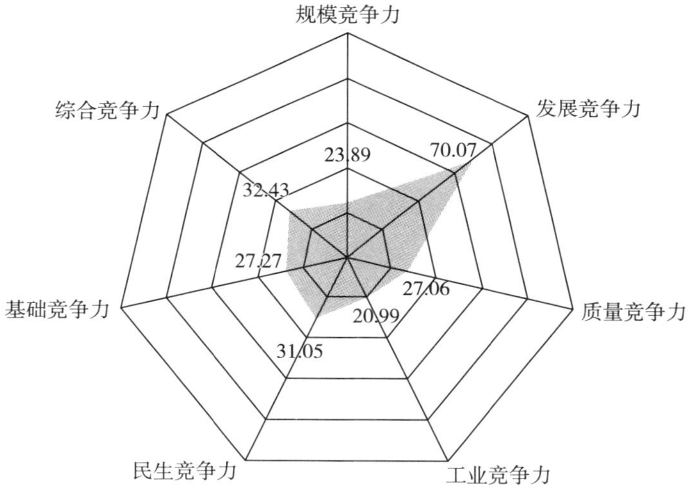

图 4-80 田阳县县域竞争力评价结果解析

从综合竞争力来看，田阳县在广西县域中处于中游水平，影响其综合竞争力水平的主要是工业竞争力和基础竞争力。其中，规模以上工业总产值在全区县域中列第 55 位，每万人技术人员数列第 60 位，每万人口中中学生数列第 70 位。

2014 年，田阳县国内生产总值达到 103.77 亿元，全县农村居民人均纯收入达到 7392 元，同比增长 13.7%，“跑赢”GDP。田阳县要大力扶持、培育、壮大农业龙头企业，走“公司 + 基地 + 农户”的农业产业化道路，催生一批“高新”农民。2014 年，田阳县工业产值达到 148 亿元，预计到“十三五”期末将有望达到 500 亿元，田阳县将按照“产移结合”的发展路径，积极推进扶贫生态移民。

（3）田东县

田东县地处广西西南部右江盆地，下辖 9 个镇、1 个乡，总人口为 42.92 万人。2013 年，田东县县域综合竞争力评价指数为 37.34，在全区县域中排第 27 位，在桂西资源富集区县域中排第 4 位（见表 4－64）。其中规模竞争力、发展竞争力、质量竞争力、工业竞争力、民生竞争力和基础竞争力的评价指数分别为 34.03、59.62、35.20、33.10、32.81 和 29.63（见图 4－81），在全区县域中分别列第 29、第 12、第 30、第 24、第 40 和第 53 位，在桂西资源富集区县域中分别列第 3、第 2、第 8、第 6、第 7 和第 18 位。在各项竞争力中，田东县的发展竞争力具有明显的优势。其中，社会消费品零售总额增长速度达到 25.22%，列全区县域第 5 位；银行存贷款比例评级达到 0.934，列全区县域第 4 位。

表 4－64　田东县县域竞争力评价结果及排序

序号	竞争力名称	评价指数	全区排序		桂西资源富集区排序	
			2011 年	2013 年	2011 年	2013 年
1	规模竞争力	34.03	22	29	2	3
2	发展竞争力	59.62	36	12	9	2
3	质量竞争力	35.20	10	30	4	8
4	工业竞争力	33.10	19	24	6	6
5	民生竞争力	32.81	52	40	9	7
6	基础竞争力	29.63	5	53	5	18
7	综合竞争力	37.34	17	27	2	4

从综合竞争力来看，田东县在广西县域中处于中游偏上水平，影响其综合竞争力水平的主要是民生竞争力和基础竞争力。其中，人均社会消费品零售额在全区县域中列第 59 位，城乡居民收入统筹系数列第 60 位，单位面积公路里程列第 51 位，每万人公共交通拥有量列第 58 位。

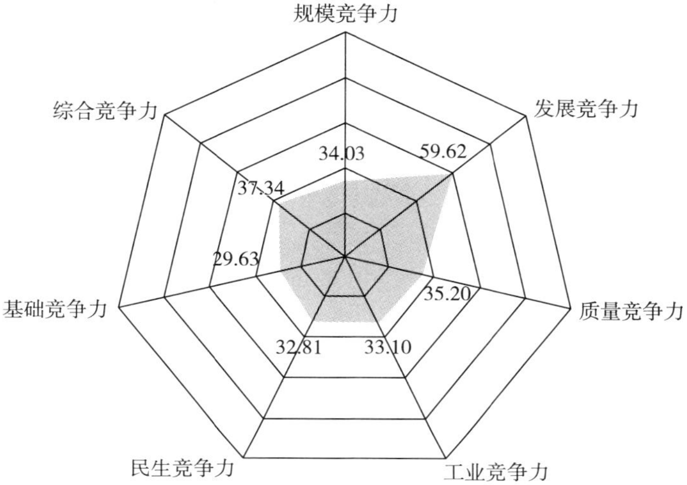

图 4－81　田东县县域竞争力评价结果解析

田东县在广西县域改革中具有特殊地位，作为全国农村改革试验区、国家现代农业示范区、国家农业改革与建设试点示范区、全国首个农村金融综合改革试点县，田东县应围着改革转、盯着改革干，让改革新红利充分释放出来，转化为发展的动力，形成示范的效应。田东县是全国扶贫开发综合改革试点县，应继续实施产业扶贫，探索“新型农业经营主体＋基地＋贫困农户”的产业发展模式，引导贫困户土地向新型农业经营主体流转，带动农户脱贫增收。以田东县为主要基地的“百色芒果”已经具备打造世界级优势芒果产业的基础和条件。

（4）平果县

平果县坐落在右江河畔，下辖 9 个镇、3 个乡，总人口为 51.00 万人。2013 年，平果县县域综合竞争力评价指数为 39.64，在全区县域中排第 19 位，在桂西资源富集区县域中排第 2 位（见表 4－65）。其中规模竞争力、发展竞争力、质量竞争力、工业竞争力、民生竞争力和基础竞争力的评价指数分别为 42.15、58.86、29.43、44.80、28.25 和 34.30（见图 4－82），在全区县域中分别列第 18、第 13、第 42、第 6、第 55 和第 33 位，在桂西资源富集区县域中分别列第1、第3、第10、第2、第10和第12位。在各项竞争力中，平果县的工业竞争力具有明显的优势。其中，工业增加值达到78.23亿元，列全区县域第12位；规模以上企业平均规模达到50808万元，列全区县域第5位。

表4－65 平果县县域竞争力评价结果及排序

序号	竞争力名称	评价指数	全区排序		桂西资源富集区排序	
			2011年	2013年	2011年	2013年
1	规模竞争力	42.15	18	18	1	1
2	发展竞争力	58.86	37	13	10	3
3	质量竞争力	29.43	28	42	9	10
4	工业竞争力	44.80	26	6	9	2
5	民生竞争力	28.25	59	55	11	10
6	基础竞争力	34.30	8	33	7	12
7	综合竞争力	39.64	20	19	3	2

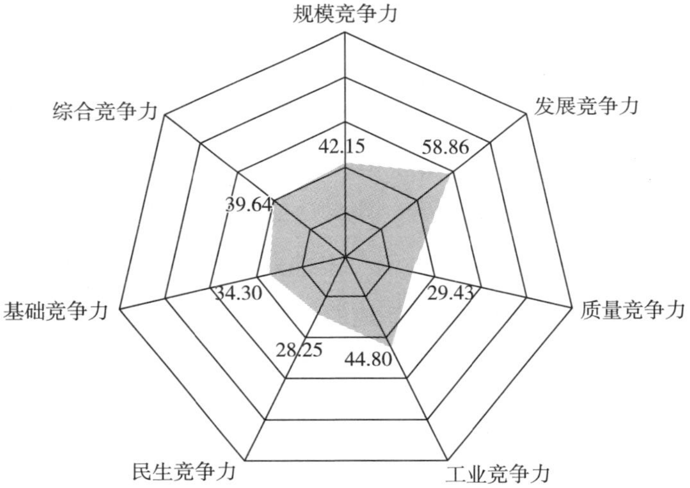

图4－82 平果县县域竞争力评价结果解析

从综合竞争力来看，平果县在广西县域中处于上游偏下水平，影响其综合竞争力水平的主要是质量竞争力和民生竞争力。其中，单位面积粮食产量在全区县域中列第52位，单位电力消耗地区生产总值列第88位，农村居民人均纯收入列第61位，城乡居民收入统筹系数列第82位。

平果县应抢抓“一带一路”建设战略、《左右江革命老区振兴规划》发展机遇，坚持以重大项目为抓手，全面掀起项目建设新高潮，加快推进工业转型升级，不断发展壮大实体经济，延伸产业链，做大做强做优铝产业，调整产业结构，大力发展非铝产业，启动1.5万亩市县联建综合工业园项目，创建碳酸钙产业园、名贵木材深加工产业园等新兴产业基地，打造成千亿元生态型产业园，进一步强化创新驱动，增强发展内生动力，确保实现各项经济发展目标。

（5）德保县

德保县位于广西西南部，素有“八角茴油之乡”的美称，下辖5个镇、7个乡，总人口为36.77万人。2013年，德保县县域综合竞争力评价指数为23.56，在全区县域中排第68位，在桂西资源富集区县域中排第15位（见表4-66）。其中规模竞争力、发展竞争力、质量竞争力、工业竞争力、民生竞争力和基础竞争力的评价指数分别为17.12、51.24、17.10、22.83、15.78和23.80（见图4-83），在全区县域中分别列第54、第40、第72、第55、第78和第74位，在桂西资源富集区县域中分别列第14、第11、第16、第13、第18和第24位。在各项竞争力中，德保县的发展竞争力具有相对优势。其中，公共财政收入增长速度达到20.16%，列全区县域第22位；银行存贷款比例评级达到1.159，列全区县域第3位。

表4-66 德保县县域竞争力评价结果及排序

序号	竞争力名称	评价指数	全区排序		桂西资源富集区排序	
			2011年	2013年	2011年	2013年
1	规模竞争力	17.12	49	54	13	14
2	发展竞争力	51.24	31	40	8	11
3	质量竞争力	17.10	57	72	14	16
4	工业竞争力	22.83	23	55	8	13
5	民生竞争力	15.78	64	78	14	18
6	基础竞争力	23.80	40	74	12	24
7	综合竞争力	23.56	54	68	13	15

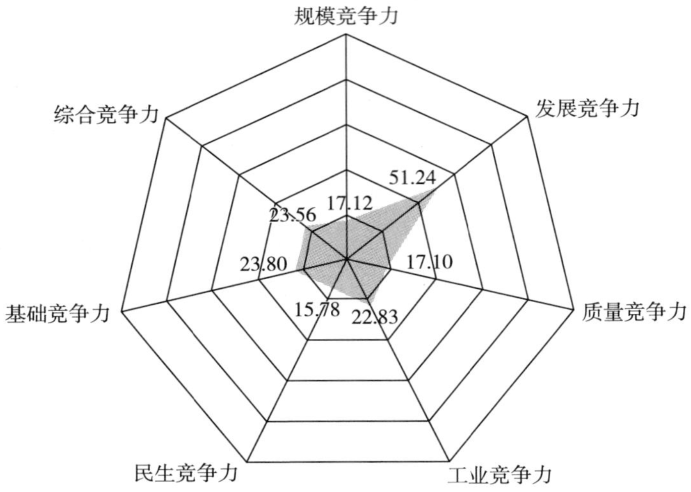

图 4－83　德保县县域竞争力评价结果解析

从综合竞争力来看，德保县在广西县域中处于下游水平，影响其综合竞争力水平的主要是质量竞争力、民生竞争力和基础竞争力。其中，单位面积粮食产量在全区县域中列第 60 位，单位电力消耗地区生产总值列第 85 位，人均社会消费品零售额列第 87 位，城乡居民收入统筹系数列第 88 位，每万人技术人员数列第 66 位。

德保县应紧紧抓住《左右江革命老区振兴规划》上升为国家战略的历史新机遇，进一步加大招商引资工作力度，加快项目落地，着力发展铝深加工，做优做强铝产业；用足德保县旅游资源，加快旅游业的发展；加快城镇面貌改造，推进城镇化发展；以脐橙、桑蚕产业为突破口，大力发展特色优势产业，带动农民增收。

（6）靖西县

靖西县地处桂西南边陲，素有气候“小昆明”之称和山水“小桂林”之誉，下辖 8 个镇、11 个乡，总人口为 66. 20 万人。2013 年，靖西县县域综合竞争力评价指数为 33. 18，在全区县域中排第 40 位，在桂西资源富集区县域中排第 8 位（见表 4－67）。其中规模竞争力、发展竞争力、质量竞争力、工业竞争力、民生竞争力和基础竞争力的评价指数分别为 32.89、50.18、24.76、52.02、13.57 和 26.43（见图 4－84），在全区县域中分别列第 32、第 43、第 56、第 4、第 80 和第 68 位，在桂西资源富集区县域中分别列第 5、第 13、第 12、第 1、第 20 和第 22 位。在各项竞争力中，靖西县的工业竞争力具有较为明显的优势。其中，人均规模以上工业总产值达到 218.72 万元，列全区县域第 5 位；规模以上企业平均规模达到 79331 万元，列全区县域第 2 位。

表 4－67 靖西县县域竞争力评价结果及排序

序号	竞争力名称	评价指数	全区排序		桂西资源富集区排序	
			2011 年	2013 年	2011 年	2013 年
1	规模竞争力	32.89	31	32	5	5
2	发展竞争力	50.18	14	43	4	13
3	质量竞争力	24.76	58	56	15	12
4	工业竞争力	52.02	20	4	7	1
5	民生竞争力	13.57	75	80	18	20
6	基础竞争力	26.43	68	68	18	22
7	综合竞争力	33.18	35	40	9	8

从综合竞争力来看，靖西县在广西县域中处于中游水平，影响其综合竞争力水平的主要是质量竞争力、民生竞争力和基础竞争力。其中，单位电力消耗地区生产总值在全区县域中列第 71 位，人均社会消费品零售额列第 71 位，农村居民人均纯收入列第 79 位，每万人医院、卫生院技术人员数列第 81 位，每万人技术人员数列第 77 位，每万人移动电话用户数列第 76 位。

靖西县应着力加快交通、农林、旅游、商贸、物流等基础设施建设，应将铝工业园打造成自治区重点产业园区，将锰工业园打造成自治区 A 类产业园区，将返乡农民工创业园建成中小微型企业孵化园，将中越工业园建成进出口加工贸易重要承接地，做大做强铝、锰、能源、农产品加工和建材制

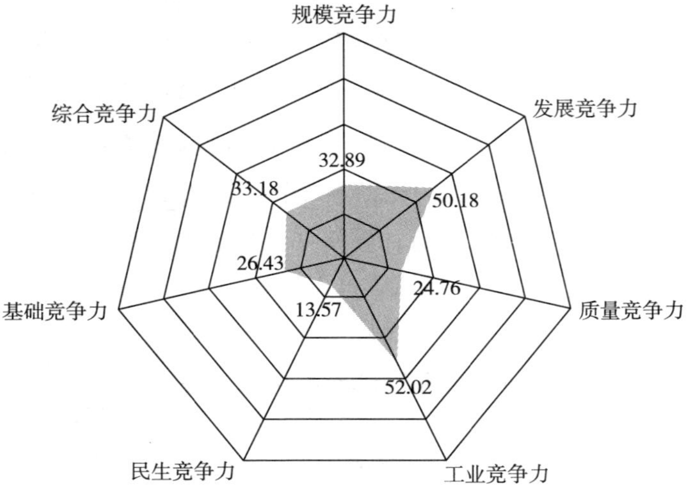

图 4－84　靖西县县域竞争力评价结果解析

造五大产业，推动百矿生态锰精深加工一体化项目建设，鼓励中小型锰加工企业兼并重组，大力发展四氧化三锰、锰酸锂、锰铝合金、无汞碱锰电池、锰动力电池等。同时，应加快设立县级市步伐，将靖西县提升到广西沿边开放开发更为重要的位置。

（7）那坡县

那坡县地处桂西南边陲、云贵高原余脉六韶山南缘，下辖 2 个镇、7 个乡，总人口为 21.26 万人。2013 年，那坡县县域综合竞争力评价指数为 18.00，在全区县域中排第 80 位，在桂西资源富集区县域中排第 21 位（见表 4－68）。其中规模竞争力、发展竞争力、质量竞争力、工业竞争力、民生竞争力和基础竞争力的评价指数分别为 2.82、57.93、6.48、10.84、8.98 和 28.36（见图 4－85），在全区县域中分别列第 86、第 17、第 89、第 83、第 90 和第 59 位，在桂西资源富集区县域中分别列第 26、第 6、第 29、第 24、第 30 和第 20 位。在各项竞争力中，那坡县的发展竞争力具有一定的水平。其中，公共财政收入增长速度达到 28.91%，列全区县域第 1 位；全社会固定资产投资增长速度达到 6.39%，列全区县域第 22 位。

表 4-68 那坡县县域竞争力评价结果及排序

序号	竞争力名称	评价指数	全区排序		桂西资源富集区排序	
			2011 年	2013 年	2011 年	2013 年
1	规模竞争力	2.82	89	86	29	26
2	发展竞争力	57.93	68	17	18	6
3	质量竞争力	6.48	89	89	29	29
4	工业竞争力	10.84	90	83	30	24
5	民生竞争力	8.98	88	90	28	30
6	基础竞争力	28.36	23	59	10	20
7	综合竞争力	18.00	90	80	30	21

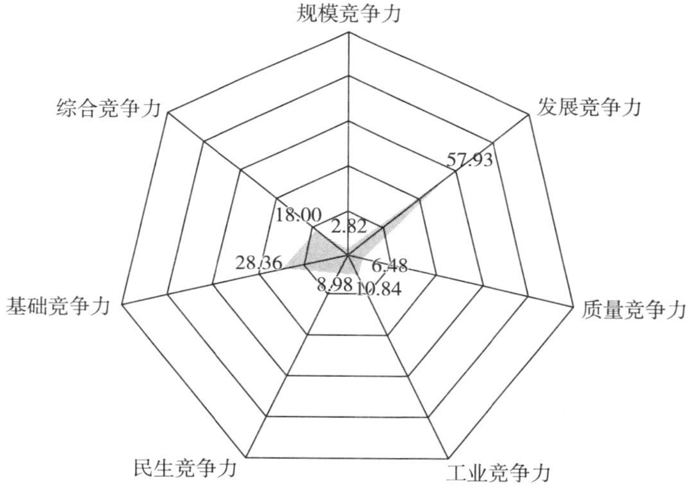

图 4-85 那坡县县域竞争力评价结果解析

从综合竞争力来看，那坡县在广西县域中处于落后水平，影响其综合竞争力水平的因素众多。其中，年末总人口在全区县域中列第 81 位，地区生产总值列第 89 位，农林牧渔业产值列第 85 位，社会消费品零售总额列第 87 位，公共财政收入列第 83 位，人均地区生产总值列第 87 位，人均工业增加值列第 88 位，工业增加值列第 88 位，规模以上企业平均规模列第 80 位，城镇居民人均可支配收入列第 85 位，农村居民人均纯收入列最后一位，每万人移动电话用户数列第 65 位，每万人口中中学生数列第 63 位。

那坡县应充分借助高速公路的开通、百色－文山跨省经济合作园区实质性推进、平孟国家一类口岸升格、那坡县沿边开发（平孟）产业园区规划启动以及那坡县独特的黑衣壮民俗文化、边关风情、良好的生态环境等交通区位优势和资源优势，加快推进跨省经济合作园区、沿边开发开放产业园区、口岸物流园区、城镇化、能源水电、农业现代化、现代服务业等方面的规划编制，及早谋划一批大项目、好项目，加快与云南共建跨省经济合作园区步伐。

（8）凌云县

凌云县位于广西西北部、云贵高原东南边缘，下辖3个镇、5个民族乡，总人口为22.05万人。2013年，凌云县县域综合竞争力评价指数为18.64，在全区县域中排第76位，在桂西资源富集区县域中排第17位（见表4－69）。其中规模竞争力、发展竞争力、质量竞争力、工业竞争力、民生竞争力和基础竞争力的评价指数分别为2.79、58.01、7.43、16.02、9.31和39.55（见图4－86），在全区县域中分别列第87、第16、第87、第74、第89和第16位，在桂西资源富集区县域中分别列第27、第5、第27、第20、第29和第8位。在各项竞争力中，凌云县的发展竞争力和基础竞争力具有一定的优势。其中，地区生产总值增长速度达到7.89%，列全区县域第20位；工业增加值增长速度达到8.30%，列全区县域第22位；社会消费品零售总额增长速度达到35.24%，列全区县域第3位；单位面积公路里程达到0.523公里/平方公里，列全区县域第25位；每万人技术人员数达到115人，列全区县域第23位；每万人口中中学生数达到610人，列全区县域第6位。

表4－69　凌云县县域竞争力评价结果及排序

序号	竞争力名称	评价指数	全区排序		桂西资源富集区排序	
			2011年	2013年	2011年	2013年
1	规模竞争力	2.79	86	87	26	27
2	发展竞争力	58.01	83	16	24	5
3	质量竞争力	7.43	88	87	28	27
4	工业竞争力	16.02	89	74	29	20
5	民生竞争力	9.31	89	89	29	29
6	基础竞争力	39.55	2	16	6	8
7	综合竞争力	18.64	85	76	25	17

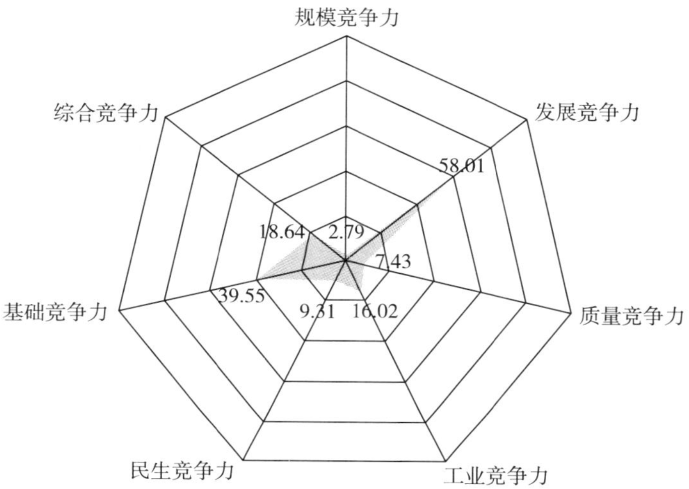

图 4-86 凌云县县域竞争力评价结果解析

从综合竞争力来看，凌云县在广西县域中处于下游水平，影响其综合竞争力水平的因素众多，主要是规模竞争力、质量竞争力、工业竞争力和民生竞争力。其中，社会消费品零售总额在全区县域中列第 89 位，公共财政收入列第 87 位，人均地区生产总值列第 82 位，单位面积粮食产量列第 80 位，工业增加值列第 78 位，规模以上工业总产值列第 77 位，人均社会消费品零售额列第 89 位，农村居民人均纯收入列第 87 位。

凌云县应加快发展生态农林经济、工业循环经济和生态旅游经济，着力推进交通、水利、城镇旅游、工业用电等项目建设，继续培育种桑养蚕和缫丝深加工产业链，加快茶产业发展壮大；着力推进生物质气化发电等新兴产业，重点扶持 34 个贫困村产业发展，加快打造成为全国有机茶生产示范基地、广西优秀旅游名县。

（9）乐业县

乐业县位于广西西北部，地处云贵东南麓，被誉为“世界天坑之都”，下辖 4 个镇、4 个乡，总人口为 17.27 万人。2013 年，乐业县县域综合竞争力评价指数为 16.75，在全区县域中排第 82 位，在桂西资源富集区县域中排第22位（见表4-70）。其中规模竞争力、发展竞争力、质量竞争力、工业竞争力、民生竞争力和基础竞争力的评价指数分别为1.90、39.06、17.18、7.91、9.85和43.14（见图4-87），在全区县域中分别列第88、第70、第71、第89、第88和第7位，在桂西资源富集区县域中分别列第28、第18、第15、第29、第28和第5位。在各项竞争力中，乐业县的基础竞争力具有相对明显的优势。其中，每万人技术人员数达到147人，列全区县域第3位；每万人口中中学生数达到612人，列全区县域第5位。

表4-70　乐业县县域竞争力评价结果及排序

序号	竞争力名称	评价指数	全区排序		桂西资源富集区排序	
			2011年	2013年	2011年	2013年
1	规模竞争力	1.90	87	88	27	28
2	发展竞争力	39.06	87	70	27	18
3	质量竞争力	17.18	82	71	23	15
4	工业竞争力	7.91	56	89	15	29
5	民生竞争力	9.85	90	88	30	28
6	基础竞争力	43.14	7	7	6	5
7	综合竞争力	16.75	84	82	24	22

从综合竞争力来看，乐业县在广西县域中处于落后水平，影响其综合竞争力水平的因素众多，主要是规模竞争力、工业竞争力和民生竞争力。其中，地区生产总值在全区县域中列第90位，公共财政收入列第85位，工业增加值列第89位，规模以上工业总产值列最后一位，农村居民人均纯收入列第89位，城乡居民收入统筹系数列第89位。

乐业县要深入推进扶贫开发、产业、交通、城镇化“四个优先发展”，要坚持提质创优，加快现代农业增效发展，积极创建自治区级现代特色农业示范园，依托“全国有机农业示范基地县”，积极扶持企业创建品牌，尽早

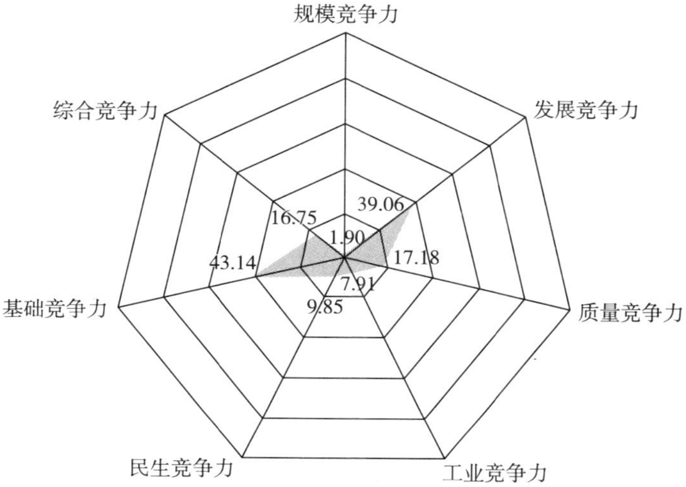

图 4－87　乐业县县域竞争力评价结果解析

申报乐业县红心猕猴桃国家地理标志保护产品，提升特色竞争力。坚持基础提升，激发旅游业新活力，尤其是要加强旅游发展的品牌营销，创建特色旅游名县，加快推进大石围景区创 5A 工作。

（10）田林县

田林县位于广西西北部，下辖 4 个镇、6 个乡、4 个民族乡，总人口为 25.78 万人。2013 年，田林县县域综合竞争力评价指数为 16.00，在全区县域中排第 84 位，在桂西资源富集区县域中排第 24 位（见表 4－71）。其中规模竞争力、发展竞争力、质量竞争力、工业竞争力、民生竞争力和基础竞争力的评价指数分别为 5.06、41.38、7.83、11.11、15.86 和 29.16（见图 4－88），在全区县域中分别列第 80、第 65、第 86、第 82、第 77 和第 55 位，在桂西资源富集区县域中分别列第 22、第 17、第 26、第 23、第 17 和第 19 位。在各项竞争力中，田林县的基础竞争力具有相对优势。其中，每万人技术人员数达到 109 人，列全区县域第 29 位；每万人口中中学生数达到 460 人，列全区县域第 32 位。

表 4－71　田林县县域竞争力评价结果及排序

序号	竞争力名称	评价指数	全区排序		桂西资源富集区排序	
			2011 年	2013 年	2011 年	2013 年
1	规模竞争力	5.06	81	80	24	22
2	发展竞争力	41.38	90	65	30	17
3	质量竞争力	7.83	79	86	21	26
4	工业竞争力	11.11	51	82	12	23
5	民生竞争力	15.86	83	77	23	17
6	基础竞争力	29.16	18	55	9	19
7	综合竞争力	16.00	83	84	23	24

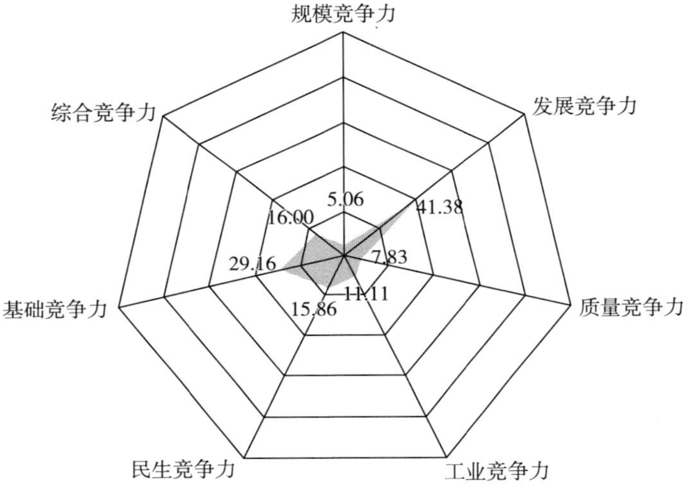

图 4－88　田林县县域竞争力评价结果解析

从综合竞争力来看，田林县在广西县域中处于下游水平，影响其综合竞争力水平的因素众多，主要是规模竞争力、质量竞争力、工业竞争力和民生竞争力。其中，地区生产总值在全区县域中列第 82 位，社会消费品零售总额列第 83 位，公共财政收入列第 81 位，全社会固定资产投资列第 81 位，人均工业增加值列第 77 位，单位面积地区生产总值列最后一位，工业增加值列为第 83 位，规模以上工业总产值列第 81 位，每万人医院、卫生院技术人员数列第 76 位。

田林县应按照“一会战、一支持、一配合、一争取、一连通、一规划、一拓展”的要求，开展“通村水泥路建设”大会战、“乡通乡、村通村”路网，通过实施交通项目，加快构建省际、县际、乡村畅通的大交通网络。着力做好木材加工产业和小型水电产业两大产业整合，大力发展林业及林下经济“六大基地”。采取“基地 + 公司 + 大户 + 农户散种”造林模式，力争用 3 ~5 年时间，打造八渡笋、芒果、桃果（田林寿桃）、优质油茶、珍贵树种、用材林“六大基地”。

（11）西林县

西林县位于广西最西端，地处桂、滇、黔三省（区）结合部，下辖 3 个镇、2 个乡、3 个民族乡，总人口为 15. 55 万人。2013 年，西林县县域综合竞争力评价指数为 18. 14，在全区县域中排第 79 位，在桂西资源富集区县域中排第 20 位（见表 4 –72）。其中规模竞争力、发展竞争力、质量竞争力、工业竞争力、民生竞争力和基础竞争力的评价指数分别为 1. 52、48. 61 、16. 67 、8. 29 、15. 29 和 35. 92（见图 4 –89），在全区县域中分别列第 89 、第 45 、第 74 、第 88 、第 79 和第 29 位，在桂西资源富集区县域中分别列第 29 、第 14 、第 17 、第 28 、第 19 和第 10 位。在各项竞争力中，西林县处于劣势，排位比较靠后，基础竞争力具有一定的比较优势。其中，每万人技术人员数达到 129 人，列全区县域第 15 位；每万人口中中学生数达到 541 人，列全区县域第 15 位。

表 4 –72 西林县县域竞争力评价结果及排序

序号	竞争力名称	评价指数	全区排序		桂西资源富集区排序	
			2011 年	2013 年	2011 年	2013 年
1	规模竞争力	1. 52	90	89	30	29
2	发展竞争力	48. 61	85	45	25	14
3	质量竞争力	16. 67	83	74	24	17
4	工业竞争力	8. 29	85	88	28	28
5	民生竞争力	15. 29	81	79	21	19
6	基础竞争力	35. 92	75	29	23	10
7	综合竞争力	18. 14	89	79	29	20

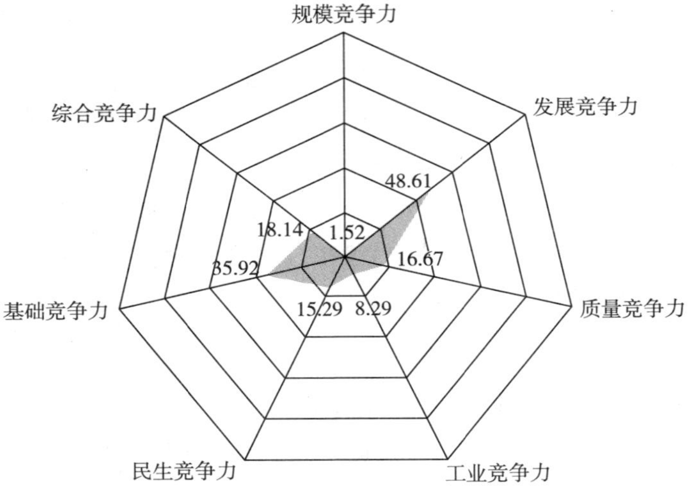

图 4-89　西林县县域竞争力评价结果解析

从综合竞争力来看，西林县在广西县域中处于落后水平，影响其综合竞争力水平的因素众多，主要是规模竞争力和工业竞争力。其中，地区生产总值在全区县域中列第 88 位，社会消费品零售总额列第 90 位，公共财政收入列第 88 位，工业增加值列第 90 位，人均规模以上工业总产值列第 88 位，规模以上工业总产值列第 89 位。

西林县应以生态经济为抓手，积极打造产业升级版，着力加快打造“全国野外休闲垂钓基地”，加快发展特色养殖；打造农产品名特优品牌，树立“西林砂糖橘”“西林麻鸭”国家地理标志品牌形象，制定西林姜晶、西林火姜地方标准；依托资源优势加快推进生态工业发展；进一步夯实民俗文化旅游业基础，加快以旅游业为主导的特色现代服务业发展。

（12）隆林各族自治县

隆林各族自治县位于广西西北部，处在滇、黔、桂三省（区）交界地带，素有“土特产仓库”和“天然药材库”之称，下辖 5 个镇、11 个乡，总人口为 42.33 万人。2013 年，隆林各族自治县县域综合竞争力评价指数为 18.57，在全区县域中排第 77 位，在桂西资源富集区县域中排第 18 位（见表 4-73）。其中规模竞争力、发展竞争力、质量竞争力、工业竞争力、民生竞争力和基础竞争力的评价指数分别为9.65、45.56、6.64、21.52、11.43和30.51（见图4－90），在全区县域中分别列第74、第51、第88、第57、第83和第50位，在桂西资源富集区县域中分别列第18、第16、第28、第14、第23和第16位。在各项竞争力中，隆林各族自治县均处于劣势，排位均比较靠后，基础竞争力具有一定的比较优势。其中，单位面积公路里程达到0.504公里/平方公里，列全区县域第31位；每万人口中中学生数达到497人，列全区县域第25位。

表4－73 隆林各族自治县县域竞争力评价结果及排序

序号	竞争力名称	评价指数	全区排序		桂西资源富集区排序	
			2011年	2013年	2011年	2013年
1	规模竞争力	9.65	75	74	20	18
2	发展竞争力	45.56	88	51	28	16
3	质量竞争力	6.64	77	88	19	28
4	工业竞争力	21.52	84	57	27	14
5	民生竞争力	11.43	87	83	27	23
6	基础竞争力	30.51	50	50	17	16
7	综合竞争力	18.57	88	77	28	18

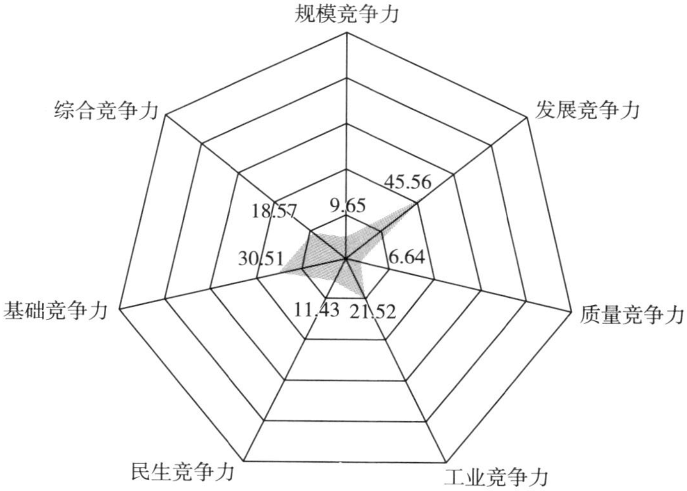

图4－90 隆林各族自治县县域竞争力评价结果解析

从综合竞争力来看，隆林各族自治县在广西县域中处于下游水平，影响其综合竞争力水平的因素众多，主要是质量竞争力和民生竞争力。其中，单位面积地区生产总值在全区县域中列第 79 位，单位电力消耗地区生产总值列第 89 位，人均社会消费品零售额和农村居民人均纯收入均列第 84 位，城乡居民收入统筹系数列最后一位。

隆林各族自治县应进一步加快县域基础设施建设，着力解决行路难、饮水难、用电难等问题，抓好农业结构调整，着力发展烤烟、种桑养蚕、西贡蕉、茶叶、田七黑等特色种养殖业，积极做好精准扶贫工作。加大工业园区建设力度，完善轻工业集中区基础设施建设，抓紧推进登高工业园区建设，培育新特产业，从气候条件、资源条件出发，选择发展适宜性产业。

（二）河池市

河池市参与县域竞争力评价的有金城江区、南丹县、天峨县、凤山县、东兰县、罗城仫佬族自治县、环江毛南族自治县、巴马瑶族自治县、都安瑶族自治县、大化瑶族自治县和宜州市。2013 年，上述县域行政总面积为 33476. 21 平方公里，年末总人口为 413. 73 万人，实现地区生产总值 497. 93 亿元，工业增加值达到 190. 12 亿元，公共财政收入达到 22. 84 亿元，全社会固定资产投资达到 296. 88 亿元，社会消费品零售总额达到 198. 97 亿元，分别占全区县域的 16. 68%、8. 52%、5. 66%、5. 73%、5. 19%、3. 88% 和 6. 94%（见图 4 -91）。2013 年，河池市县域人均地区生产总值达到 12035 元。

（1）金城江区

金城江区位于广西西北部，下辖 7 个镇、4 个乡、1 个街道，总人口为 33. 52 万人。2013 年，金城江区县域综合竞争力评价指数为 32. 11，在全区县域中排第 44 位，在桂西资源富集区县域中排第 11 位（见表 4 -74）。其中规模竞争力、发展竞争力、质量竞争力、工业竞争力、民生竞争力和基础竞争力的评价指数分别为 18. 24、25. 08、22. 17、31. 32、53. 77 和 65. 87（见图 4 -92），在全区县域中分别列第 53、第 86、第 64、第 32、第 6 和第

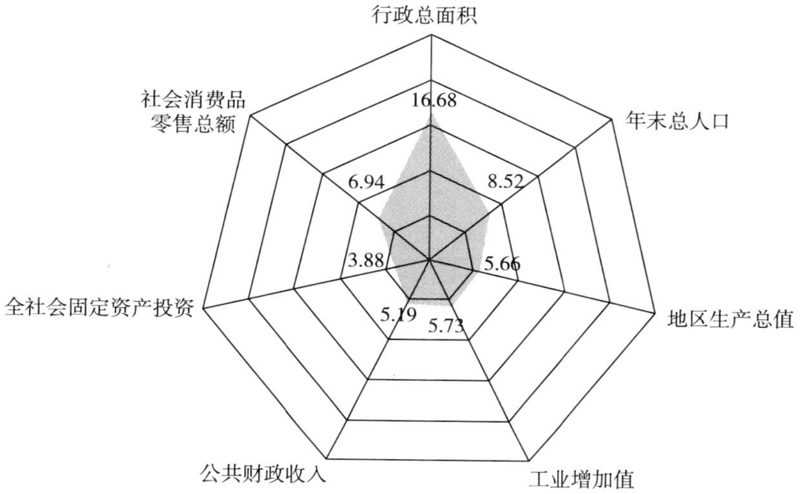

图 4-91　河池市县域经济社会指标占全区县域比重

2 位，在桂西资源富集区县域中分别列第 13、第 26、第 14、第 10、第 2 和第 1 位。在各项竞争力中，金城江区的基础竞争力具有明显的高位优势。其中，每万人公共交通拥有量达到 25.61 辆，列全区县域第 2 位；每万人移动电话用户数达到 12293 户，列全区县域第 2 位；每万人互联网用户数达到 3881 户，列全区县域第 1 位；每万人口中中学生数达到 620 人，列全区县域第 4 位。

表 4-74　金城江区县域竞争力评价结果及排序

序号	竞争力名称	评价指数	全区排序		桂西资源富集区排序	
			2011 年	2013 年	2011 年	2013 年
1	规模竞争力	18.24	37	53	8	13
2	发展竞争力	25.08	78	86	21	26
3	质量竞争力	22.17	22	64	7	14
4	工业竞争力	31.32	60	32	16	10
5	民生竞争力	53.77	6	6	2	2
6	基础竞争力	65.87	1	2	1	1
7	综合竞争力	32.11	27	44	6	11

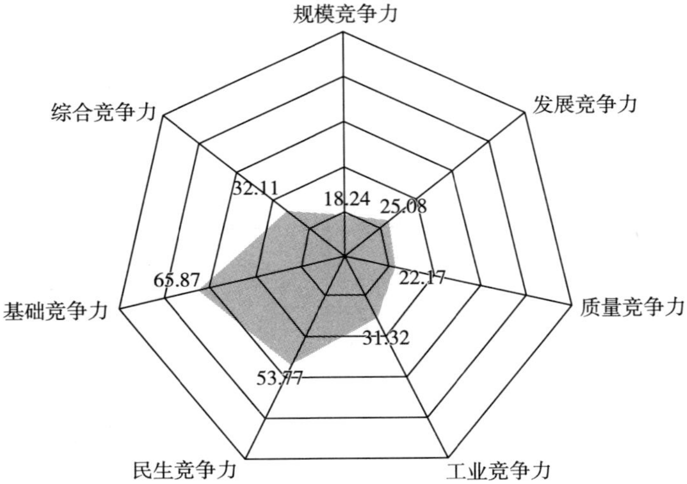

图 4－92　金城江区县域竞争力评价结果解析

从综合竞争力来看，金城江区在广西县域中处于中游偏下水平，影响其综合竞争力水平的主要是发展竞争力和质量竞争力。其中，地区生产总值增长速度在全区县域中列第 87 位，工业增加值增长速度列第 78 位，单位面积粮食产量列第 64 位，单位电力消耗地区生产总值列第 83 位。

金城江区应以“稳进突围、提质发展、创先争优”为基调，以提高经济发展质量和效益为中心，以深入开展“五大工程提升年”活动为抓手，以深化“两园两城”（工业园和农民创业园、教育之城和养生之城）建设为主题，强力打好“产业转型升级、项目投资增长、扶贫开发建设、民生福祉提升、美丽金城创建、政治生态优化”攻坚战。

（2）南丹县

南丹县位于广西西北部，下辖 7 个镇、4 个乡，总人口为 30. 83 万人。2013 年，南丹县县域综合竞争力评价指数为 28. 07，在全区县域中排第 57 位，在桂西资源富集区县域中排第 13 位（见表 4－75）。其中规模竞争力、发展竞争力、质量竞争力、工业竞争力、民生竞争力和基础竞争力的评价指数分别为18.28、32.88、23.60、34.70、30.06和41.37（见图4－93），在全区县域中分别列第52、第80、第59、第21、第52和第11位，在桂西资源富集区县域中分别列第12、第21、第13、第5、第9和第6位。在各项竞争力中，南丹县的基础竞争力具有相对明显的优势。其中，每万人技术人员数达到129人，列全区县域第14位；每万人移动电话用户数达到7580户，列全区县域第13位；每万人互联网用户数达到1546户，列全区县域第7位。

表4－75 南丹县县域竞争力评价结果及排序

序号	竞争力名称	评价指数	全区排序		桂西资源富集区排序	
			2011年	2013年	2011年	2013年
1	规模竞争力	18.28	38	52	9	12
2	发展竞争力	32.88	62	80	15	21
3	质量竞争力	23.60	14	59	6	13
4	工业竞争力	34.70	28	21	10	5
5	民生竞争力	30.06	37	52	7	9
6	基础竞争力	41.37	42	11	13	6
7	综合竞争力	28.07	37	57	10	13

从综合竞争力来看，南丹县在广西县域中处于中游偏下水平，影响其综合竞争力水平的主要是发展竞争力。其中，地区生产总值增长速度在全区县域中列第83位，社会消费品零售总额增长速度列第52位，公共财政收入增长速度列第53位，全社会固定资产投资增长速度列第84位。

南丹县应紧紧围绕“幸福美丽新南丹”建设目标，持续打造“四县一基地”，推进“三县”建设，坚定不移地打造“国家新型生态有色金属产业基地、有色金属循环经济示范县、中国白酒强县、现代特色农业示范县、民族文化生态旅游名县”，强力推动“和谐稳定模范县、生态文明示范县、民族团结进步县”建设，主动适应发展新常态，加快工业园区产城互动建设，努力在重点领域和关键环节实现新突破，确保经济持续健康较

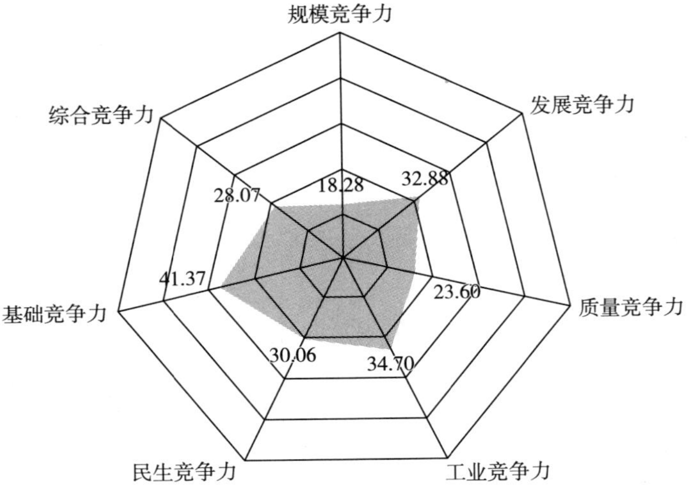

图 4－93　南丹县县域竞争力评价结果解析

快增长。

（3）天峨县

天峨县位于广西西北部、红水河上游，荣获“中国山鸡之乡”“中国油桐之乡”等称号，下辖 2 个镇、6 个乡、1 个民族乡，总人口为 17.07 万人。2013 年，天峨县县域综合竞争力评价指数为 22.54，在全区县域中排第 69 位，在桂西资源富集区县域中排第 16 位（见表 4－76）。其中规模竞争力、发展竞争力、质量竞争力、工业竞争力、民生竞争力和基础竞争力的评价指数分别为 3.61、15.21、35.39、31.04、20.64 和 45.30（见图 4－94），在全区县域中分别列第 83、第 89、第 29、第 33、第 70 和第 5 位，在桂西资源富集区县域中分别列第 24、第 29、第 7、第 11、第 14 和第 4 位。在各项竞争力中，天峨县的基础竞争力具有明显的高位优势。其中，每万人技术人员数达到 143 人，列全区县域第 5 位；每万人互联网用户数达到 1070 户，列全区县域第 12 位；每万人口中中学生数达到 583 人，列全区县域第 11 位。

表 4-76 天峨县县域竞争力评价结果及排序

序号	竞争力名称	评价指数	全区排序		桂西资源富集区排序	
			2011 年	2013 年	2011 年	2013 年
1	规模竞争力	3.61	78	83	22	24
2	发展竞争力	15.21	89	89	29	29
3	质量竞争力	35.39	2	29	1	7
4	工业竞争力	31.04	12	33	3	11
5	民生竞争力	20.64	62	70	13	14
6	基础竞争力	45.30	47	5	15	4
7	综合竞争力	22.54	56	69	14	16

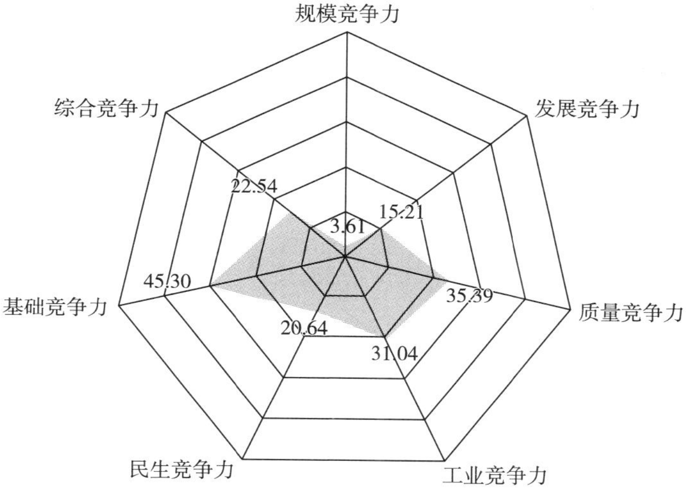

图 4-94 天峨县县域竞争力评价结果解析

从综合竞争力来看，天峨县在广西县域中处于下游水平，影响其综合竞争力水平的主要是规模竞争力和发展竞争力。其中，农林牧渔业产值在全区县域中列第 83 位，社会消费品零售总额列第 79 位，地区生产总值增长速度、公共财政收入增长速度、全社会固定资产投资增长速度均列最后一位。

天峨县应坚持按照创建“一城、两县、三乡、四基地”（“一城”，即创建国家生态园林城；“两县”，即创建国家级生态文明示范县、广西优秀旅游县；“三乡”，即提升中国山鸡之乡、中国油桐之乡、中国金花茶之乡品牌；“四基地”，即做大无公害水果生产示范基地、库区生态淡水养殖基地、珍稀植物种植基地、电力能源产业基地规模）的发展思路，加快推进生态养生旅游、生态特色农业、生态美丽乡村、生态开发扶贫建设，强化地方生态工业、传统民俗文化、商贸非公经济、社会民生保障、社会治理创新等工作，加快建设美丽幸福天峨。

（4）凤山县

凤山县地处广西西北部，位于云贵高原南麓，下辖1个镇、7个乡、3个民族乡，总人口为21.27万人。2013年，凤山县县域综合竞争力评价指数为15.17，在全区县域中排第87位，在桂西资源富集区县域中排第27位（见表4-77）。其中规模竞争力、发展竞争力、质量竞争力、工业竞争力、民生竞争力和基础竞争力的评价指数分别为1.30、27.65、15.58、12.92、11.16和39.67（见图4-95），在全区县域中分别列第90、第83、第76、第80、第84和第15位，在桂西资源富集区县域中分别列第30、第23、第19、第22、第24和第7位。在各项竞争力中，凤山县处于劣势，各项指标排位较靠后，但基础竞争力相对较好。其中，每万人技术人员数达到139人，列全区县域第10位；每万人口中中学生数达到499人，列全区县域第24位。

表4-77　凤山县县域竞争力评价结果及排序

序号	竞争力名称	评价指数	全区排序		桂西资源富集区排序	
			2011年	2013年	2011年	2013年
1	规模竞争力	1.30	88	90	28	30
2	发展竞争力	27.65	52	83	13	23
3	质量竞争力	15.58	85	76	25	19
4	工业竞争力	12.92	81	80	26	22
5	民生竞争力	11.16	79	84	19	24
6	基础竞争力	39.67	45	15	14	7
7	综合竞争力	15.17	82	87	22	27

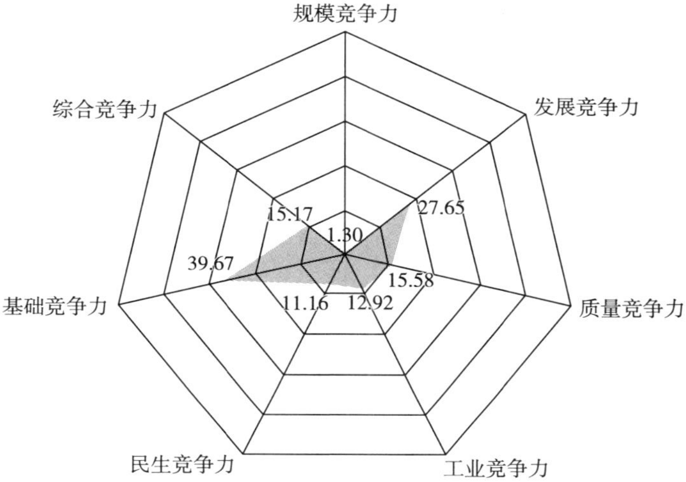

图 4-95 凤山县县域竞争力评价结果解析

从综合竞争力来看，凤山县在广西县域中处于比较落后的水平，影响其综合竞争力水平的因素众多。其中，公共财政收入、全社会固定资产投资在全区县域中均列最后一位，地区生产总值增长速度列第 87 位，人均地区生产总值列第 86 位，工业增加值列第 86 位，农村居民人均纯收入列第 86 位。

凤山县应以实施交通水利等重点项目建设为抓手，重点全面推动凤山至天峨、凤山至凌云二级路和河池至百色高速公路凤山连接线建设，争取开工建设凤山至乐业的二级公路项目和凤山至巴马的一级公路项目。以创建国家生态农业公园为抓手，着力推进新农村建设，以“大公园、泛旅游、大产业”为目标，建设全国第一个县域生态农业公园、广西第一个 5A 级景区标准的生态农业旅游区、国家级生态农业标准化示范区，打造现代特色生态农业品牌。以创建特色旅游名县为抓手，着力推进旅游产业大发展，以创建广西特色旅游名县为抓手，全面推进凤山国际长寿养生旅游开发项目。

（5）东兰县

东兰县地处桂西北、云贵高原南缘、红水河中游，下辖 5 个镇、8 个乡、1 个民族乡，总人口为 30.45 万人。2013 年，东兰县县域综合竞争力评价指数为12.53，在全区县域中排第90位，在桂西资源富集区县域中排第30位（见表4－78）。其中规模竞争力、发展竞争力、质量竞争力、工业竞争力、民生竞争力和基础竞争力的评价指数分别为2.89、26.27、10.65、6.54、10.31和32.16（见图4－96），在全区县域中分别列第85、第84、第85、第90、第86和第43位，在桂西资源富集区县域中分别列第25、第24、第25、第30、第26和第14位。在各项竞争力中，东兰县均处于劣势，各项指标排位均靠后，但基础竞争力中有个别指标水平较高。其中，单位面积公路里程达到0.517公里/平方公里，列全区县域第27位；每万人口中中学生数达到441人，列全区县域第35位。

表4－78　东兰县县域竞争力评价结果及排序

序号	竞争力名称	评价指数	全区排序		桂西资源富集区排序	
			2011年	2013年	2011年	2013年
1	规模竞争力	2.89	84	85	25	25
2	发展竞争力	26.27	80	84	22	24
3	质量竞争力	10.65	87	85	27	25
4	工业竞争力	6.54	80	90	25	30
5	民生竞争力	10.31	84	86	24	26
6	基础竞争力	32.16	53	43	18	14
7	综合竞争力	12.53	87	90	27	30

从综合竞争力来看，东兰县在广西县域中处于落后水平，影响其综合竞争力水平的因素众多。其中，地区生产总值和农林牧渔业产值在全区县域中均列第86位，公共财政收入列第89位，工业增加值增长速度列第85位，全社会固定资产投资增长速度列第86位，人均地区生产总值列第89位，人均公共财政收入列最后一位，工业增加值和规模以上工业总产值均列第87位，城镇居民人均可支配收入列第89位，农村居民人均纯收入列第87位。

东兰县应紧紧围绕“建设幸福和谐新东兰”的目标，坚持以提高经济发展质量和效益为中心，积极融入左右江革命老区振兴规划，坚持稳进突围、提质发展“一个基调”，推动生态文明建设、巴马长寿养生国际旅游区

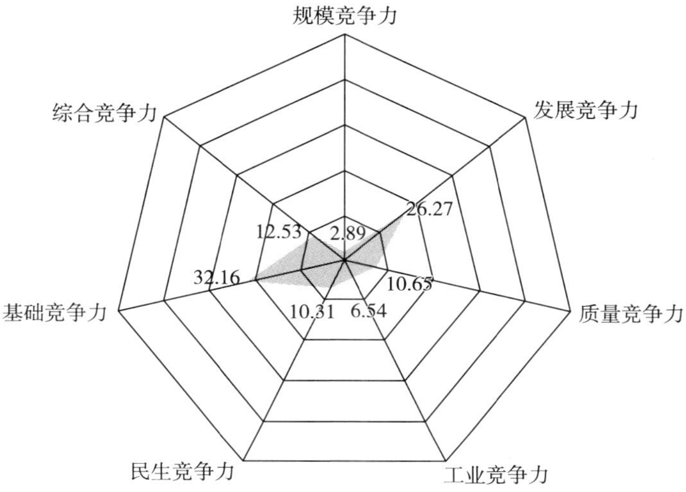

图 4－96　东兰县县域竞争力评价结果解析

起步建设、特色产业发展、重大项目建设、城乡规划建设实现新突破，推进全县经济社会各项事业提质提速发展。

（6）罗城仫佬族自治县

罗城仫佬族自治县位于广西北部，是广西重要的粮食、畜牧、糖蔗、烤烟、油茶、林果基地之一，下辖 7 个镇、4 个乡，总人口为 37.44 万人。2013 年，罗城仫佬族自治县县域综合竞争力评价指数为 14.46，在全区县域中排第 88 位，在桂西资源富集区县域中排第 28 位（见表 4－79）。其中规模竞争力、发展竞争力、质量竞争力、工业竞争力、民生竞争力和基础竞争力的评价指数分别为 7.79、25.52、13.71、10.17、12.20 和 25.86（见图 4－97），在全区县域中分别列第 78、第 85、第 80、第 84、第 81 和第 71 位，在桂西资源富集区县域中分别列第 21、第 25、第 21、第 25、第 21 和第 23 位。在各项竞争力中，罗城仫佬族自治县均处于劣势，各项指标排位均靠后，但有个别指标具有相对优势。其中，每万人公共交通拥有量达到 6.25 辆，列全区县域第 13 位；每万人互联网用户数达到 777 户，列全区县域第 30 位。

表 4-79　罗城仫佬族自治县县域竞争力评价结果及排序

序号	竞争力名称	评价指数	全区排序		桂西资源富集区排序	
			2011 年	2013 年	2011 年	2013 年
1	规模竞争力	7.79	76	78	21	21
2	发展竞争力	25.52	43	85	11	25
3	质量竞争力	13.71	75	80	18	21
4	工业竞争力	10.17	79	84	24	25
5	民生竞争力	12.20	82	81	22	21
6	基础竞争力	25.86	79	71	25	23
7	综合竞争力	14.46	77	88	18	28

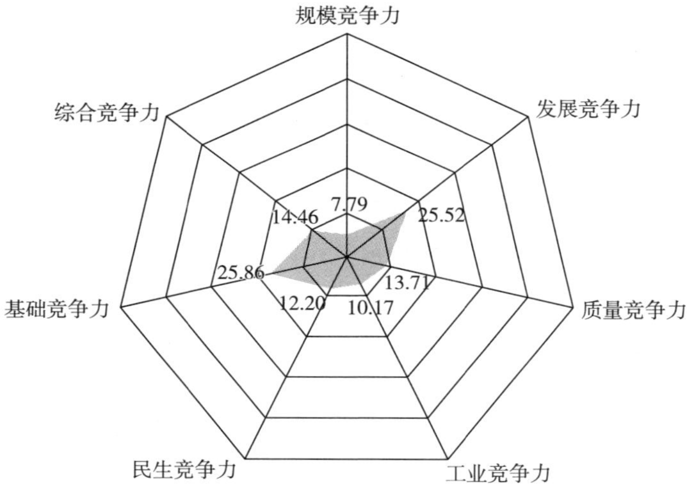

图 4-97　罗城仫佬族自治县县域竞争力评价结果解析

从综合竞争力来看，罗城仫佬族自治县在广西县域中处于落后水平，影响其综合竞争力水平的因素众多。其中，地区生产总值在全区县域中列第75 位，全社会固定资产投资列第 85 位，全社会固定资产投资增长速度列第88 位，人均公共财政收入列第 87 位，人均地区生产总值列第 79 位，人均规模以上工业总产值列第 87 位，规模以上企业平均规模列第 82 位，城镇居民人均可支配收入列最后一位，农村居民人均纯收入列第 83 位，单位面积公路里程列第 86 位，每万人口中中学生数列第 60 位。

罗城仫佬族自治县应坚持稳中求进、稳中快进的总基调，坚持以提高经济发展质量和效益为中心，主动适应经济发展新常态，突出稳增长、推项目、调结构、攻扶贫、抓生态、惠民生“六项重点”，积极壮大桑蚕、高淀粉红薯、烟叶、茶叶等特色产业，推进工业转型升级，大力发展第三产业，提升服务业发展水平。

（7）环江毛南族自治县

环江毛南族自治县位于广西西北部，地处桂西北云贵高原东南麓，下辖6个镇、5个乡、1个民族乡，总人口为36.86万人。2013年，环江毛南族自治县县域综合竞争力评价指数为16.15，在全区县域中排第83位，在桂西资源富集区县域中排第23位（见表4－80）。其中规模竞争力、发展竞争力、质量竞争力、工业竞争力、民生竞争力和基础竞争力的评价指数分别为8.07、20.32、12.91、16.87、18.91和31.30（见图4－98），在全区县域中分别列第77、第88、第83、第70、第73和第46位，在桂西资源富集区县域中分别列第20、第28、第23、第18、第16和第15位。在各项竞争力中，环江毛南族自治县均处于劣势，基础竞争力具有相对优势。其中，每万人技术人员数达到133人，列全区县域第11位；每万人互联网用户数达到884户，列全区县域第18位。

表4－80　环江毛南族自治县县域竞争力评价结果及排序

序号	竞争力名称	评价指数	全区排序		桂西资源富集区排序	
			2011年	2013年	2011年	2013年
1	规模竞争力	8.07	73	77	19	20
2	发展竞争力	20.32	45	88	12	28
3	质量竞争力	12.91	74	83	17	23
4	工业竞争力	16.87	75	70	22	18
5	民生竞争力	18.91	71	73	16	16
6	基础竞争力	31.30	87	46	29	15
7	综合竞争力	16.15	75	83	17	23

从综合竞争力来看，环江毛南族自治县在广西县域中处于落后水平，影响其综合竞争力水平的因素众多。其中，全社会固定资产投资在全区县域中列第84位，地区生产总值增长速度列第85位，工业增加值增长速度列第87位，人

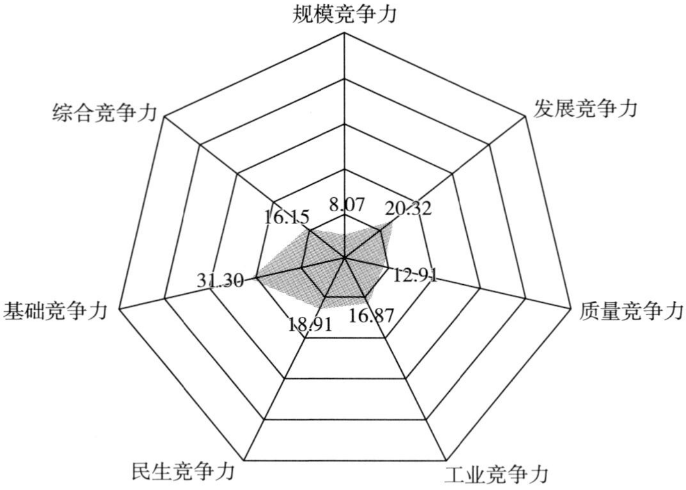

图 4－98　环江毛南族自治县县域竞争力评价结果解析

均地区生产总值列第 73 位，人均公共财政收入列第 84 位，工业增加值列第 80 位，人均规模以上工业总产值列第 86 位，城镇居民人均可支配收入列第 81 位，每万人医院、卫生院技术人员数列第 87 位，单位面积公路里程列最后一位。

环江毛南族自治县应大力推进河池·环江工业园区基础设施和项目建设，推进园区生态化改造，努力打造国家级生物质新能源产业示范园、循环经济林产品加工示范园、高端茧丝绸产业园和自治区级生态食品产业园，狠抓有色金属产业的“采选冶”衔接，加快行业整合提质转型升级。做大做优茧丝绸产业，延长茧丝绸产业链，加快构建桑蚕—茧丝—丝绸—印染—服装一体化丝绸工业新体系。促进蔗糖产业可持续发展，培育壮大香猪产业，全面推动中草药产业，大力发展环江菜牛等特色产业。

（8）巴马瑶族自治县

巴马瑶族自治县位于广西西北部，被誉为“世界长寿之乡·中国人瑞圣地”，下辖 1 个镇、9 个乡，总人口为 27.62 万人。2013 年，巴马瑶族自治县县域综合竞争力评价指数为 12.68，在全区县域中排第 89 位，在桂西资源富集区县域中排第 29 位（见表 4－81）。其中规模竞争力、发展竞争力、质量竞争力、工业竞争力、民生竞争力和基础竞争力的评价指数分别为4.25、14.19、13.11、9.74、10.26和38.69（见图4－99），在全区县域中分别列第81、第90、第81、第87、第87和第17位，在桂西资源富集区县域中分别列第23、第30、第22、第27、第27和第9位。在各项竞争力中，巴马瑶族自治县的基础竞争力具有相对优势。其中，每万人技术人员数达到119人，列全区县域第19位；每万人移动电话用户数达到5438户，列全区县域第21位；每万人口中中学生数达到538人，列全区县域第16位。

表4－81 巴马瑶族自治县县域竞争力评价结果及排序

序号	竞争力名称	评价指数	全区排序		桂西资源富集区排序	
			2011年	2013年	2011年	2013年
1	规模竞争力	4.25	80	81	23	23
2	发展竞争力	14.19	61	90	14	30
3	质量竞争力	13.11	78	81	20	22
4	工业竞争力	9.74	67	87	18	27
5	民生竞争力	10.26	86	87	26	27
6	基础竞争力	38.69	67	17	21	9
7	综合竞争力	12.68	79	89	20	29

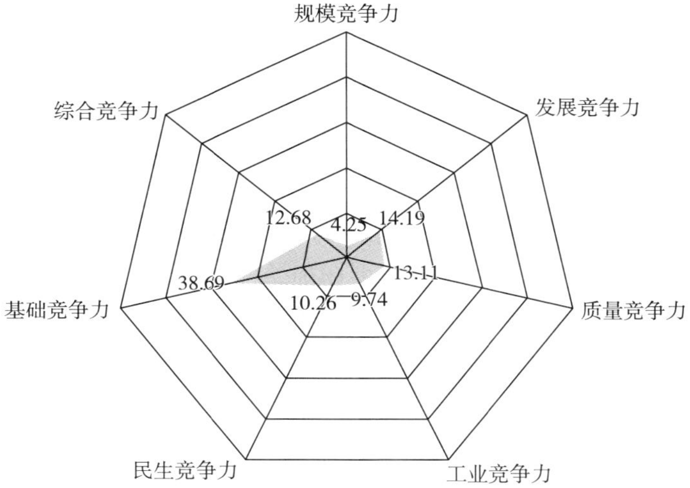

图4－99 巴马瑶族自治县县域竞争力评价结果解析

从综合竞争力来看，巴马瑶族自治县在广西县域中处于落后水平，影响其综合竞争力水平的因素众多。其中，地区生产总值在全区县域中列第83位，公共财政收入列第84位，地区生产总值增长速度列第88位，工业增加值增长速度列第90位，人均地区生产总值列第83位，人均公共财政收入列第79位，工业增加值列第81位，规模以上工业总产值列第80位，规模以上企业平均规模列第83位，城镇居民人均可支配收入列第84位，农村居民人均纯收入列第84位，每万人医院、卫生院技术人员数列第75位。

巴马瑶族自治县应根据自治区《关于巴马长寿养生国际旅游区基础设施建设大会战行动计划（2014～2016年）的批复》，全力加快相关基础设施建设，加强工业园区、商贸园区、物流园区的配套建设。以“工业跨越发展”为抓手，建成一批亿元企业，扶植一批规模企业，蓄积一批小微企业。加快推动食品加工、生物医药、农产品加工等项目建设，大力发展生态环保型企业，巩固长寿食品产业，大力发展饮用水产业，努力在生物医药、商贸物流产业、绿色农产品加工、食品饮料产业上实现新突破，坚决关闭高耗能、高污染企业，提升工业产业质效。加强旅游产业整合提升，持续着力提升巴马瑶族自治县优良的旅游品牌形象。

（9）都安瑶族自治县

都安瑶族自治县地处云贵高原向广西盆地过渡的斜坡上，是全国岩溶地貌（喀斯特地貌）发育最为典型的地区之一，下辖6个镇、13个乡，总人口为69.11万人。2013年，都安瑶族自治县县域综合竞争力评价指数为15.93，在全区县域中排第85位，在桂西资源富集区县域中排第25位（见表4－82）。其中规模竞争力、发展竞争力、质量竞争力、工业竞争力、民生竞争力和基础竞争力的评价指数分别为11.26、38.53、6.08、10.11、10.37和30.44（见图4－100），在全区县域中分别列第72、第72、第90、第85、第85和第51位，在桂西资源富集区县域中分别列第17、第19、第30、第26、第25和第17位。在各项竞争力中，都安瑶族自治县均处于劣势，各项指标排位均靠后，但有个别指标具有相对优势。其中，每万人口中中学生数达到519人，列全区县域第20位。

表 4－82 都安瑶族自治县县域竞争力评价结果及排序

序号	竞争力名称	评价指数	全区排序		桂西资源富集区排序	
			2011 年	2013 年	2011 年	2013 年
1	规模竞争力	11.26	67	72	15	17
2	发展竞争力	38.53	82	72	23	19
3	质量竞争力	6.08	90	90	30	30
4	工业竞争力	10.11	78	85	23	26
5	民生竞争力	10.37	85	85	25	25
6	基础竞争力	30.44	59	51	20	17
7	综合竞争力	15.93	86	85	26	25

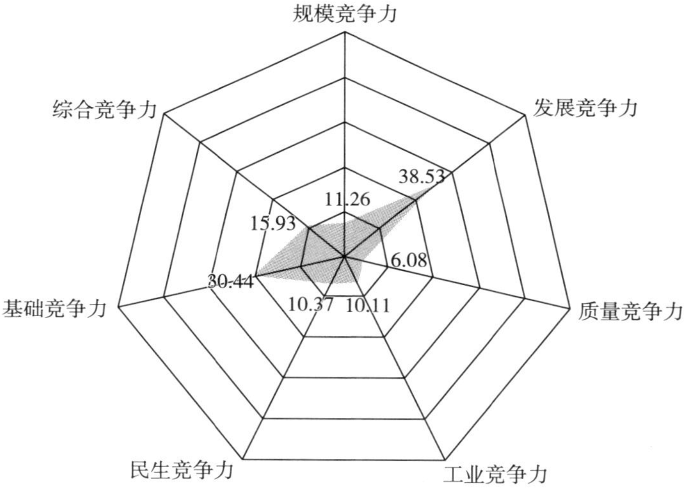

图 4－100 都安瑶族自治县县域竞争力评价结果解析

从综合竞争力来看，都安瑶族自治县在广西县域中处于落后水平，影响其综合竞争力水平的因素众多。其中，地区生产总值在全区县域中列第 80 位，全社会固定资产投资列第 74 位，社会消费品零售总额增长速度列第 81 位，公共财政收入增长速度列第 66 位，人均公共财政收入列第 89 位，单位面积粮食产量列第 65 位，工业增加值列第 83 位，城镇居民人均可支配收入列第 83 位，农村居民人均纯收入列第 82 位。

都安瑶族自治县应全面实施产业带动扶贫工程、生态移民扶贫工程、基础省级扶贫工程、科技人卫扶贫工程、金融扶持扶贫工程和整村整乡连片推进扶贫工程“六大扶贫工程”，进一步壮大农业、工业和旅游业，抓好劳务输出，积极改变经济落后面貌，努力加快脱贫致富步伐，着力加快小康社会建设步伐。

（10）大化瑶族自治县

大化瑶族自治县位于广西中部偏西北的红水河中游，下辖 3 个镇、13 个乡，总人口为 44.94 万人。2013 年，大化瑶族自治县县域综合竞争力评价指数为 15.65，在全区县域中排第 86 位，在桂西资源富集区县域中排第 26 位（见表 4－83）。其中规模竞争力、发展竞争力、质量竞争力、工业竞争力、民生竞争力和基础竞争力的评价指数分别为 8.17、24.04、11.53、17.32、11.85 和 33.22（见图 4－101），在全区县域中分别列第 76、第 87、第 84、第 69、第 82 和第 36 位，在桂西资源富集区县域中分别列第 19、第 27、第 24、第 17、第 22 和第 13 位。在各项竞争力中，大化瑶族自治县的基础竞争力具有相对优势。其中，每万人技术人员数达到 114 人，列全区县域第 25 位；每万人互联网用户数达到 764 户，列全区县域第 32 位；每万人口中中学生数达到 474 人，列全区县域第 29 位。

表 4－83　大化瑶族自治县县域竞争力评价结果及排序

序号	竞争力名称	评价指数	全区排序		桂西资源富集区排序	
			2011 年	2013 年	2011 年	2013 年
1	规模竞争力	8.17	69	76	16	19
2	发展竞争力	24.04	86	87	26	27
3	质量竞争力	11.53	86	84	26	24
4	工业竞争力	17.32	71	69	21	17
5	民生竞争力	11.85	80	82	20	22
6	基础竞争力	33.22	49	36	16	13
7	综合竞争力	15.65	81	86	21	26

从综合竞争力来看，大化瑶族自治县在广西县域中处于落后水平，影响其综合竞争力水平的因素众多。其中，农林牧渔业产值在全区县域中列第 80 位，全社会固定资产投资列第 82 位，地区生产总值增长速度列第 78 位，

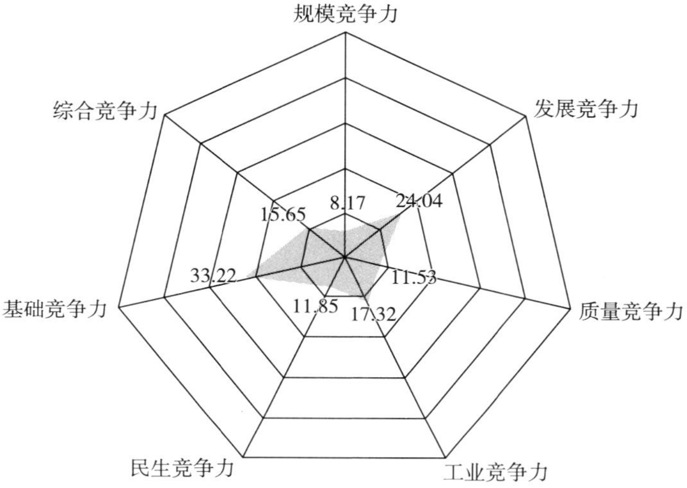

图 4－101 大化瑶族自治县县域竞争力评价结果解析

公共财政收入增长速度列第 89 位，人均地区生产总值列第 88 位，单位面积粮食产量列第 71 位，城镇居民人均可支配收入列第 86 位，工业增加值列第 71 位，规模以上工业总产值列第 79 位，规模以上企业平均规模列第 71 位，城镇居民人均可支配收入列第 86 位。

大化瑶族自治县应大力发展“三特三错”农业，重点抓好甘蔗、核桃、优质水果、生猪、山羊、大化大头鱼等特色农产品的基地化、集约化、标准化、信息化和品牌化建设。加快推进红水河百里画廊、岩滩湖光山色、七百弄国家地质公园旅游项目和大化红水河国际垂钓基地建设。全力推进项目建设，重点推进海泰环保材料有限公司石英板材加工、原石石材公司大理石板材加工等工业项目。

（11）宜州市

宜州市位于广西中部偏北，是著名壮族“歌仙”刘三姐的故乡，下辖 7 个镇、7 个乡、2 个民族乡，总人口为 64.62 万人。2013 年，宜州市县域综合竞争力评价指数为 25.61，在全区县域中排第 65 位，在桂西资源富集区县域中排第 14 位（见表 4－84）。其中规模竞争力、发展竞争力、质量竞争力、工业竞争力、民生竞争力和基础竞争力的评价指数分别为 26.38、31.10、16.20、15.32、35.39 和 35.07（见图 4－102），在全区县域中分别列第 36、第 82、第 75、第 77、第 29 和第 31 位，在桂西资源富集区县域中分别列第 6、第 22、第 18、第 21、第 5 和第 11 位。在各项竞争力中，宜州市的民生竞争力和基础竞争力具有明显优势。其中，每万人医院、卫生院床位数达到 40.73 张，列全区县域第 10 位；每万人医院、卫生院技术人员数达到 48.84 人，列全区县域第 10 位；每万人移动电话用户数达到 7031 户，列全区县域第 16 位；每万人互联网用户数达到 1391 户，列全区县域第 16 位。

表 4－84　宜州市县域竞争力评价结果及排序

序号	竞争力名称	评价指数	全区排序		桂西资源富集区排序	
			2011 年	2013 年	2011 年	2013 年
1	规模竞争力	26.38	32	36	6	6
2	发展竞争力	31.10	64	82	17	22
3	质量竞争力	16.20	70	75	16	18
4	工业竞争力	15.32	52	77	13	21
5	民生竞争力	35.39	21	29	4	5
6	基础竞争力	35.07	27	31	11	11
7	综合竞争力	25.61	49	65	12	14

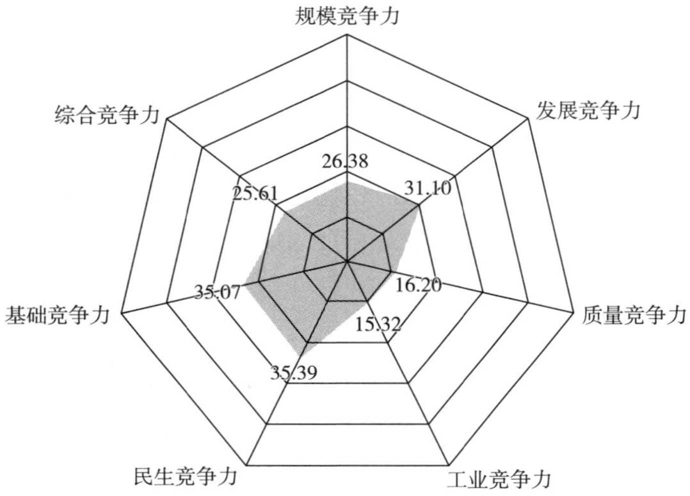

图 4－102　宜州市县域竞争力评价结果解析

从综合竞争力来看，宜州市在广西县域中处于中游偏下水平，影响其综合竞争力水平的主要是发展竞争力、质量竞争力和工业竞争力。其中，地区生产总值增长速度在全区县域中列第74位，社会消费品零售总额增长速度列第83位，人均地区生产总值列第64位，人均工业增加值列第73位，工业增加值列第65位，人均规模以上工业总产值列第77位。

宜州市应紧扣建设桂西北新型中等城市的发展定位，坚持稳中求进，提质发展“一个基调”，狠抓项目建设，夯实经济发展基础，推动产业转型升级，加快工业经济提质增量，发展特色优势产业，推进农业现代化进程，加快旅游业发展，提升现代服务业水平，加快城乡建设步伐，不断改善人居环境，加强生态文明建设，促进经济可持续发展，深化改革开放，激发社会发展新活力，坚持惠民利民，持续增进人民福祉，推动社会治理创新，确保社会和谐稳定，实现城乡建设、工业园区建设、特色旅游名市创建“三个新突破”。

（三）崇左市

崇左市参与县域竞争力评价的有江州区、扶绥县、宁明县、龙州县、大新县、天等县和凭祥市。2013年，上述县域行政总面积为17331.76平方公里，年末总人口为246.53万，实现地区生产总值557.68亿元，工业增加值达到208.33亿元，公共财政收入达到42.01亿元，全社会固定资产投资达到450.84亿元，社会消费品零售总额达到96.38亿元，分别占全区县域的7.60%、5.08%、6.34%、6.28%、9.55%、5.89%和3.36%（见图4－103）。2013年，崇左市县域人均地区生产总值达到22621元。

（1）江州区

江州区位于广西西南部，下辖6个镇、2个乡、3个街道，总人口为36.59万人。2013年，江州区县域综合竞争力评价指数为34.65，在全区县域中排第34位，在桂西资源富集区县域中排第6位（见表4－85）。其中规模竞争力、发展竞争力、质量竞争力、工业竞争力、民生竞争力和基础竞争力的评价指数分别为25.28、46.09、47.04、33.02、37.82和

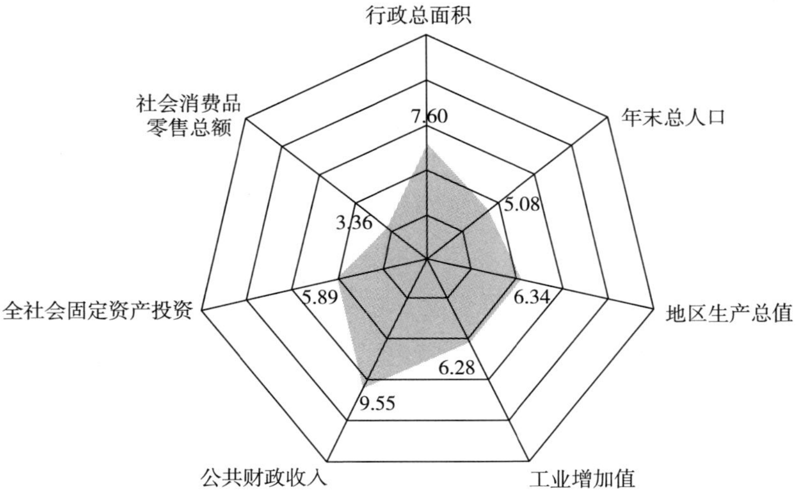

图 4－103　崇左市县域经济社会指标占全区县域比重

13.83（见图 4－104），在全区县域中分别列第 38、第 49、第 8、第 26、第 24 和第 89 位，在桂西资源富集区县域中分别列第 7、第 15、第 2、第 7、第 4 和第 30 位。在各项竞争力中，江州区的质量竞争力具有明显优势。其中，人均地区生产总值达到 35620 元，列全区县域第 8 位；人均公共财政收入达到 2496 元，列全区县域第 11 位；人均工业增加值达到 12960.78 元，列全区县域第 12 位。

表 4－85　江州区县域竞争力评价结果及排序

序号	竞争力名称	评价指数	全区排序		桂西资源富集区排序	
			2011 年	2013 年	2011 年	2013 年
1	规模竞争力	25.28	33	38	7	7
2	发展竞争力	46.09	9	49	3	15
3	质量竞争力	47.04	13	8	5	2
4	工业竞争力	33.02	9	26	2	7
5	民生竞争力	37.82	27	24	5	4
6	基础竞争力	13.83	90	89	30	30
7	综合竞争力	34.65	22	34	4	6

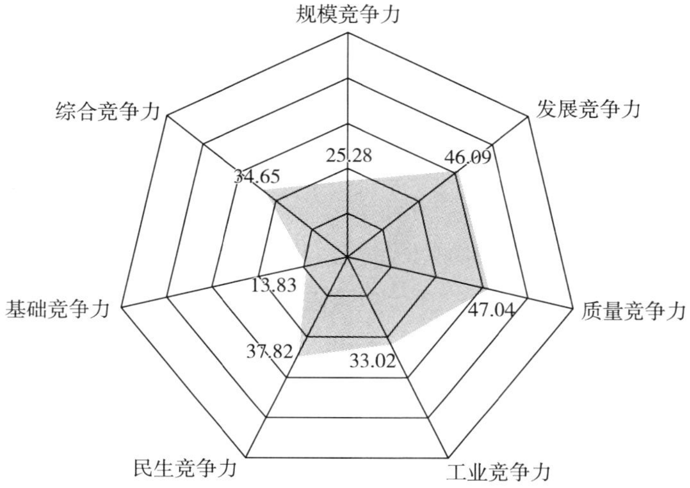

图 4－104 江州区县域竞争力评价结果解析

从综合竞争力来看，江州区在广西县域中处于中游水平，影响其综合竞争力水平的主要是基础竞争力。其中，单位面积公路里程在全区县域中列第 75 位，每万人移动电话用户数列第 75 位，每万人口中中学生数列第 88 位。

江州区应主动融入“双核驱动、三区统筹”新格局，用足、用好、用活政策，推进一批符合产业发展方向、切合江州区实际的重大产业项目，着力巩固发展特色支柱产业，培育发展新兴产业，着力打造特色产业园区，加快发展现代服务业，以《左右江革命老区振兴规划》为契机，加快江州革命老区改革开放开发步伐。充分发挥投资对经济增长和结构调整的关键性作用，着力提高消费拉动的基础性作用，努力提升对崇左县域经济发展的核心带动能力。

（2）扶绥县

扶绥县位于广西西南部，是“白头叶猴之乡”“上龙之乡”“甘蔗之乡”，下辖 8 个镇、3 个乡，总人口为 45. 76 万人。2013 年，扶绥县县域综合竞争力评价指数为 36. 34，在全区县域中排第 28 位，在桂西资源富集区县域中排第5位（见表4-86）。其中规模竞争力、发展竞争力、质量竞争力、工业竞争力、民生竞争力和基础竞争力的评价指数分别为35.26、50.86、40.37、31.73、32.92和21.21（见图4-105），在全区县域中分别列第27、第42、第22、第30、第37和第80位，在桂西资源富集区县域中分别列第2、第12、第5、第8、第6和第27位。在各项竞争力中，扶绥县的质量竞争力具有相对明显的优势。其中，人均公共财政收入达到2104.58元，列全区县域第7位；单位电力消耗地区生产总值达到26.28元/千瓦时，列全区县域第12位。

表4-86　扶绥县县域竞争力评价结果及排序

序号	竞争力名称	评价指数	全区排序		桂西资源富集区排序	
			2011年	2013年	2011年	2013年
1	规模竞争力	35.26	23	27	3	2
2	发展竞争力	50.86	28	42	7	12
3	质量竞争力	40.37	25	22	8	5
4	工业竞争力	31.73	16	30	4	8
5	民生竞争力	32.92	35	37	6	6
6	基础竞争力	21.21	56	80	19	27
7	综合竞争力	36.34	24	28	5	5

从综合竞争力来看，扶绥县在广西县域中处于中游偏上水平，影响其综合竞争力水平的主要是基础竞争力。其中，单位面积公路里程在全区县域中列第54位，每万人移动电话用户数列第84位，每万人互联网用户数列第74位，每万人口中中学生数列第61位。

扶绥县应紧扣“四大目标”（打造一流园区经济区、生态宜居家园、现代物流服务区、休闲度假目的地），突出工业增量与产业转型升级并举、农业创新发展与固本强基并举、城建扩张与提质并举、改革攻坚与扩大开放并举，积极培育新的增长点，加快首府后花园建设，坚定决心扩大有效投资，再掀项目建设高潮，始终坚持主攻工业园区，力促工业经济转型，积极推进现代农业发展，不断提高农民收入，提速发展现代服务产业，挖掘经济增长

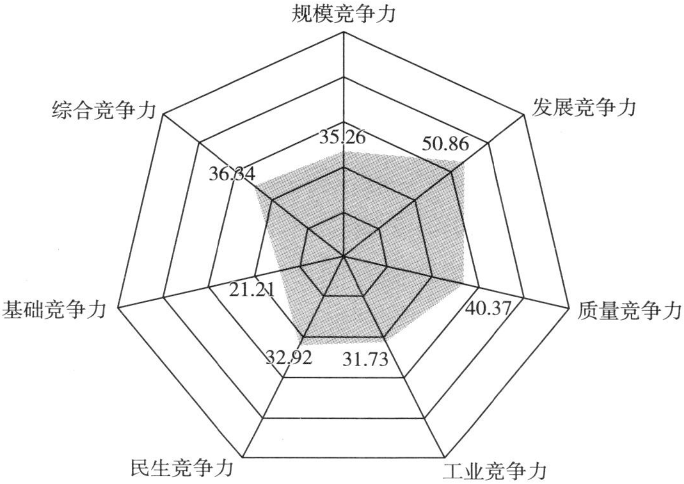

图 4－105 扶绥县县域竞争力评价结果解析

潜力，突出现代城市建设管理，提高城乡发展品位，深化改革，扩大开放合作，有效激发经济活力。

（3）宁明县

宁明县地处西南边陲，下辖 4 个镇、9 个乡，总人口为 43.85 万人。2013 年，宁明县县域综合竞争力评价指数为 34.34，在全区县域中排第 36 位，在桂西资源富集区县域中排第 7 位（见表 4－87）。其中规模竞争力、发展竞争力、质量竞争力、工业竞争力、民生竞争力和基础竞争力的评价指数分别为 23.52、53.75、43.12、38.77、25.35 和 21.49（见图 4－106），在全区县域中分别列第 43、第 30、第 15、第 17、第 60 和第 79 位，在桂西资源富集区县域中分别列第 10、第 9、第 3、第 4、第 13 和第 26 位。在各项竞争力中，宁明县的质量竞争力和工业竞争力具有明显优势。其中，人均公共财政收入达到 1313.17 元，列全区县域第 22 位；单位电力消耗地区生产总值达到 37.58 元/千瓦时，列全区县域第 1 位；人均规模以上工业总产值达到 207.01 万元，列全区县域第 6 位；规模以上企业平均规模达到 44144 万元，列全区县域第 9 位。

表 4－87　宁明县县域竞争力评价结果及排序

序号	竞争力名称	评价指数	全区排序		桂西资源富集区排序	
			2011 年	2013 年	2011 年	2013 年
1	规模竞争力	23.52	43	43	11	10
2	发展竞争力	53.75	4	30	1	9
3	质量竞争力	43.12	40	15	12	3
4	工业竞争力	38.77	5	17	1	4
5	民生竞争力	25.35	65	60	15	13
6	基础竞争力	21.49	86	79	28	26
7	综合竞争力	34.34	34	36	8	7

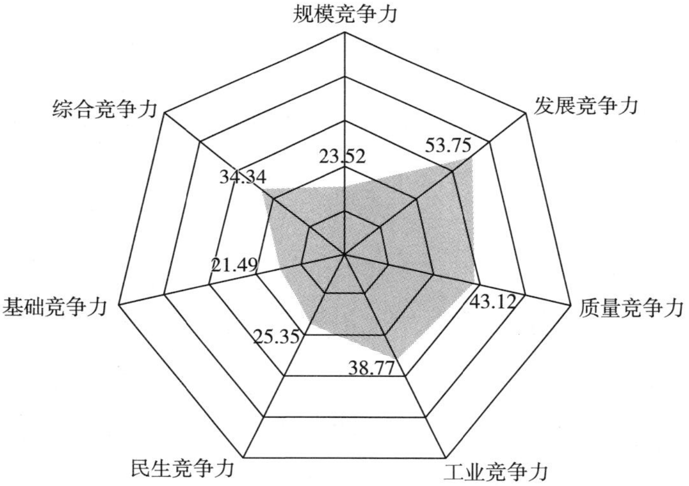

图 4－106　宁明县县域竞争力评价结果解析

从综合竞争力来看，宁明县在广西县域中处于中游偏上水平，影响其综合竞争力水平的主要是民生竞争力和基础竞争力。其中，人均社会消费品零售额在全区县域中列第 85 位，每万人医院、卫生院技术人员数列第 49 位，单位面积公路里程列第 67 位，每万人公共交通拥有量列第 76 位，每万人口中中学生数列第 84 位。

宁明县应牢牢抓住“三区叠加”新机遇，抓好爱店口岸规划、建设步伐，大力实施民生工程建设，以蔗糖产业发展为基础，加快发展加工制造业，加快发展旅游产业，统筹各种资源优势，全力推进花山岩画文化景观申遗工作。积极打造广西边境贸易重要口岸，南宁、崇左市民休闲度假生态花园和宜居、宜业、宜游的边境强县。

（4）龙州县

龙州县位于广西西南部，素有“边陲重镇”“小香港”之称，下辖5个镇、7个乡，总人口为26.66万人。2013年，龙州县县域综合竞争力评价指数为32.51，在全区县域中排第41位，在桂西资源富集区县域中排第9位（见表4－88）。其中规模竞争力、发展竞争力、质量竞争力、工业竞争力、民生竞争力和基础竞争力的评价指数分别为18.50、58.72、42.98、28.77、27.76和20.06（见图4－107），在全区县域中分别列第51、第15、第16、第37、第57和第82位，在桂西资源富集区县域中分别列第11、第4、第4、第12、第12和第28位。在各项竞争力中，龙州县的发展竞争力和质量竞争力具有一定优势。其中，工业增加值增长速度达到11.54%；列全区县域第15位；社会消费品零售总额增长速度达到10.56%，列全区县域第10位；公共财政收入增长速度达到22.57%，列全区县域第16位；人均地区生产总值达到31700元，列全区县域第13位；人均公共财政收入达到1952.81元，列全区县域第9位；单位电力消耗地区生产总值达到28.70元/千瓦时，列全区县域第6位。

表4－88 龙州县县域竞争力评价结果及排序

序号	竞争力名称	评价指数	全区排序		桂西资源富集区排序	
			2011年	2013年	2011年	2013年
1	规模竞争力	18.50	55	51	14	11
2	发展竞争力	58.72	24	15	6	4
3	质量竞争力	42.98	33	16	11	4
4	工业竞争力	28.77	53	37	14	12
5	民生竞争力	27.76	51	57	8	12
6	基础竞争力	20.06	69	82	22	28
7	综合竞争力	32.51	57	41	15	9

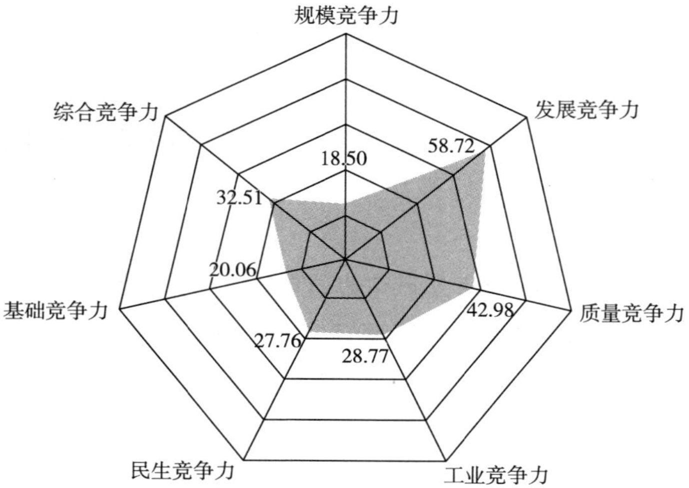

图 4－107　龙州县县域竞争力评价结果解析

从综合竞争力来看，龙州县在广西县域中处于中游水平，影响其综合竞争力水平的主要是规模竞争力、民生竞争力和基础竞争力。其中，社会消费品零售总额在全区县域中列第 67 位，全社会固定资产投资列第 58 位，城镇居民人均可支配收入列第 71 位，农村居民人均纯收入列第 60 位，单位面积公路里程列第 61 位，每万人技术人员数列第 73 位，每万人口中中学生数列第 79 位。

龙州县应大力实施“富民兴边、贸工强县”战略，着力培育氧化铝、碳酸钙、坚果加工等新兴优势工业产业，依托甘蔗“双高”基地建设和现代特色农业示范区建设推动农业提质增效，加快专业市场、商贸物流、金融等现代服务业，推进拳头产品、旅游景区、精品线路开发，加快旅游产业发展，做大做强边贸业，坚持支柱特色产业与特色新兴产业融合发展，推动产业转型升级，全力打造“东盟商务港、产业桥头堡、边贸新一极”。

（5）大新县

大新县位于广西西南部，下辖 5 个镇、10 个乡，总人口为 37.53 万人。

2013 年，大新县县域综合竞争力评价指数为 30.86，在全区县域中排第 48 位，在桂西资源富集区县域中排第 12 位（见表 4－89）。其中规模竞争力、发展竞争力、质量竞争力、工业竞争力、民生竞争力和基础竞争力的评价指数分别为 23.77、51.61、30.22、31.36、28.16 和 22.08（见图 4－108），在全区县域中分别列第 42、第 39、第 41、第 31、第 56 和第 77 位，在桂西资源富集区县域中分别列第 9、第 10、第 9、第 9、第 11 和第 25 位。在各项竞争力中，大新县的工业竞争力具有相对明显的优势。其中，工业增加值达到 463194 万元，列全区县域第 24 位；人均规模以上工业总产值达到 120.74 万元，列全区县域第 24 位；规模以上企业平均规模达到 38154 万元，列全区县域第 14 位。

表 4－89 大新县县域竞争力评价结果及排序

序号	竞争力名称	评价指数	全区排序		桂西资源富集区排序	
			2011 年	2013 年	2011 年	2013 年
1	规模竞争力	23.77	40	42	10	9
2	发展竞争力	51.61	8	39	2	10
3	质量竞争力	30.22	29	41	10	9
4	工业竞争力	31.36	46	31	11	9
5	民生竞争力	28.16	61	56	12	11
6	基础竞争力	22.08	83	77	26	25
7	综合竞争力	30.86	44	48	11	12

从综合竞争力来看，大新县在广西县域中处于中游水平，影响其综合竞争力水平的主要是民生竞争力和基础竞争力。其中，人均社会消费品零售额在全区县域中列第 86 位，每万人医院、卫生院床位数列第 57 位，单位面积公路里程和每万人口中中学生数均列第 80 位。

大新县应持续实施“强工兴旅固边”战略，千方百计稳住锰糖支柱产业，做大做强大新工业，加快推进中信大锰大新分公司的布东工业园区建设、新锰技改项目等。全力以赴加快文化旅游产业发展，抓好“两区一

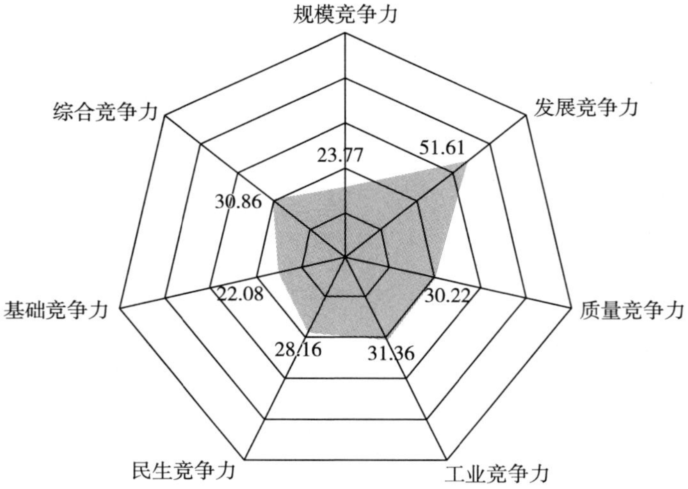

图 4－108　大新县县域竞争力评价结果解析

县”工作，推进中越德天·板约瀑布国际旅游合作区、德天跨国瀑布景区创建国家 5A 级旅游景区工作以及创建“广西特色旅游名县”工作，加快推进“发现山水崇左·圆梦别样桂林”战略的实施，壮大旅游产业，加快发展口岸经济。

（6）天等县

天等县地处桂西南，天等指天椒享有“天下第一辣”的美誉，下辖 4 个镇、11 个乡，总人口为 45.09 万人。2013 年，天等县县域综合竞争力评价指数为 18.39，在全区县域中排第 78 位，在桂西资源富集区县域中排第 19 位（见表 4－90）。其中规模竞争力、发展竞争力、质量竞争力、工业竞争力、民生竞争力和基础竞争力的评价指数分别为 11.60、35.96、13.88、17.58、19.38 和 17.79（见图 4－109），在全区县域中分别列第 71、第 76、第 79、第 67、第 71 和第 86 位，在桂西资源富集区县域中分别列第 16、第 20、第 20、第 16、第 15 和第 29 位。在各项竞争力中，天等县均处于劣势，各项指标排位均靠后，但有个别指标具有相对优势。其中，社会消费品零售总额增长速度达到 9.88%，列全区县域第 27 位。

表 4-90 天等县县域竞争力评价结果及排序

序号	竞争力名称	评价指数	全区排序		桂西资源富集区排序	
			2011 年	2013 年	2011 年	2013 年
1	规模竞争力	11.60	70	71	17	16
2	发展竞争力	35.96	73	76	19	20
3	质量竞争力	13.88	80	79	22	20
4	工业竞争力	17.58	70	67	20	16
5	民生竞争力	19.38	73	71	17	15
6	基础竞争力	17.79	84	86	27	29
7	综合竞争力	18.39	78	78	19	19

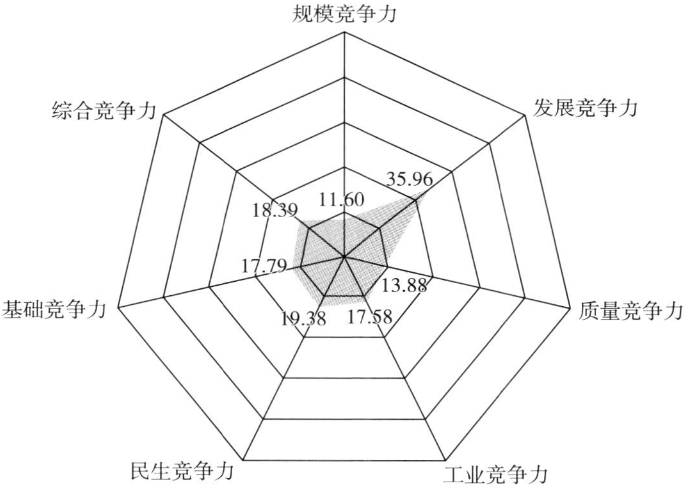

图 4-109 天等县县域竞争力评价结果解析

从综合竞争力来看，天等县在广西县域中处于下游水平，影响其综合竞争力水平的因素众多。其中，社会消费品零售总额在全区县域中列第 82 位，人均社会消费品零售额列第 90 位，城镇居民人均可支配收入列第 79 位，每万人口中中学生数列第 78 位。

天等县应围绕“建设广西山区强县、增进天等人民福祉”的发展目标，大力发展生态经济，突出抓好扶贫攻坚、新型城镇化、文化旅游开发和基础设施建设，更加注重保障和改善民生，全面深化改革开放，扶持发展以葡萄、桂花梨、苦丁茶、蘑菇、马铃薯、指天椒、甘蔗等为主的特色农业，扶持龙头企业，带动产业发展，实现农民增收，加快小康社会建设步伐。

（7）凭祥市

凭祥市位于广西南端的边境线上，素有“祖国南大门”之称，下辖4个镇，总人口为11.05万人。2013年，凭祥市县域综合竞争力评价指数为37.51，在全区县域中排第25位，在桂西资源富集区县域中排第3位（见表4－91）。其中规模竞争力、发展竞争力、质量竞争力、工业竞争力、民生竞争力和基础竞争力的评价指数分别为14.84、57.30、51.27、16.83、48.31和51.79（见图4－110），在全区县域中分别列第59、第19、第5、第71、第10和第4位，在桂西资源富集区县域中分别列第15、第7、第1、第19、第3和第3位。在各项竞争力中，凭祥市的质量竞争力和基础竞争力具有明显的高位优势。其中，人均地区生产总值达到35376元，列全区县域第9位；人均公共财政收入达到6245.49元，列全区县域第2位；单位面积公路里程达到0.607公里/平方公里，列全区县域第11位；每万人技术人员数达到146人，列全区县域第4位；每万人移动电话用户数达到9992户，列全区县域第5位；每万人互联网用户数达到2340户，列全区县域第3位。

表4－91　凭祥市县域竞争力评价结果及排序

序号	竞争力名称	评价指数	全区排序		桂西资源富集区排序	
			2011年	2013年	2011年	2013年
1	规模竞争力	14.84	71	59	18	15
2	发展竞争力	57.30	23	19	5	7
3	质量竞争力	51.27	8	5	3	1
4	工业竞争力	16.83	68	71	19	19
5	民生竞争力	48.31	12	10	3	3
6	基础竞争力	51.79	3	4	3	3
7	综合竞争力	37.51	30	25	7	3

从综合竞争力来看，凭祥市在广西县域中处于中游偏上水平，影响其综合竞争力水平的主要是规模竞争力和工业竞争力。其中，地区生产总值在全

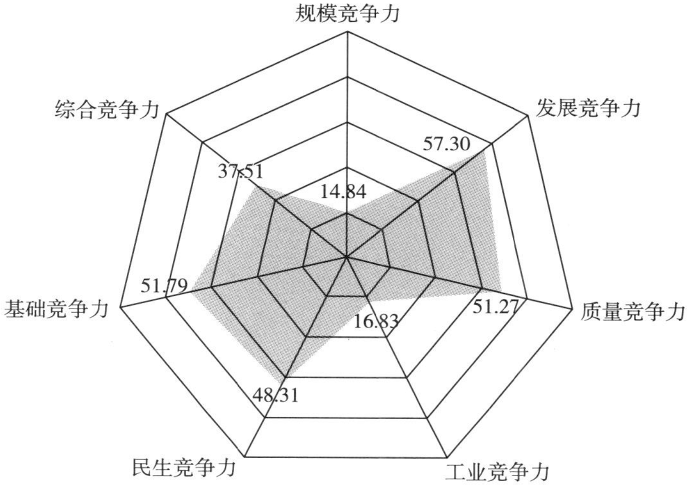

图 4－110　凭祥市县域竞争力评价结果解析

区县域中列第 74 位，农林牧渔业产值列第 89 位，社会消费品零售总额列第 55 位，工业增加值列第 74 位，规模以上工业总产值列第 73 位。

凭祥市西、南两面与越南接壤，有 2 个国家一类口岸、1 个国家二类口岸和 4 个边民互市点，是中国通往越南及东盟最大、最便捷的陆路通道，作为对接东盟陆路通道的凭祥市，在广西参与“一带一路”建设中具有先机优势。凭祥市应实施好《凭祥市建设沿边金融综合改革试验区实施方案》，依托边贸区位优势和历史文化积淀，深度挖掘红木文化内涵，拉长红木产业链，实现红木产业的多元化、跨界化发展格局，打造集产品研发、制造、收藏陈列、经营于一体的红木文化产业园区。要加快改变“过路式”“通道式”边境贸易格局，通过招商引资和加强培育本地边贸企业开展边境贸易加工，实现边境贸易货物落地加工增值，加快通道经济向口岸经济转型升级，培育边境发展新业态。应大力推动电子商务跨境合作，吸引国内电商企业在凭祥市建设跨境分拨中心及服务跨境电子商务的快件监管中心等，利用凭祥市便捷的陆路通道、边境贸易特殊政策等优势，拓展与东盟国家的电商业务合作。

第五部分
沿海县域综合评价

改革开放之前，我国沿海县域与沿边县域之间的发展差距并不大；改革开放以后，沿海县域得开放之先机，国家对包括沿海县域在内的沿海地区率先实施对外开放政策，通过充分利用其良好的区位优势，率先实现经济发展的腾飞，进而带动我国内陆地区加快发展。沿海县域作为沿海地区的基本单元，是沿海地区经济发展的前沿阵地和排头兵。

我国共有 8 个省区和 2 个直辖市毗邻沿海。辽宁省海岸线总长 2920 公里，其中大陆岸线总长 2292. 4 公里，岛屿岸线总长 627. 6 公里，全省共有岛、坨、礁 506 个，面积在 500 平方米以上的海岛有 266 个，总面积为 191. 5 平方公里，全省管辖海域面积达 6. 8 万平方公里，沿海县（区、市）共有 21 个。河北省海岸线总长 487. 3 公里，海岸带总面积为 100 万公顷，具有发展海洋石油、海洋化工、海洋运输、海洋旅游等产业的天然条件，沿海县（区、市）共有 11 个。山东省海岸线总长 3024. 4 公里，大陆岸线占全国海岸线的 1/6，沿海县（区、市）共有 36 个。江苏省海岸线总长 954 公里，沿海县（区、市）共有 15 个。浙江省海岸线总长 6486 公里，面积在 500 平方米以上的岛屿有 3061 个，是中国岛屿最多的一个省份，沿海县（区、市）共有 31 个。福建省的海岸线长度居全国第二位，海岸曲折，大陆岸线长达 3751. 5 公里，岛屿众多，星罗棋布，共有岛屿 1500 多个，沿海县（区、市）共有 27 个。广东省海岸线总长 5782. 5 公里，其中大陆岸线总长 3368 公里，岛屿岸线总长 2414. 5 公里，共有岛屿 759 个，面积为 1599. 5 平方公里，沿海县（区、市）共有 34 个。广西壮族自治区南临北部湾，大陆海岸东起合浦县的洗米河口，西至中越交界的北仑河口，其中大陆岸线总长 1595 公里，岛屿岸线总长 461 公里，沿海县（区、市）共有 8 个。

2013 年，辽宁、河北、山东、江苏、浙江、福建、广东、广西 8 个省区共有沿海县域 184 个（不包括天津、上海、深圳三市），其中县 51 个、市辖区 86 个、县级市 47 个（见表 5－1）。本书仅对 98 个（原为 99 个，但福建省金门县由于无统计数据，因此在此不做分析）县及县级市进行对比分析。2013 年，98 个县域行政总面积为 15.71 万平方公里，年末总人口为 7105.01 万人，实现地区生产总值 37898.16 亿元，公共财政收入达到 2737.13 亿元，规模以上工业总产值达到 71948.04 亿元，社会消费品零售总额达到 13065.16 亿元，全社会固定资产投资达到 24298.99 亿元，在全国中的占比分别为：行政总面积占 1.72%，年末总人口占 5.35%，地区生产总值占 6.60%，公共财政收入占 2.09%，规模以上工业总产值占 7.02%，社会消费品零售总额占 5.44%，全社会固定资产投资占 5.39%（见图 5－1）。

表 5－1　中国沿海县域一览

<table>
<tr><th>地区</th><th>数量</th><th>市</th><th>县(区、市)</th></tr>
<tr><td rowspan="6">辽宁省</td><td rowspan="6">21 个（7 市、10 市辖区、4 县）</td><td>丹东市</td><td>东港市</td></tr>
<tr><td>大连市</td><td>庄河市、普兰店市、瓦房店市、长海县、金州区、中山区、西岗区、沙河口区、甘井子区、旅顺口区</td></tr>
<tr><td>营口市</td><td>盖州市、鲅鱼圈区、老边区、西市区</td></tr>
<tr><td>盘锦市</td><td>大洼县、盘山县</td></tr>
<tr><td>锦州市</td><td>凌海市</td></tr>
<tr><td>葫芦岛市</td><td>兴城市、绥中县、龙港区</td></tr>
<tr><td rowspan="3">河北省</td><td rowspan="3">11 个（1 市、5 市辖区、5 县）</td><td>秦皇岛市</td><td>昌黎县、抚宁县、山海关区、海港区、北戴河区</td></tr>
<tr><td>唐山市</td><td>乐亭县、滦南县、曹妃甸区、丰南区</td></tr>
<tr><td>沧州市</td><td>黄骅市、海兴县</td></tr>
<tr><td rowspan="4">山东省</td><td rowspan="4">35 个（13 市、17 市辖区、5 县）</td><td>滨州市</td><td>无棣县、沾化县</td></tr>
<tr><td>东营市</td><td>垦利县、广饶县、河口区、东营区</td></tr>
<tr><td>潍坊市</td><td>寿光市、昌邑市、寒亭区</td></tr>
<tr><td>烟台市</td><td>莱州市、招远市、龙口市、蓬莱市、海阳市、莱阳市、长岛县、福山区、芝罘区、莱山区、牟平区</td></tr>
</table>

续表

地区	数量	市	县(区、市)
山东省	35 个（13 市、17 市辖区、5 县）	威海市	乳山市、文登市、荣成市、环翠区
		青岛市	即墨市、胶州市、崂山区、市南区、市北区、城阳区、四方区、李沧区、黄岛区
		日照市	东港区、岚山区
江苏省	15 个（4 市、3 市辖区、8 县）	连云港市	赣榆县、灌云县、灌南县、新浦区、连云区
		盐城市	东台市、大丰市、射阳县、滨海县、响水县
		南通市	启东市、海门市、通州区、海安县、如东县
浙江省	31 个（9 市、12 市辖区、10 县）	嘉兴市	平湖市、海宁市、海盐县
		绍兴市	柯桥区、上虞区
		宁波市	余姚市、慈溪市、奉化市、宁海县、象山县、镇海区、北仑区、鄞州区
		舟山市	嵊泗县、岱山县、定海区、普陀区
		台州市	临海市、温岭市、三门县、玉环县、椒江区、路桥区、黄岩区
		温州市	乐清市、瑞安市、洞头县、平阳县、苍南县、龙湾区、鹿城区
福建省	27 个（8 市、8 市辖区、11 县）	宁德市	福鼎市、福安市、霞浦县、蕉城区
		福州市	福清市、长乐市、平潭县、连江县、罗源县
		莆田市	仙游县、涵江区、荔城区、秀屿区、城厢区
		泉州市	南安市、晋江市、石狮市、惠安县、金门县、泉港区、洛江区、丰泽区
		漳州市	龙海市、漳浦县、云霄县、东山县、诏安县
广东省	36 个（4 市、25 市辖区、7 县）	潮州市	饶平县
		汕头市	南澳县、金平区、龙湖区、濠江区、澄海区、潮阳区、潮南区
		揭阳市	惠来县
		汕尾市	陆丰市、海丰县、城区
		惠州市	惠东县、惠阳区
		深圳市	盐田区、龙岗区、宝安区、南山区、福田区
		珠海市	香洲区、斗门区、金湾区
		江门市	台山市、新会区
		阳江市	阳西县、阳东区、江城区
		茂名市	茂南区、电白区
		湛江市	吴川市、雷州市、徐闻县、赤坎区、霞山区、坡头区、麻章区

续表

地区	数量	市	县（区、市）
广西壮族自治区	8个（1市、6市辖区、1县）	北海市	合浦县、海城区、银海区、铁山港区
		钦州市	钦南区
		防城港市	东兴市、港口区、防城区

注：本部分只对沿海县域进行分析，市辖区和县级市仅作为参考，但不做具体分析。同时，由于上海、天津、深圳三市县域较少，因此不列入此次比较之中。胶南市与青岛经济技术开发区合并，组建青岛市新的市辖区黄岛区；河北省唐海县改名为曹妃甸区；福建省金门县由于区位及管辖原因，暂无统计数据。

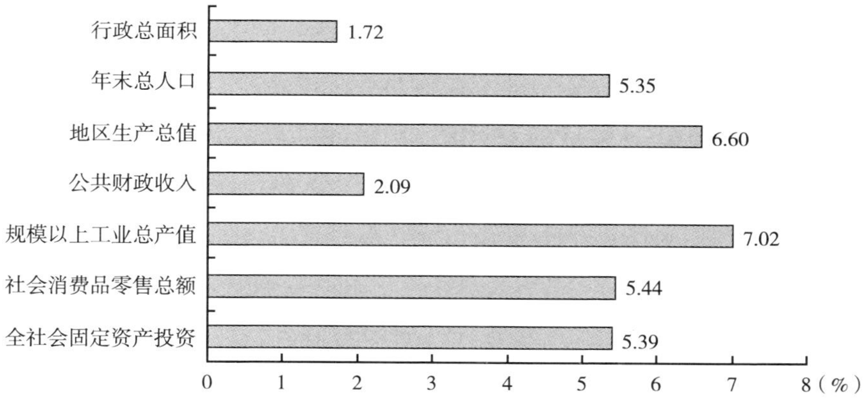

图5-1 8个省区沿海县域经济占全国经济比重

2013年，辽宁省11个沿海县域行政总面积为27481.9平方公里，年末总人口为655.05万人，实现地区生产总值4516.5亿元，公共财政收入达到339.40亿元，规模以上工业总产值达到8669.25亿元，社会消费品零售总额达到901.43亿元，全社会固定资产投资达到3506.27亿元。辽宁省沿海县域主要经济社会指标在全省中的占比分别为：行政总面积占18.56%，年末总人口占14.92%，地区生产总值占16.68%，公共财政收入占10.16%，规模以上工业总产值占19.26%，社会消费品零售总额占8.57%，全社会固定资产投资占14.14%。辽宁省沿海县域主要经济社会指标在全国沿海县域中的占比分别为：行政总面积占16.58%，年末总人口占

9.38%，地区生产总值占12.04%，公共财政收入占12.56%，规模以上工业总产值占12.23%，社会消费品零售总额占6.97%，全社会固定资产投资占14.55%。

2013年，河北省6个沿海县域行政总面积为9779.1平方公里，年末总人口为320.82万人，实现地区生产总值1454.67亿元，公共财政收入达到70.94亿元，规模以上工业总产值达到1503.47亿元，社会消费品零售总额达到493.53亿元，全社会固定资产投资达到854.21亿元。河北省沿海县域主要经济社会指标在全省中的占比分别为：行政总面积占5.29%，年末总人口占4.38%，地区生产总值占5.14%，公共财政收入占3.09%，规模以上工业总产值占5.01%，社会消费品零售总额占4.69%，全社会固定资产投资占3.68%。河北省沿海县域主要经济社会指标在全国沿海县域中的占比分别为：行政总面积占5.90%，年末总人口占4.59%，地区生产总值占3.88%，公共财政收入占2.63%，规模以上工业总产值占2.12%，社会消费品零售总额占3.81%，全社会固定资产投资占3.55%。

2013年，山东省18个沿海县域行政总面积为28059平方公里，年末总人口为1190.56万人，实现地区生产总值8909.06亿元，公共财政收入达到618.66亿元，规模以上工业总产值达到22470.49亿元，社会消费品零售总额达到2980.33亿元，全社会固定资产投资达到5862.34亿元。山东省沿海县域主要经济社会指标在全省中的占比分别为：行政总面积占17.86%，年末总人口占12.23%，地区生产总值占16.29%，公共财政收入占13.57%，规模以上工业总产值占16.69%，社会消费品零售总额占13.71%，全社会固定资产投资占16.34%。山东省沿海县域主要经济社会指标在全国沿海县域中的占比分别为：行政总面积占16.93%，年末总人口占17.04%，地区生产总值占23.74%，公共财政收入占22.89%，规模以上工业总产值占31.71%，社会消费品零售总额占23.03%，全社会固定资产投资占24.33%。

2013年，江苏省12个沿海县域行政总面积为21579平方公里，年末总人口为1177.37万人，实现地区生产总值5197.61亿元，公共财政收入达到

481.42 亿元，规模以上工业总产值达到 11130.55 亿元，社会消费品零售总额达到 1782.09 亿元，全社会固定资产投资达到 3301.02 亿元。江苏省沿海县域主要经济社会指标在全省中的占比分别为：行政总面积占 21.03%，年末总人口占 14.83%，地区生产总值占 8.79%，公共财政收入占 7.33%，规模以上工业总产值占 8.56%，社会消费品零售总额占 8.63%，全社会固定资产投资占 9.17%。江苏省沿海县域主要经济社会指标在全国沿海县域中的占比分别为：行政总面积占 13.02%，年末总人口占 16.85%，地区生产总值占 13.85%，公共财政收入占 17.82%，规模以上工业总产值占 15.71%，社会消费品零售总额占 13.77%，全社会固定资产投资占 13.70%。

2013 年，浙江省 19 个沿海县域行政总面积为 18860 平方公里，年末总人口为 1340.69 万人，实现地区生产总值 8216.58 亿元，公共财政收入达到 636.99 亿元，规模以上工业总产值达到 12472.03 亿元，社会消费品零售总额达到 3378.21 亿元，全社会固定资产投资达到 4638.68 亿元。浙江省沿海县域主要经济社会指标在全省中的占比分别为：行政总面积占 18.53%，年末总人口占 24.39%，地区生产总值占 21.87%，公共财政收入占 16.78%，规模以上工业总产值占 21.09%，社会消费品零售总额占 22.32%，全社会固定资产投资占 22.97%。浙江省沿海县域主要经济社会指标在全国沿海县域中的占比分别为：行政总面积占 11.38%，年末总人口占 19.19%，地区生产总值占 21.90%，公共财政收入占 23.57%，规模以上工业总产值占 17.60%，社会消费品零售总额占 26.10%，全社会固定资产投资占 19.25%。

2013 年，福建省 19 个沿海县域行政总面积为 26791.29 平方公里，年末总人口为 1320.02 万人，实现地区生产总值 7179.95 亿元，公共财政收入达到 437.48 亿元，规模以上工业总产值达到 13349.67 亿元，社会消费品零售总额达到 2298.64 亿元，全社会固定资产投资达到 4792.84 亿元。福建省沿海县域主要经济社会指标在全省中的占比分别为：行政总面积占 21.61%，年末总人口占 34.98%，地区生产总值占 33.00%，公共财政收入占20.65%，规模以上工业总产值占39.43%，社会消费品零售总额占27.78%，全社会固定资产投资占30.87%。福建省沿海县域主要经济社会指标在全国沿海县域中的占比分别为：行政总面积占16.16%，年末总人口占18.89%，地区生产总值占19.14%，公共财政收入占16.19%，规模以上工业总产值占18.84%，社会消费品零售总额占17.76%，全社会固定资产投资占19.89%。

2013年，广东省11个沿海县域行政总面积为21165.41平方公里，年末总人口为980.81万人，实现地区生产总值2183.05亿元，公共财政收入达到105.29亿元，规模以上工业总产值达到2131.48亿元，社会消费品零售总额达到1152.16亿元，全社会固定资产投资达到1196.4亿元。广东省沿海县域主要经济社会指标在全省中的占比分别为：行政总面积占11.77%，年末总人口占9.15%，地区生产总值占3.22%，公共财政收入占1.31%，规模以上工业总产值占1.94%，社会消费品零售总额占4.05%，全社会固定资产投资占4.61%。福建省沿海县域主要经济社会指标在全国沿海县域中的占比分别为：行政总面积占12.77%，年末总人口占14.04%，地区生产总值占5.82%，公共财政收入占3.90%，规模以上工业总产值占3.01%，社会消费品零售总额占8.90%，全社会固定资产投资占4.97%。

2013年，广西壮族自治区2个沿海县域行政总面积为3350.95平方公里，年末总人口为119.69万人，实现地区生产总值240.74亿元，公共财政收入达到46.95亿元，规模以上工业总产值达到221.1亿元，社会消费品零售总额达到78.77亿元，全社会固定资产投资达到147.23亿元。广西沿海县域主要经济社会指标在全区中的占比分别为：行政总面积占1.42%，年末总人口占2.27%，地区生产总值占1.67%，公共财政收入占0.36%，规模以上工业总产值占1.21%，社会消费品零售总额占1.55%，全社会固定资产投资占1.24%。广西沿海县域主要经济社会指标在全国沿海县域中的占比分别为：行政总面积占2.02%，年末总人口占1.71%，地区生产总值占0.64%，公共财政收入占1.74%，规模以上工业总产值占0.31%，社会消费品零售总额占0.61%，全社会固定资产投资占0.61%。

从广西沿海县域的发展水平来看，2013 年，广西 2 个沿海县域人均地区生产总值、人均财政一般预算收入、人均规模以上工业总产值[①]、人均社会消费品零售额和农村居民人均纯收入分别为 20114 元、3923 元、18473 元、6581 元和 9259 元，在我国沿海县域中分别排第 8、第 5、第 8、第 8 和第 8 位。总体来看，广西沿海县域发展水平在全国沿海县域中处于落后水平，今后应充分发挥区位优势，发挥广西与东盟国家陆海相邻的独特优势，加快北部湾经济区和珠江－西江经济带开放发展，构建面向东盟的国际大通道，打造西南、中南地区开放发展新的战略支点，形成 21 世纪海上丝绸之路与丝绸之路经济带有机衔接的重要门户，加快参与海上丝绸之路建设，打造新的经济增长点。

8 个省区沿海县域在本地及全国沿海县域中的占比、中国沿海县域主要经济社会发展指标、中国沿海县域主要经济社会发展指标排名前 10 位县域分别见表 5－2 至表 5－4。

图 5－2 显示了我国沿海县域与沿边县域的综合对比，从沿海县域与沿边县域的行政总面积来看，差距并不大，沿海县域行政总面积占全国的 1.72%，沿边县域行政总面积占全国的 2.27%。但两者年末总人口差距就较大，分别占全国的 5.35% 和 1.67%，沿海县域人口集聚密度为沿边县域人口集聚密度的 4.23 倍（这一数据没有想象中的大，这在一定程度上表明，沿海县域的人口也存在大量向沿海中心城市集中的趋势）。沿海县域与沿边县域地区生产总值的差距则进一步拉大，分别占全国的 6.60% 和 0.53%。在社会消费品零售总额方面，沿海县域社会消费品零售总额占全国的 5.44%，而沿边县域社会消费品零售总额仅占全国的 0.38%。相对而言，沿海县域人均消费额是沿边县域人均消费额的 4.5 倍，沿海县域人均地区生产总值是沿边县域人均地区生产总值的 3.87 倍，事实上的差距可能大于上述数值差距。

---

① 人均规模以上工业总产值为规模以上工业总产值与县域总人口的比值。

表5－2 8个省区沿海县域在本地及全国沿海县域中的占比

单位：%

指标 省区	行政总面积		年末总人口		地区生产总值		公共财政收入		规模以上工业总产值		社会消费品零售总额		全社会固定资产投资	
	本地占比	全国县域占比	本地占比	全国县域占比	本地占比	全国县域占比	本地占比	全国县域占比	本地占比	全国县域占比	本地占比	全国县域占比	本地占比	全国县域占比
辽宁省	18.56	16.58	14.92	9.38	16.68	12.04	10.16	12.56	19.26	12.23	8.57	6.97	14.14	14.55
河北省	5.29	5.90	4.38	4.59	5.14	3.88	3.09	2.63	5.01	2.12	4.69	3.81	3.68	3.55
山东省	17.86	16.93	12.23	17.04	16.29	23.74	13.57	22.89	16.69	31.71	13.71	23.03	16.34	24.33
江苏省	21.03	13.02	14.83	16.85	8.79	13.85	7.33	17.82	8.56	15.71	8.63	13.77	9.17	13.70
浙江省	18.53	11.38	24.39	19.19	21.87	21.90	16.78	23.57	21.09	17.60	22.32	26.10	22.97	19.25
福建省	21.61	16.16	34.98	18.89	33.00	19.14	20.65	16.19	39.43	18.84	27.78	17.76	30.87	19.89
广东省	11.77	12.77	9.15	14.04	3.22	5.82	1.31	3.90	1.94	3.01	4.05	8.90	4.61	4.97
广西壮族自治区	1.42	2.02	2.27	1.71	1.67	0.64	0.36	1.74	1.21	0.31	1.55	0.61	1.24	0.61

表 5－3　中国沿海县域主要经济社会发展指标

省区＼指标	人均地区生产总值(元/人)		人均财政一般预算收入(元/人)		人均规模以上工业总产值(元/人)		人均社会消费品零售额(元/人)		农村居民人均纯收入(元/人)	
	数值	排名	数值	排名	数值	排名	数值	排名	数值	排名
辽宁省	68949	2	5181	2	132345	2	13761	6	14780	3
河北省	45342	5	2211	7	46863	6	15383	4	9888	7
山东省	79543	1	5442	1	199306	1	26631	1	14330	4
江苏省	44146	6	4089	4	94537	4	15136	5	13149	5
浙江省	61286	3	4751	3	93027	5	25198	2	18110	2
福建省	54393	4	3314	6	101132	3	17414	3	12387	6
广东省	22258	7	1074	8	21732	7	11747	7	18604	1
广西壮族自治区	20114	8	3923	5	18473	8	6581	8	9259	8

资料来源：相关省区 2014 年统计年鉴及各省区相关县域 2013 年国民经济和社会发展统计公报。

表 5－4　中国沿海县域主要经济社会发展指标排名前 10 位县域

排名	年末总人口(万人)	地区生产总值(万元)	人均地区生产总值(元/人)	人均财政一般预算收入(元/人)	人均规模以上工业总产值(元/人)	人均社会消费品零售额(元/人)	农村居民人均纯收入(元/人)
1	南安市	晋江市	石狮市	普兰店市	普兰店市	普兰店市	长海县
2	雷州市	瓦房店市	长岛县	大洼县	大洼县	海门市	慈溪市
3	陆丰市	慈溪市	垦利县	海门市	海门市	惠来县	海宁市
4	苍南县	龙口市	龙口市	胶州市	惠来县	大洼县	岱山县
5	福清市	荣成市	荣成市	晋江市	胶州市	胶州市	海盐县
6	乐清市	即墨市	晋江市	寿光市	晋江市	即墨市	平湖市
7	瑞安市	胶州市	长海县	即墨市	即墨市	晋江市	玉环县
8	温岭市	庄河市	招远市	瓦房店市	瓦房店市	南安市	余姚市
9	滨海县	普兰店市	瓦房店市	合浦县	寿光市	寿光市	嵊泗县
10	即墨市	余姚市	蓬莱市	响水县	南安市	余姚市	奉化市

资料来源：相关省区 2014 年统计年鉴及各省区相关县域 2013 年国民经济和社会发展统计公报。

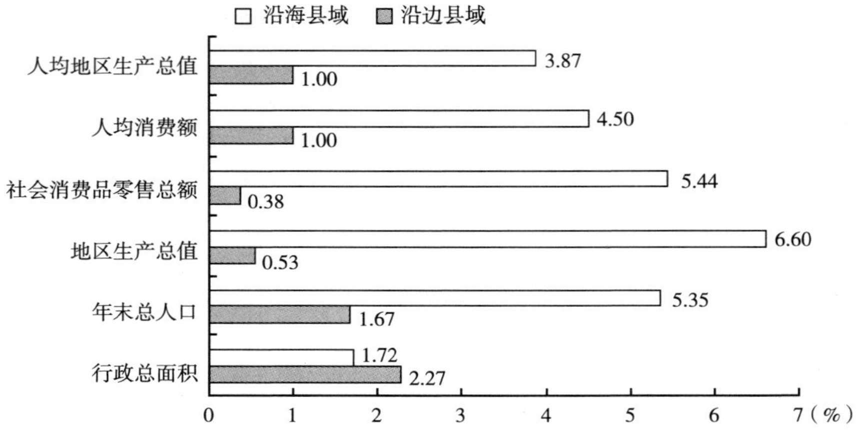

图 5－2　我国沿海县域与沿边县域主要发展指标占全国比重对比

第六部分

县域研究与发展规划

本书对2014年有关县域及县域经济的研究文献进行了综合整理和系统梳理①，精选了若干篇有关县域经济发展的学术论文和研究报告，对其核心观点和主要研究内容进行摘要性介绍，系统整理国内相关地区在加快县域及县域经济发展中出台的相关政策措施和发展规划，供相关决策部门参考。

一　县域问题研究评述

从2014年有关县域问题研究的文献来看，我们在对其进行归纳分析的基础上，按照推荐指数②，就一些重点研究文献的论点、观点进行如下汇总。

• 1982～2010年中国县域经济发展时空格局演变

作者：周扬、李宁、吴文祥等

发表期刊：《地理科学进展》

---

① 本书相关研究文献来源于中国学术期刊网、中国博士学位论文全文数据库、中国优秀硕士学位论文全文数据库等。

② 本书提出了有关县域研究文献的推荐指数，根据对所有文献的总体把握，从文章质量和意义上对所纳入的文献进行分级，确定推荐指数主要考虑文章本身的学术价值、理论意义和对策效应等因素。同时，适度偏重一些受国家或省部级基金资助的文章。推荐指数分为三个等级，分别为Ⅰ、Ⅱ、Ⅲ，其中Ⅰ类大多为具有较高学术理论价值的研究型文献，对于一些具有较高价值的对策性文献亦予以考虑；Ⅱ类是以对策性或案例性的文献为主；Ⅲ类文献作为一般性推荐。本推荐指数仅作为参考性意见，供各位读者和相关部门参考。

基金项目： 江西省社会科学“十一五”（2010 年）规划项目“中部崛起背景下的县域经济发展方式转变研究”（10JL13）

内容简介： 研究县域经济发展格局对揭示区域经济发展空间演化机制和实现县域经济的可持续发展具有重要的理论意义。本文基于中国 2352 个县域单元 1982 年、1990 年、2000 年和 2010 年的人均 GDP 数据，采用空间关联技术和变差函数分析了 30 多年来中国县域经济发展格局的演化特点并探讨了其演化机制。结果表明，中国县域经济发展和增长存在正的空间自相关性；1982 年以来，经济发展的空间集聚程度逐渐提高，空间依赖程度增强；东部地区和华北北部地区是县域经济发展的热点区；县域经济发展存在空间呈异质性，经济发展空间分异格局中的随机成分随着时间的推移而不断降低；中国东南 - 西北向经济发展的均质性相对较好，空间差异较小；历史基础、经济区位、资源禀赋和区域发展政策等是中国县域经济发展格局演化的主要驱动因素。

- 1990年以来上海“大都市阴影区”的时空演替——基于县域尺度单元的分析

作者： 孙东琪、张京祥、胡毅等

发表期刊：《长江流域资源与环境》

基金项目： 国家自然科学基金项目（41171134&41171096）；国家社会科学基金特别委托项目（ZH005）；国家软科学重大项目（2700ZXQ4D166）；2013 ~2014 年北京大学林肯中心论文奖学金

内容简介： 本文概述了“大都市阴影区”的演化机制，利用断裂点公式、Kmeans 聚类和空间相关性等方法划分了上海的影响圈层与范围，界定了 1990 ~2010 年的上海“大都市阴影区”，并对其进行了时空分析。研究表明：①“大都市阴影区”的构造可以分为两种类型，即“阴影区”和“半阴影区”；②“大都市阴影区”是处于动态变化中的区域，与中心城市、外围地区以及阴影区城市（县、城镇）密切相关；③上海“大都市阴影区”和“次阴影区”经过 20 年的时间演变，在逐渐消减；④目前上海“大都市阴影区”主要存在于以上海为中心的南北两翼。

• 地方财政分权对县域经济增长的影响及其传导机制研究——来自云南106个县域面板数据的证据

作者：缪小林、伏润民、王婷

发表期刊：《财经研究》

基金项目：国家自然科学基金项目（71173179）；教育部人文社会科学研究青年基金项目（11YJC790136）

内容简介：本文以云南106个县为例，对地方财政分权如何影响县域经济增长及其传导机制进行实证考察。研究发现，地方财政分权与县域经济增长呈现显著的倒“U”形关系，地方财政分权主要通过影响财政支出行为进而影响县域经济增长；以上级补助为主的财政支出分权对经济增长存在负向影响，以上解支出为主的财政收入分权对经济增长存在正向影响，这种影响作用主要取决于经济环境所决定的财政支出行为。进一步挖掘发现，地方财政分权影响县域经济增长传导过程中的财政支出行为存在明显的经济行为依赖和地区特征依赖。其中，前者表现为投资和消费增加以及城镇化推进，有助于激励地方政府改变财政支出行为，提升财政分权对县域经济增长的财政努力；后者表现为越是重点发展或富裕地区，越有利于财政分权促进县域经济增长作用的改善，但针对民族、边境等特殊地区却不然。最后，文章提出了强化地方财政分权对县域经济增长引导和激励作用的相关政策建议。

• 分权增加了民生性财政支出吗？——来自中国“省直管县”的自然实验

作者：陈思霞、卢盛峰

发表期刊：《经济学》（季刊）

内容简介：经典分权理论认为由地方政府提供公共服务与本地居民偏好更加匹配，促进了社会福利。基于“省直管县”自然实验的研究发现，深化分权改革并给予基层政府更大的自主决策权，将显著提高基础建设支出比重，降低教育等民生性服务支出占比。分权引致的“重基建、轻民生性公共服务”的支出倾向在贫困地区更为明显；“省直管县”分权的空间配置效应逐步递减。建立公共服务投入的最低标准并完善问责机制及相关制度是必要的。

• 河北省县域贫困度多维评估

作者： 袁媛、王仰麟、马晶等

发表期刊：《地理科学进展》

基金项目： 国家自然科学基金重点项目（41130534）

内容简介：在京津冀加快区域经济一体化的背景下，河北省出现环绕京津地区的贫困带引起了学界与公众的普遍关注。目前国内贫困县的设定往往以经济指标为唯一度量标准，本文在经济维度基础上增加社会维度（代表人类贫困）和自然维度（代表自然贫困）两方面的评价指标，构建县域贫困度多维评价指标体系，对河北省 136 个县的贫困状况分别进行经济单维度与经济 - 社会 - 自然三维评估，并基于 SOFM 网络将全省县域贫困度划分为五级，与河北省现有各类贫困县分布进行对比。结果表明，基于经济单维度与经济 - 社会 - 自然多维度评估的聚类分析得到的高贫困度县域均与现有贫困县有很好的对应，与河北省贫困县分布现状基本吻合；由于经济 - 社会 - 自然多维度贫困度评估综合考虑了贫困现状及其潜在可能性，因此评估更加全面和深入。基于自然维度的潜在贫困度对多维贫困度的影响分析表明，环京津地区的贫困现状比较严重，且潜在贫困程度高，应积极依托京津，承接产业转移。而在冀中南地区，尽管贫困现状较为严重，但潜在贫困程度较低，因其较易脱贫而容易被忽视。同时，还存在大量非贫困县转化为贫困县的可能性，应进一步加强对该地区贫困问题的关注，分类扶贫、防治结合、区域联动，促进京津冀区域一体化、社会财富同步增长。

• 基于分县尺度的2020 ~ 2030年中国未来人口分布

作者： 王露、杨艳昭、封志明等

发表期刊：《地理研究》

基金项目：科技基础工作专项（2011FY、110400）；国家卫生计生委流动人口司项目（201011）

内容简介：本文选取 1982 年、1990 年、2000 年和 2010 年人口普查数据，运用 Logistic 模型系统预测了 2020 年和 2030 年中国分县人口规模，定量分析了未来中国人口分布的基本布局、各地区人口增减变化以及城市群人口集聚度变化。研究结果如下。①2020～2030 年中国未来人口空间分布的总体格局不会发生根本改变，东南半壁人口比例会有所减少，西北半壁人口比例会有所增加，但增减变化区间为 0.1%～0.3%。②2010～2020 年中国有 1641 个分县单元人口仍将呈增加趋势，占地规模和相应人口都占全国的 3/4，人口增加仍是主要特征；2020～2030 年中国人口增加的分县单元将大幅减少到 598 个，人口减少地区占地规模和相应人口数量将占全国的 3/5 以上，人口减少成为普遍现象。③中国 21 个城市群地区人口总量将由 2010 年的 7.81 亿人增加到 2020 年的 8.68 亿人和 2030 年的 9.17 亿人，相应的人口集聚度也将由 2010 年的 1.99 逐步提高到 2020 年的 2.17 和 2030 年的 2.33，城市群地区人口集聚规模和集聚程度在逐步提高，人口集聚态势更加明显。

• 基于灰色关联度——TOPSIS 的县域经济社会发展综合评价研究

作者：王际科、杨正丽、杜小军

发表期刊：《数学的实践与认识》

基金项目：山东省软科学研究计划重点项目（2013RZB01017）

内容简介：本文选择经济发展、社会发展以及资源和生态环境三个层面，构建了体现科学发展观要求的县域经济社会发展综合评价指标体系。用客观赋权的熵值法确定各指标权重，结合灰色关联度和 TOPSIS 建立了综合评价模型，并对烟台市 8 个县市的经济社会发展状况进行了实证分析。

• 基于熵权 TOPSIS 和 GIS 的重庆市县域经济综合评价及空间分析

作者：杜挺、谢贤健、梁海艳等

发表期刊：《经济地理》

基金项目： 四川省科技厅重点科技自筹项目（2010JY0184）；教育部人文社会科学研究西部和边疆地区规划基金项目（11XJA840002）；国家社会科学基金青年项目（13CSH088）

内容简介： 本文以重庆市40个区县为研究对象，从经济实力水平、投资消费水平和人民富裕水平角度构建县域经济综合评价体系，利用熵权TOPSIS法分析比较2000～2010年重庆市县域经济指标权重和县域发展水平的变化，并在GIS技术支持下对重庆市县域经济发展格局进行探索性空间分析（ESDA）。结果表明，指标权重随着社会经济的发展不断发生变化；重庆市县域经济呈现显著的两极差异；县域经济发展呈现显著的空间自相关，其中高值聚类显著性更强，空间出现“俱乐部趋同”现象；热点分析显示，重庆市县域经济存在明显的东西差异，重庆市1小时经济圈为全区的热点区域，东北翼和东南翼发展滞后，东南翼发展速度较东北翼快。最后，基于现有的研究成果探讨了熵权TOPSIS法在县域经济综合评价应用中存在的局限性及改进办法。

• 基于主体功能区的县域土地利用分区及模式选择——以贵州省大方县34个乡镇为例

作者： 迟超月、朱道林、韩德军等

发表期刊：《资源开发与市场》

基金项目： 教育部人文社会科学研究规划基金项目（12YJA790217）

内容简介： 本文基于主体功能区规划的思想构建指标体系，利用样本聚类分析法对贵州省大方县各乡镇土地利用功能进行分区，并根据空间集聚结构对各区域的土地利用模式进行优化。结果表明，大方县34个乡镇被聚为三类，分别对应差别化土地利用优化模式。在现有国土开发格局中，县域内各乡镇在土地利用和经济发展方面已自发形成空间集聚基础，为避免各乡镇在开发过程中“趋同”或“模仿”，可将主体功能理念贯彻到微观区域，为各乡镇选择适宜的发展模式。

● 江苏省县域经济发展空间差异及成因分析

作者：张荣天、韩玉刚

发表期刊：《华东经济管理》

基金项目：国家自然科学基金青年项目（41201126）

内容简介：本文以江苏省 65 个县域单元作为研究区域，构建县域经济发展评价指标体系，综合运用 PCA 法、经济重心模型及空间变差函数等方法对 1978 ~2012 年江苏县域经济发展空间差异及主要成因进行了初步研究。结果表明，1978 年以来江苏县域经济发展呈上升的态势，且发展非均衡性较显著；县域经济发展重心在东经 120°261′ ~120°622′、北纬 31°910′ ~31°327′之间波动，大致位于无锡市至苏州市范围之内；县域经济呈现以“苏锡常”为核心、向外圈层递减的空间分布模式；县域经济发展的空间自组织性越来越强，县域经济在东北 - 西南方向上差异较均衡，而在东南 - 西北方向上差异最显著；地理区位条件、经济发展基础以及区域发展政策为县域经济发展空间差异的三大主要成因。

● 贫困县域人力资本与经济增长相关性的实证分析——基于陕西省44个县统计数据分析

作者：刘儒、孟书敏、姜军

发表期刊：《当代经济科学》

基金项目：教育部人文社会科学一般项目“基于包容性增长的西部地区民营经济可持续发展研究”（12YJA790088）；陕西省软科学基金项目“实现创新型陕西和西部强省战略与发展县域经济的相关性研究”（2011KRM18）

内容简介：人力资本是影响和制约县域经济增长的核心因素，贫困县域经济社会发展尤其如此。本文采取实证分析方法，对陕西贫困县域人力资本在经济增长中的贡献率进行估算。结果显示，贫困县域人力资本对经济增长的贡献率明显，在引入人均物质资本水平相近县经济增长比较分析后发现，具有较高人力资本水平的县域具有较高的增长率，进而提出大力发展贫困县域教育、促进经济增长的政策措施。

• 县域经济增长中结构红利的测度及决定——基于中国1820个县面板数据的实证分析

作者：张广胜、王振华

发表刊物：《经济理论与经济管理》

基金项目：辽宁省高等学校重大人文社会科学研究专项“辽宁县域经济与现代农业发展研究”（ZW2012013）

内容简介：产业结构升级是经济增长的源泉之一。本文基于中国 1820 个县的面板数据，采用 Translog 生产函数估计要素弹性，进而测度县域经济增长中的结构红利，同时构建空间误差计量模型对结构红利的影响因素进行检验。研究结果表明，2002 ~ 2010 年，结构红利占县域 GDP 总值的 4.44%，对县域 GDP 增长的贡献率达到了 24.35%。劳均资本、劳均土地等变量对结构红利有显著影响，本文还发现，在东部、中部、西部三个地区，财政支出占 GDP 的比重对结构红利都有显著的负向影响。

• 增长、结构升级与城市经济对县域经济的辐射带动——基于长三角城市群外围区的实证研究

作者：汪增洋

发表刊物：《云南财经大学学报》

基金项目：国家社会科学基金重大招标项目“以人为本的中国新型城镇化道路研究”（13&ZD025）；国家社会科学基金项目“产业空间分布优化的城镇就业效应研究”（13BJL073）；安徽省社会科学规划项目“经济转型背景下安徽区域中心城市集聚带动功能提升研究”（AHSK11 - 12D02）；安徽省高等学校省级优秀青年人才基金项目“安徽省城市化、工业化协同发展对策研究”（2012SQRWO53）

内容简介：城市经济对县域经济是否具有辐射带动作用？如何增强城市

经济的辐射带动作用？本文基于增长极理论，使用面板 VAR 模型实证检验了城市经济对县域经济的辐射带动作用。研究发现，城市经济对县域经济具有显著的辐射带动作用，城市经济增长对县域经济增长的带动作用随时间推移不断减弱，城市经济结构升级对县域经济增长具有持续的促进作用。城市经济结构升级有利于城市经济增长，但城市经济增长却没有带来城市结构升级，需要通过政策干预促进城市经济结构升级，以更好地增强城市经济对县域经济的辐射带动作用。

• 中国县域国土空间集约利用计量测度与影响机理

作者：李广东、方创琳

发表刊物：《地理学报》

基金项目：国家“十二五”科技支撑计划项目（2012BAJ22B03）

内容简介：土地利用问题日益成为中国经济发展的重要约束力之一。快速城镇化背景下城镇和乡村的快速扩张吞噬了宝贵的土地资源，粗放非集约的利用方式加剧了土地资源的浪费。从国土空间集约利用的影响机理出发分析中国县域国土空间集约的影响机理对指导集约利用实践以及宏观集约利用政策瞄准和政策矫正都具有特殊意义。本文综合运用 OLS 模型、空间面板滞后模型和空间面板自相关模型以 GIS 和 Matlab 为技术平台，构建中国县域发展基础数据库（1992～2010 年），定量刻画中国 2286 个县级单元的空间集约利用度时空变化格局，计量分析社会经济发展、自然环境本底、区位交通地理、宏观战略政策和历史基础五大类变量 17 项具体因素的影响机理。研究结果表明，空间面板数据模型的整体显著性和可信度检验略高于一般面板数据 OLS 模型；在固定相关效应后对各因素的影响机制进行了检验，表明工业化、城镇化、经济发展水平、区位、交通和宏观战略政策等因素对县域国土空间集约利用的影响较为明显。自然环境因素弱于社会经济因素。被忽略的历史因素对县域国土空间集约利用具有极显著的影响。未来县域国土空间集约利用应因势利导，强化有利因素，减小不利因素影响。提高工业化和城镇化发展水平和质量。发挥市场的主导作用，完善土地市场和运行机制。优化国土空间集约利用调控政策和管治手段，制定差别化的空间集约利用政策。以资源环境承载力为基础和约束最大限度地提高投入和产出水平。

二　县域问题研究硕士和博士论文评述

硕士和博士论文代表了当前学术问题研究中针对该问题进行的最全面、最系统的研究，代表了当前学术问题研究的最高水平。2014 年关于县域问题的博士论文共有 56 篇，硕士论文共有 576 篇，在对这些硕士和博士论文进行归纳分析的基础上，按其推荐指数，就一些重点论文的论点、观点进行如下汇总。

● 城镇化发展、产业结构升级与县域经济增长：理论与实证

作者： 王振华

论文授予单位及层次： 沈阳农业大学博士学位论文

内容简介： 论文从产业结构升级的角度对中国县域经济的快速增长进行解释，着重研究中国县域经济增长中产业结构升级的贡献（结构红利）、不同县域间的结构红利差异由哪些因素决定、城镇化的发展能否推动产业结构升级。研究结果表明，城镇化的发展会显著促进县域产业结构的升级，城镇化率的提升速度对产业结构的升级速度也有显著的正向影响，城镇化率提高 1%，东、中、西部县域非农产业比重会分别增加 0.12%、0.24%、0.21%，由城镇化发展所带动的技术创新是推进产业结构升级的最根本原因。中国县域经济中的结构红利对经济增长的贡献较大，政府行为、要素禀赋等因素对结构红利有显著的影响，结构红利占县域 GDP 的 4.44%，对县域 GDP 增长的贡献率达到了 24.35%，县域经济中的结构红利大于整体国民经济中的结构红利。中国县域产业结构及结构红利都存在显著的空间相关关系，这种空间相关关系体现为正的空间溢出效应。

• 陕西省县域经济增长方式研究

作者： 杨宏亮

论文授予单位及层次： 西北大学博士学位论文

内容简介： 论文采用非参数 DEA 方法对陕西省县域经济增长全要素生产率进行了估算，分别对陕南地区、关中地区、陕北地区以及陕西全省的经济增长质量进行了分析，并采用增长核算法测算全要素生产率对县域经济增长的贡献，从而判断陕西省县域经济增长方式，且从陕南、关中、陕北以及陕西全省四个层次对陕西省县域经济增长方式进行了详细分析。在构建模型的基础上，实证检验了财政支持、电信基础设施建设、产业结构调整、金融发展、人力资本和医疗卫生投入等因素对陕西省县域经济增长方式转变的影响。研究结果表明，2001 ~ 2010 年陕西省县域经济 TFP 年均增长率为 7.6%，且其 TFP 增长主要来源于技术进步增长，而考察期内陕西省县域经济增长技术效率呈现负增长。2001 ~ 2010 年陕西省县域经济 TFP 对经济增长的贡献率为 24.35%，总体来看，陕西省县域经济增长方式属于粗放型经济增长方式；电信基础设施建设、人力资本以及医疗卫生投入对陕西省县域经济增长质量的提高具有显著促进作用，而财政支持、产业结构调整和金融发展对陕西省县域经济增长质量的提高具有抑制作用。

• 基于 GIS 吉林省县域经济发展的空间要素和空间格局研究

作者： 刘德赢

论文授予单位及层次： 东北师范大学博士学位论文

内容简介： 论文利用 GIS 空间分析方法，对与吉林省县域经济发展密切相关的空间要素（土地、人口与城镇化、产业和交通网络）以及经济空间格局的形成和演变等进行了研究，构建了经济综合能力、经济均量能力、经济增长能力等经济指标，并采用 ESDA 空间分析测度指标和分析方法，对整体经济格局、经济热点区域的空间演化和地区生产总值、人均地区生产总值的相关指标进行了分析，最后从经济能力总体特征和经济能力热点分析两个方面研究了经济能力的空间差异性。研究结果表明，吉林省各县级行政单元城镇化进程加速，表现为行政级别的变迁、人口的空间集聚和建成区面积的空间拓展；吉林省东、中、西三大分区内各县级行政单元的城镇化发展水平差异性显著，东部地区进入快速城镇化阶段、中部地区城镇化率呈现负增长、西部地区处于城镇化发展的初级阶段；吉林省县级行政单元多以工贸业为城市发展驱动力，同时形成了“两区、四轴、一带”的县域空间结构体系。吉林省县域农业产值大幅度提升，并且农业产业内部结构空间分异现象显著，各个县域交通优势度具有较强的空间异质性，即中部县域的交通优势度高，而东西部县域的交通优势度较低，县域 GDP 总量在空间上存在聚集的模式。

- **江浙县域经济空间差异研究**

作者：杨秀秀

论文授予单位及层次：宁波大学硕士学位论文

内容简介：论文首先研究 1990～2012 年江浙两省县域经济发展总体特征及局部特征的变化趋势，其次采用空间计量方法研究江浙两省县域经济空间差异的影响因素。研究结果表明，两省总体空间差异不断缩小，江苏省县域经济形成苏南向苏中和苏北逐步递减格局。苏南以其优越的经济区位，发展迅猛并逐步辐射到周边县域，而苏北形成徐州市区、连云港市区两个经济增长极，但辐射作用小，浙江省形成由浙东北向浙西南经济发展水平逐步下降的布局。江苏省产业结构、基础设施、对外开放程度以及政府作用对县域经济的影响存在促进作用，劳动力对县域经济的影响却存在阻碍作用，固定资产投资影响不显著。浙江省固定资产投资、产业结构以及政府作用对县域经济的影响存在促进作用，而劳动力、基础设施、对外开放程度对县域经济的影响不显著。最后，在借鉴江苏省缩小县域经济空间差异经验的基础上，立足浙江省，建议优化经济空间格局、提高劳动力素质、完善基础设施、促进产业结构转型升级及提升对外开放水平。

• 县域绿色经济差异化发展研究

作者：叶敏弦

论文授予单位及层次：福建师范大学博士学位论文

内容简介：基于区域经济特色发展与差异竞争的需要，论文立足县域和县域经济，以绿色经济为主线，从差异化视角研究县域绿色经济发展，分析研究了宏观背景、重要意义与相关理论基础，探析了县域绿色经济的概念范畴、演进过程、发展趋势与内涵特征，在此基础上提出县域绿色经济差异化发展的概念，明确县域绿色经济差异化发展的内涵构成，从内生影响因素入手分析县域绿色经济差异化发展的机理，研究县域绿色经济差异化发展的战略、模式与路径选择，建立由 4 个层级、44 个具体指标构成的县域绿色经济评价体系，选择聚类分析法评价各个县域的发展特征，同时通过对福建省 58 个县（市）绿色经济发展情况进行量化评价、聚类分析、SWOT 分析、发展方式选择分析，从定性、定量的角度研究县域绿色经济发展在战略取向、推进模式、路径选择上的不同方式，验证县域绿色经济差异化发展的演进机理，探究县域绿色经济发展和而不同、合作共赢的基本规律。通过理论与实践相结合的研究，论文认为绿色经济作为县域经济转型发展、发挥比较优势与后发优势、增强竞争实力的必然抉择，特色发展与差异发展是个基本规律，其实质是求发展目标之同、存比较优势之异，在竞争基础上加强区域合作，所以需要建立和完善差别化的政策制度安排，形成科学合理的考核评价机制。

• 山东省县域经济发展评价及对策研究

作者：刘洋

论文授予单位及层次：中国海洋大学硕士学位论文

内容简介：论文首先对国内外区域经济发展理论进行了梳理和评述，通过明确县域经济的内涵、特征，进一步了解山东省县域经济发展的历史阶段和总体特征，在借鉴山东省县域经济发展典型模式、外省和其他地区县域经济发展模式，并总结启示的基础上，对山东省县域经济发展做出综合评价。结合单指标评价、多指标评价和SWOT分析，研究了山东省所辖的116个县级市、县以及区2008～2012年县域经济差异变化的时空特征，对县域经济发展进行系统诊断。论文提出多层次、多领域、针对性强的政策措施，以期达到做大做强县域经济、提升山东省综合实力的目的。

三　广西县域问题研究

2014年，关于广西县域问题研究的文章仅有8篇，按推荐指数，这里仅对其中的3篇进行汇总。

• 基于主成分分析的广西县域经济综合评价体系与实证分析

作者： 庞汉

发表期刊：《经济与社会发展》

基金项目： 广西哲学社会科学规划项目“广西县域经济发展综合评价体系与实证研究”（06FJL005）；国家社会科学基金西部项目“西南民族地区经济社会发展的经验学习及其机制研究”（11XMZ058）

内容简介： 本文分析广西县域经济发展现状及与全国县域经济的差距，研究提出广西县域经济综合评价的指标体系，采用SPSS17.0软件对广西县域经济进行主成分分析和聚类分析，在此基础上，从县域的地域分布、发展类型、发展特征、县域区位、发展特色等方面对广西县域发展状况进行评价分析，并提出下一阶段加快广西县域经济发展的对策建议。

• 广西县域经济差异的产业基尼系数分解

作者： 韦韡、刘春东

发表期刊：《广西民族大学学报》（哲学社会科学版）

基金项目： 广西教育厅2014年度科研项目“广西北部湾经济区县域经济发展差异的时空特征分析”（LX2014100）

内容简介：论文以广西 91 个县为研究对象，采用基尼系数法，从产业结构分解的角度对 2006～2012 年广西县域经济差异变动及其影响因素进行实证研究。研究表明，虽然 2012 年基尼系数呈现小幅反弹，但是自 2006 年以来，总体上广西县域经济差异呈逐渐缩小的态势；从产业结构分解来看，第二产业的结构效应与集聚效应的相互作用，是影响县域经济差异的最主要因素。因此，加快推进老少边穷地区县域的农业产业化和工业化进程是实现广西县域经济均衡协调发展的关键。

- **广西县域经济差异的时空格局演变研究**

作者：李锦波、刘紫珊、车良革

发表期刊：《经济师》

内容简介：本文基于 GIS 技术、计量地理学和空间自相关理论，构建广西县域经济发展水平综合评价指标体系，运用因子分析法计算其经济综合指数，经极差标准化后，计算广西县域经济的变异系数和空间自相关系数，分析研究广西县域经济差异的时空演变规律。结果表明：①广西县域经济差异存在较大的波动，县域经济差异整体呈下降趋势，县域经济发展不均衡，经济关联弱，但区域正相关集聚呈增强趋势；②在广西时空格局演变中，存在县域经济差异的空间格局变化频繁和县域经济热点区域呈现点状向组团带状分布趋势演变；③对广西“两区一带”划分为经济发达、次发达、欠发达、落后 4 种类型分布区后，其空间格局演变特征与变异系数、空间相关系数计算结果相符。

县域经济研究文献精选汇总见表 6－1。

表 6－1　县域经济研究文献精选汇总

序号	文章名称	作者	发表时间	期刊名称	推荐指数	文章类型
1	1982～2010 年中国县域经济发展时空格局演变	周扬、李宁、吴文祥等	2014.01	地理科学进展	Ⅰ	实证
2	1990 年以来上海“大都市阴影区”的时空演替——基于县域尺度单元的分析	孙东琪、张京祥、胡毅等	2014.07	长江流域资源与环境	Ⅰ	实证

续表

序号	文章名称	作者	发表时间	期刊名称	推荐指数	文章类型
3	2000年以来山东省县域城镇化的空间格局研究	李晓建、佘丽敏、王凯圣	2014	城乡治理与规划改革——2014中国城市规划年会论文集（13区域规划与城市经济）	Ⅱ	实证
4	北京市县域都市农业可持续发展水平动态分异与提升路径	王岱、蔺雪芹、刘旭等	2014.09	地理研究	Ⅱ	对策
5	城市可持续发展的政府推进机制——以江苏省东海县为例	周梦玲	2014.04	山西财经大学学报	Ⅲ	案例
6	城乡一体化视角下县域土地多用途适宜性评价方法研究——以嘉禾县为例	曾敏、赵运林、张曦	2014.03	湖南科技大学学报（自然科学版）	Ⅱ	案例
7	促进经济发展方式转变的财税政策研究——基于浙江县域经济视角	沈玉平、王攀学、丁洁	2014.02	财经论丛	Ⅱ	对策
8	地方财政分权对县域经济增长的影响及其传导机制研究——来自云南106个县域面板数据的证据	缪小林、伏润民、王婷	2014.09	财经研究	Ⅰ	实证
9	发展新型村集体经济是新农村建设的必然之路——以大连长海县为例	于毅	2014.02	农业经济	Ⅲ	案例
10	分权增加了民生性财政支出吗？——来自中国“省直管县”的自然实验	陈思霞、卢盛峰	2014.07	经济学（季刊）	Ⅰ	实证
11	河北省县域经济特征与发展路径分析	王涛、王华玲	2014.12	生态经济	Ⅲ	对策
12	河北省县域贫困度多维评估	袁媛、王仰麟、马晶等	2014.01	地理科学进展	Ⅰ	实证
13	河南省县域交通优势度综合评价及空间格局演变	孟德友、沈惊宏、陆玉麒	2014.03	地理科学	Ⅱ	实证

续表

序号	文章名称	作者	发表时间	期刊名称	推荐指数	文章类型
14	湖北省县域“三化”发展关系研究	刘春	2014.02	湖北农业科学	Ⅲ	实证
15	湖南县域经济差异变化的实证研究	廖翼、周发明、唐玉凤	2014.02	经济地理	Ⅱ	实证
16	基于分县尺度的2020～2030年中国未来人口分布	王露、杨艳昭、封志明等	2014.02	地理研究	Ⅰ	实证
17	基于灰色关联度——TOPSIS的县域经济社会发展综合评价研究	王际科、杨正丽、杜小军	2014.10	数学的实践与认识	Ⅰ	竞争力
18	基于熵权TOPSIS和GIS的重庆市县域经济综合评价及空间分析	杜挺、谢贤健、梁海艳等	2014.06	经济地理	Ⅰ	竞争力
19	基于县域单元的中国生态经济系统协调度及空间演化	魏晓旭、赵军、魏伟等	2014.06	经济地理	Ⅱ	实证
20	基于县域的陕西省产业结构演变城市化响应的时空差异分析	冯海红、白永平、马卫等	2014.12	资源开发与市场	Ⅱ	实证
21	基于引力模型的县域中心村空间布局分析——以山西省长治县为例	焦鹏飞、张凤荣、李灿等	2014.01	资源科学	Ⅱ	案例
22	基于主体功能区的县域土地利用分区及模式选择——以贵州省大方县34个乡镇为例	迟超月、朱道林、韩德军等	2014.06	资源开发与市场	Ⅰ	案例
23	江苏省县域城市生活质量的空间格局及其经济学解析	曾文、张小林、向梨丽等	2014.07	经济地理	Ⅱ	实证
24	江苏省县域经济发展空间差异及成因分析	张荣天、韩玉刚	2014.06	华东经济管理	Ⅰ	实证
25	江西省县域农业碳排放的时空动态及影响因素分析	尧波、郑艳明、胡丹等	2014.03	长江流域资源与环境	Ⅱ	实证
26	论县域经济发展的三大基本要素	宋国琴	2014.04	山西财经大学学报	Ⅲ	理论
27	旅游产业集聚：概念、动力与实践模式——嵩县白云山案例	马晓龙、卢春花	2014.04	人文地理	Ⅱ	案例

续表

序号	文章名称	作者	发表时间	期刊名称	推荐指数	文章类型
28	内蒙古县域经济空间格局演化研究	王芳、高晓路	2014.07	地理科学	Ⅱ	实证
29	贫困县域人力资本与经济增长相关性的实证分析——基于陕西省44个县统计数据分析	刘儒、孟书敏、姜军	2014.03	当代经济科学	Ⅰ	实证
30	山区县域经济研究综述	张海军、胡仪元	2014.01	开发研究	Ⅲ	理论
31	山西省县域经济发展影响因素的空间异质性研究——基于地理加权回归(GWR)模型	王利、蔡乐、王红燕等	2014.02	资源开发与市场	Ⅱ	实证
32	我国陆地边境县劳动力及其就业状况研究	马胜春、王广州、徐世英等	2014.05	西北人口	Ⅱ	实证
33	我国县域城市品质评价指标体系构建与实际测度——以浙江省慈溪市为例	贺建军、张维维	2014.02	现代城市研究	Ⅲ	案例
34	我国县域经济发展的现状、问题及对策分析	胡月秀	2014.02	开发研究	Ⅲ	对策
35	我国县域经济发展中财政支持的制约因素及对策研究	吉宏、邹昫芹、鄢海艳	2014.11	金融与经济	Ⅱ	对策
36	我国县域农业现代化发展水平评价——基于全国1980个县的实证分析	辛岭、王济民	2014.11	农业现代化研究	Ⅱ	实证
37	县域产业集群社会资本效应实证分析——以陕西户县纸箱产业集群为例	刘菊芹	2014.09	西安财经学院学报	Ⅱ	案例
38	县域城乡发展一体化水平评价——以陕西83个县(市)为样本	王颂吉、白永秀、宋丽婷	2014.01	当代经济科学	Ⅱ	实证
39	县域交通优势度与经济发展的空间关联——以江西省为例	陈永林、谢炳庚、钟业喜等	2014.10	地域研究与开发	Ⅱ	实证
40	县域经济差异总体特征与空间格局演化研究——以浙江为实证	蒋天颖、华明浩等	2014.01	经济地理	Ⅱ	实证

续表

序号	文章名称	作者	发表时间	期刊名称	推荐指数	文章类型
41	县域经济增长中结构红利的测度及决定——基于中国1820个县面板数据的实证分析	张广胜、王振华	2014. 06	经济理论与经济管理	Ⅰ	实证
42	县域文化产业发展方式的确定与培育	王彦林、姚和霞、曹万鹏	2014. 01	学术交流	Ⅲ	对策
43	增长、结构升级与城市经济对县域经济的辐射带动——基于长三角城市群外围区的实证研究	汪增洋	2014. 03	云南财经大学学报	Ⅰ	实证
44	浙江省县域经济发展差异与空间极化研究	赵磊、方成、丁烨	2014. 07	经济地理	Ⅱ	实证
45	政府间财政转移支付对民族扶贫县财政支出行为影响的实证研究——基于241个民族扶贫县的考察	李丹、刘小川	2014. 01	财经研究	Ⅱ	实证
46	中国陆地边境县域旅游竞争力评价	时雨晴、钟林生、陈田	2014. 06	资源科学	Ⅱ	竞争力
47	中国陆地边境县域旅游资源特征评价及其开发策略	钟林生、张生瑞、时雨晴等	2014. 06	资源科学	Ⅱ	对策
48	中国旅游强县规模发展特征及影响因素研究	邹永广、郑向敏	2014. 01	华东经济管理	Ⅱ	实证
49	中国县域国土空间集约利用计量测度与影响机理	李广东、方创琳	2014. 12	地理学报	Ⅰ	实证
50	中国县域经济空间分布格局及其演化研究：1990～2010年	罗庆、李小建、杨慧敏	2014. 01	经济经纬	Ⅱ	实证
51	中原经济区县际经济联系网络结构及其演化特征	李亚婷、潘少奇、苗长虹	2014. 07	地理研究	Ⅱ	实证
52	中原经济区县域经济密度的空间分异及影响因素	张改素、丁志伟、赵萌等	2014. 09	经济地理	Ⅱ	实证
53	珠三角县域城市潜力的空间集聚演化及影响因素	梅志雄、徐颂军、欧阳军	2014. 02	地理研究	Ⅱ	实证
54	珠三角县域城市潜力的时空关联结构演变	梅志雄、徐颂军、欧阳军	2014. 04	地理学报	Ⅱ	实证

续表

序号	文章名称	作者	发表时间	期刊名称	推荐指数	文章类型
55	主体功能区视域下县域产业结构优化路径选择——以江苏新沂为例	马随随、陈洪全、彭俊	2014. 03	现代城市研究	Ⅱ	案例
56	资源富集型区域县域经济科学发展问题探析——以四川盆周山区县为例	杨彪、廖祖君	2014. 12	农村经济	Ⅱ	案例
57	“省直管县”下政府层级间财政资源分配的博弈研究——以云南省为例	周莹莹	2014. 03	云南财经大学硕士学位论文	Ⅱ	案例
58	ECFA 框架下山东省与台湾休闲农业合作研究	徐丽丽	2014. 10	西北农林科技大学硕士学位论文	Ⅲ	对策
59	广东省欠发达地区县域城镇化问题研究——以广东省梅县为例	邝毅	2014. 06	兰州大学硕士学位论文	Ⅲ	案例
60	广西林下经济发展与绩效评价——基于广西五个林业大县的调研	朱雄峰	2014. 06	广西师范大学硕士学位论文	Ⅲ	实证
61	黑龙江省贫困县县域经济发展研究	梁彦	2014. 06	东北农业大学硕士学位论文	Ⅱ	对策
62	黑龙江省县域经济发展模式研究	张永禄	2014. 07	黑龙江社会科学院硕士学位论文	Ⅲ	对策
63	湖北省县城旅游发展空间差异研究	黄思远	2014. 05	华中师范大学硕士学位论文	Ⅱ	实证
64	湖南省县域科技竞争力评价研究	李茜丹	2014. 06	湘潭大学硕士学位论文	Ⅲ	竞争力
65	基于 ESDA 的浙江省县域经济空间关联性研究	李鹏	2014. 01	宁波大学硕士学位论文	Ⅱ	实证
66	基于 GIS 下的土地集约利用评价——以鄯善县化工产业园区为例	李小龙	2014. 06	新疆大学硕士学位论文	Ⅲ	案例
67	吉林省县域城镇化水平及空间分形特征研究	宫海欣	2014. 03	吉林财经大学硕士学位论文	Ⅲ	实证
68	江苏省县级城市竞争力综合评价	单元	2014. 04	山东大学硕士学位论文	Ⅲ	竞争力

续表

序号	文章名称	作者	发表时间	期刊名称	推荐指数	文章类型
69	江浙县域经济空间差异研究	杨秀秀	2014.06	宁波大学硕士学位论文	Ⅱ	实证
70	经济转型期洪雅县主导产业的选项研究	阳运良	2014.05	西南交通大学硕士学位论文	Ⅲ	对策
71	科技进步影响县域经济发展差异性研究——以重庆市为例	郑弘铭	2014.05	重庆大学硕士学位论文	Ⅲ	案例
72	科技进步与县域经济增长研究——以怀宁县为例	谢辉	2014.04	安徽大学硕士学位论文	Ⅱ	案例
73	两型社会建设背景下湘潭县产业结构优化研究	毛慧娟	2014.05	湖南师范大学硕士学位论文	Ⅲ	对策
74	辽宁省县域城镇化水平综合测度及区域差异分析	王艳军	2014.04	辽宁师范大学硕士学位论文	Ⅱ	实证
75	沙县休闲农业发展策略研究	张志翔	2014.04	福建农林大学硕士学位论文	Ⅲ	对策
76	山东省旅游强县创建范式拉动效应研究	郭懿	2014.04	山东师范大学硕士学位论文	Ⅲ	对策
77	山东省县域经济发展评价及对策研究	刘洋	2014.06	中国海洋大学硕士学位论文	Ⅲ	对策
78	四川县域优势产业发展的对策研究	刘应国	2014.06	西南交通大学硕士学位论文	Ⅲ	对策
79	太湖县工业化和信息化深度融合评价研究	熊月霞	2014.06	安徽大学硕士学位论文	Ⅲ	实证
80	磷减排对县级区域经济发展影响的研究	卜亚男	2014.03	华北电力大学硕士学位论文	Ⅲ	实证
81	我国家庭农场发展现状及其对策研究——以孟津县为例	郑佳	2014.06	河南科技大学硕士学位论文	Ⅱ	案例
82	我国农村生态文明建设问题研究——以邹平县为例	刘海涛	2014.06	山东师范大学硕士学位论文	Ⅲ	案例
83	我国省管县财政改革研究——以河南为例	刘伊真	2014.05	河南大学硕士学位论文	Ⅱ	案例
84	我国县级政府在旅游开发中的角色定位研究——以宁陕县为实例	杨月华	2014.06	西北大学硕士学位论文	Ⅲ	案例

续表

序号	文章名称	作者	发表时间	期刊名称	推荐指数	文章类型
85	我国县域城乡一体化发展问题研究	吴晓婵	2014.06	湘潭大学硕士学位论文	Ⅲ	对策
86	西部地区“省直管县”财政体制改革风险预警机制研究——基于县级数据的实证分析	曾伟	2014.06	云南财经大学硕士学位论文	Ⅱ	实证
87	县域耕地质量等级监测样点布设及优化方法研究	汤赛	2014.06	中国农业大学硕士学位论文	Ⅲ	对策
88	县域经济产业协同发展的测度及案例研究	王稚安	2014.05	湖南大学硕士学位论文	Ⅲ	案例
89	县域经济发展中地方政府职能研究	王琦	2014.05	武汉科技大学硕士学位论文	Ⅱ	对策
90	县域经济园区发展问题研究——以寒亭区为例	栾新成	2014.06	山东农业大学硕士学位论文	Ⅲ	案例
91	县域生态用地保护等级划分及保护对策研究——以广西扶绥县为例	林丽	2014.06	广西师范大学硕士学位论文	Ⅲ	案例
92	县域土地综合整治潜力与整治分区研究——以临汾市尧都区为例	王子凌	2014.06	中国地质大学硕士学位论文	Ⅲ	案例
93	新农村背景下小城镇基础设施建设研究——以安仁县为例	候军	2014.06	浙江海洋学院硕士学位论文	Ⅲ	案例
94	新型工业化促进县域经济发展的机理和实证分析	申唯琛	2014.05	湖南大学硕士学位论文	Ⅲ	实证
95	浙江县域经济差异的影响因素研究——基于要素投入和产业结构的视角	薛华丽	2014.06	宁波大学硕士学位论文	Ⅱ	实证
96	新型城镇化背景下小城镇土地精明利用评价与应用——以广西上林县为例	韦俊敏、胡宝清、张中秋	2014.08	资源科学	Ⅱ	案例
97	城镇化发展、产业结构升级与县域经济增长：理论与实证	王振华	2014.06	沈阳农业大学博士学位论文	Ⅰ	理论
98	吉林省县域经济差距及其对教育公共服务影响研究	温天力	2014.12	吉林大学博士学位论文	Ⅱ	对策

续表

序号	文章名称	作者	发表时间	期刊名称	推荐指数	文章类型
99	陕西省县域经济增长方式研究	杨宏亮	2014.12	西北大学博士学位论文	Ⅰ	理论
100	县域绿色经济差异化发展研究	叶敏弦	2014.06	福建师范大学博士学位论文	Ⅱ	对策
101	县域生态文明建设评价指标体系构建技术研究——以石家庄市为例	赵好战	2014.12	北京林业大学博士学位论文	Ⅱ	案例
102	基于主成分分析的广西县域经济综合评价体系与实证分析	庞汉	2014.03	经济与社会发展	Ⅰ	竞争力
103	广西县域经济差异的产业基尼系数分解	韦韡、刘春东	2014.04	广西民族大学学报（哲学社会科学版）	Ⅱ	实证
104	广西县域经济差异的时空格局演变研究	李锦波、刘紫珊、车良革	2014.11	经济师	Ⅱ	实证

第七部分

附录

附录1　2015年相关省（区、市）政府工作报告县域经济发展内容摘录

序号	名称	县域经济发展内容摘录
1	2015 年国务院政府工作报告	①深化农村信用社改革，稳定其县域法人地位。②完善设施标准，实行特大镇扩权增能试点，提升地级市、县城和中心镇产业与人口承载能力，方便农民就近城镇化。③在县以下机关建立公务员职务和职级并行制度。④全面推行县级公立医院综合改革，在 100 个地级以上城市进行公立医院改革试点，努力减轻群众负担。
2	2015 年北京市政府工作报告	①坚持城乡发展一体化，深化区县功能定位，形成生产、生活、生态空间的合理结构。②全面实施人口规模调控方案，落实区县调控责任，实现常住人口增速明显下降。③加快区域医联体建设，基本建成郊区县 10 个区域医疗中心，推动优质医疗资源均衡配置。④健全法治政府指标体系和评价体系，把区县政府依法行政工作纳入绩效考核。
3	2015 年天津市政府工作报告	①加快建设市、区两级行政执法监督平台，建立全过程记录制度，每一个执法行为、每一个案件的处理都纳入监管范围。②改善农村和社区环境面貌。加强村庄周边绿化，推进乡镇污水处理全覆盖，健全农村生活垃圾处理体系，搞好秸秆综合利用。③深化中心城区北部地区、国家会展中心周边等重点地区、重点项目城市设计。
4	2015 年河北省政府工作报告	①围绕打造京津冀世界级城市群，健全空间规划体系，推进市县“多规合一”工作。②优化城市空间布局，提升设区城市、县城和中心镇功能，培育一批特色小城镇，推进农业转移人口市民化，全省城镇化率达到 50.5%。③继续开展县城建设攻坚，建成 100 个特色街区和 100 个风貌建筑，实施建制镇新型城镇化建设试点。④推进省、市、县三级行政审批事项网上一体化审批和联合审批，开展设立行政审批局改革试点。⑤推行县以下机关公务员职务与职级并行制度。⑥健全多元化的

续表

序号	名称	县域经济发展内容摘录
4	2015 年河北省政府工作报告	科技成果评价体系和成果发布机制，完善技术产权交易平台，推动市县建立科技成果交易市场和创新成果孵化器，促进集成创新和高技术产业项目推广应用。⑦深化县级公立医院综合改革，扩大城市公立医院综合改革试点，加大社会办医力度。⑧积极推进综合执法，整合市、县两级政府执法队伍种类，合并职能相同或相近的执法部门。
5	2015 年山西省政府工作报告	①推进财税体制改革，继续推进“营改增”，完善煤炭资源税省、市、县三级共享格局。②深化扩权强县改革，赋予县域更大的发展自主权，促进县域经济加快发展。③健全空间规划体系，推进市县“多规合一”。④提升医疗卫生服务水平。深化医药卫生体制改革，实现全省县级公立医院综合改革全覆盖。⑤落实县以下机关公务员职务与职级并行制度。⑥全面梳理政府权力事项，省级政府部门要完成权力清单、责任清单公布工作，探索制定市场准入负面清单，市县政府部门也要加快推进。
6	2015 年内蒙古自治区政府工作报告	①大力发展县域经济。围绕“产城融合”推进县城和中心镇扩容提质，加快基础设施和公共服务城乡连接、共建共享；推动县域经济特色化发展，发挥比较优势，统筹扩大规模、做响品牌和错位发展，加快优势特色产业发展。②继续抓好“扩权强县”改革试点工作，总结试点经验，确保下放的经济社会管理权落实到位，提升县域治理和自主发展能力。③实施旗县以下机关公务员职务与职级并行制度，落实职工带薪休假制度。④实施边境旗县新闻出版广播影视固边工程，推动首批自治区公共文化示范区、示范项目创建。⑤落实自治区义务教育均衡发展实施意见，扩大义务教育均衡发展旗县覆盖面。⑥加快自治区本级重点卫生项目和盟市、旗县及基层医疗服务体系建设，全面推开县级公立医院改革。
7	2015 年辽宁省政府工作报告	①大力发展县域经济。继续推进一县一业，做大做强做优农产品品牌；促进县域工业产业集群创新发展、提质增效，推进农产品加工重大项目尽快投产达产，不断增强县域经济发展实力。②优化城镇布局和形态，加快建设县城和中心镇。③实施“医保、医药、医疗”三医联动，全面推开县级公立医院改革，逐步构建分级诊疗就医新秩序。
8	2015 年吉林省政府工作报告	①跟踪落实好国家政策，完善最低工资标准调整、职工工资正常增长机制，全面建立并推行县以下机关公务员职务与职级并行制度。②进一步壮大县域经济实力。着力提升县域产业层次，宜农则农，宜工则工，宜商则商，实现错位发展、差异化发展。③依托现有工业集中区，启动实施县域转型升级“示范工程”，推进资源深度开发利用、农畜产品精深加工。④深入搞好“扩权强县”试点，继续探索向县（市）放权，在用地指标、审批制度、金融创新等方面研究出台政策，激发县域发展活力。⑤鼓励和引导县（市）创新体制机制，深化土地、住房、教育、社保等制度改革。⑥持续简政放权。承接落实好国家下放行政审批事项，全面清理现有省级行政审批前置服务项目。加强指导培训，确保市县政府接得住、办得好，真正方便企业和群众；建立市县政府权力清单、责任清单。⑦扎扎实实搞好基本民生。建设县级以上公办养老机构 32 个，实现 60% 的县（市、区）义务教育基本均衡。

续表

序号	名称	县域经济发展内容摘录
9	2015 年黑龙江省政府工作报告	①采取增加岗位津贴等措施，推动师范院校毕业生到乡村学校任教，提高农村师资水平。在各县（市）实施“义务教育阶段学校教师特设岗位计划”。②全面深化公立医院改革，在政府办县级医院逐步取消药品加成，引进社会资本参与公立医院改制和经营，推进 100 个区域医疗机构联合体建设。完成县级妇幼保健服务资源整合。
10	2015 年上海市政府工作报告	①加强基层建设。实行市、区职能部门职责下沉准入制度，推动区县综合执法力量下沉街镇。②加快建设连接中心城与郊区的重要交通线和区区对接道路。③在中心城区实行市场监管新体制，探索知识产权管理执法新体制，制定区县城市管理综合执法改革方案。④改进审批方式，在区县、街镇推行审批标准化管理。⑤深化财政体制改革，进一步理顺市与区县的事权和支出责任。⑥深化行政执法体制改革，推进区县市场监管体制改革，全面推行区县城管综合执法改革。
11	2015 年江苏省政府工作报告	①实施新一轮省以下财政管理体制改革，完善市县基本财力保障机制。②强化规划引领，积极推进市县“多规合一”，努力做到一个市县一本规划、一张蓝图。③制定美丽宜居新江苏规划建设纲要，扎实推进生态文明示范市、县（区）建设。④巩固扩大县级公立医院综合改革成果，并在试点基础上加快推进城市公立医院改革，加快社会资本办医步伐。
12	2015 年浙江省政府工作报告	①加强美丽县城建设，深化中心镇扩权改革，推动特大县域镇区规划调整。支持相邻县市一体化发展。②制订实施“创无违建县三年行动计划”，力争到 2017 年有 30% 的县（市、区）建成无违建县。③选择若干县市，开展做强做优公益性医院、放开放活营利性医院改革试点。
13	2015 年安徽省政府工作报告	①在省、市、县政府全面建立运行权力清单、责任清单和涉企收费清单制度，加强事中、事后监管。②推进省以下财政体制改革，健全县级基本财力保障机制。③推进医疗联合体建设，启动县域医疗服务共同体试点。大力发展社会办医。④深入开展县城规划建设管理提升行动，推进县城道路建设、污水和垃圾处理、园林绿化和水环境治理，不断改善人居环境。⑤完善基本公共卫生服务，启动县域医疗服务能力建设项目。
14	2015 年福建省政府工作报告	①推进县（市）域城乡总体规划编制，推行“多规合一”，加强城市设计和控制性详规、修建性详规编制，强化规划执行力。②产城互动做强县域经济。加快实施“大城关”战略，突出抓好工业园区建设，重点推进 23 个省级扶贫开发工作重点县“一县一园区”建设，做大“一县一业一品”，打造块状经济。③加大对原中央苏区县、革命老区等欠发达地区的扶持力度，研究制定加快边界县经济社会发展的政策措施。

续表

序号	名称	县域经济发展内容摘录
15	2015 年江西省政府工作报告	①深入推进“三单一网”改革，基本完成省、市、县政府权力清单、责任清单和市场准入负面清单公布工作。②推进电力价格改革，完成设区市和县级市阶梯水价改革，实施居民生活用气阶梯气价制度。③大力发展县域经济。完善县域城镇布局，支持有条件的县城、中心镇发展为中小城市；深化省直管县改革，建立完善县级事权与财力相匹配的新机制，进一步扩大县、乡两级经济管理权限；鼓励支持各县发挥优势、加快发展，营造比学赶超、奋发进取的良好氛围。④支持重点旅游县（市、区）开展旅游综合试点改革，推动旅游接待人数和旅游总收入快速增长。⑤实施城市配送试点工程，支持有条件的市县建设区域物流信息平台。⑥完善市县综合考核评价体系，提高生态文明建设权重。
16	2015 年山东省政府工作报告	①改革机关事业单位工资制度，在县以下机关全面实行职务职级并行制度，进一步提高基层公务人员工作补贴。②探索划分省与市县政府事权和支出责任，在教育、卫生、交通运输等基本公共服务领域先行先试。③省、市、县分步完成公务用车制度改革。④选择若干市县开展新型农村合作金融试点，加快农村信用社改革步伐。⑤深化县级公立医院综合改革，巩固扩大基本药物制度实施范围，健全城乡基本医疗卫生服务体系，加强重大疾病防控。⑥健全农产品质量安全监管体系，整体建设农产品质量安全县。⑦积极支持和引导好县域经济的对外开放，充分发挥草根企业学习借鉴国外经验、开展跨国合作的主动性和创造性。⑧统筹谋划和推进全省对外交往活动，在省市友城框架下推动县级友城结好。
17	2015 年河南省政府工作报告	①深入推进省直管县体制改革试点，完善全面直管体制。完成市县政府机构改革、交通运输行政执法和食品药品监管体制改革。②全面推进县级农村信用社改制组建农村商业银行工作，力争经过三年努力，县级联社全部达到农村商业银行组建标准并完成组建。③以市、县两级为重点，加快不动产登记制度改革。④启动实施基层卫生人才工程，持续推进县域医疗联合试点，全面深化县级公立医院综合改革。⑤组建新闻出版广电控股集团，完成县级有线电视网络整合任务。⑥扩充城镇义务教育资源，力争每个县（市、区）新建 1 ~2 所初中、小学，逐步解决城镇义务教育超大班额问题。⑦加强基层医疗卫生机构标准化建设，建设一批全科医生临床培育基地和标准化县乡医疗卫生服务项目。⑧建立县、乡、村三级矛盾纠纷调处化解体系，健全信访终结机制，抓好阳光信访、逐级走访、诉访分离、积案化解等工作。

续表

序号	名称	县域经济发展内容摘录
18	2015 年湖北省政府工作报告	①省财政设立中小企业发展基金 50 亿元，全部安排到各县（市）政府控股、参股的融资担保公司，引导推动更多社会资本进入中小企业信用担保平台，帮助中小企业缓解融资难题。②大力发展县域经济。实施县域金融工程，提高县域贷存比；拓宽多元化融资渠道，加快区域股权市场对接县域经济步伐，引导符合条件的县域企业开展直接融资；完善县域经济发展配套支持政策。③完善投资项目省级网上联合审批平台，实现省、市、县三级投资项目联合审批全覆盖，实行限时审批。④深入推进行政权力清单制度建设，统筹开展省、市、县三级新一轮权力清理工作，同步推进责任清单、监管清单制度。⑤指导推动生态省、市、县、乡、村五级创建，协同推进各部门、各类型生态文明示范试点创建。⑥重点推进县级公立医院综合改革和分级诊疗试点，积极推进社会办医，为群众提供多元、安全、便捷的健康服务。
19	2015 年湖南省政府工作报告	①深入推进百城千镇县乡流通再造工程和邮政便民综合服务平台建设，加强商贸物流园区和标准化配送中心建设。②在环保、交通、水利等领域试行省、市、县事权与支出责任划分，省级财政专项压缩到 100 项以内。开展县级统筹整合涉农资金试点。③研究建立分级诊疗制度，全面开展县级公立医院综合改革，深化城市公立医院综合改革试点，健全重大疾病保障和救助机制。④以湘南承接产业转移示范区和试点县、重点县为平台，建设湘粤开放合作试验区，把湘南打造成为对外开放的重要窗口和门户。⑤继续实施特色县域经济发展工程，培育充满活力的县域经济。⑥推进城市群、区域中心城市和小城镇协调发展，提高县级市和县城发展水平，推动重点镇加快发展。⑦深化机关事业单位工资和津补贴制度改革，研究实行县以下机关公务员职务与职级并行，以及乡镇机关事业单位人员工作补贴制度。
20	2015 年广东省政府工作报告	①深化转移支付制度改革，开展省与市县之间事权和支出责任置换改革试点。②落实市、县、镇各级抓基层治理责任，完善镇街领导干部驻点普遍直接联系群众制度。③扎实推进全面对口帮扶，拓宽帮扶工作领域，强化县（市、区）结对帮扶。④加快建立城镇化与新农村建设协同发展的体制机制，编制实施县（市）全域城乡建设规划，加强村镇规划建设。⑤加快市、县两级公共体育设施建设，推动乡镇农民健身工程全覆盖。
21	2015 年广西壮族自治区政府工作报告	①实行乡镇工作补贴，在县以下机关建立公务员职务与职级并行制度。进一步提高村干部待遇。②抓好县级公立医院等改革，全面推进新农合市级统筹和城乡居民大病保险。③深入实施大县城战略，建设好 20 个新型城镇化示范县。④推进县县通天然气工程，力争实现城镇燃气普及率达 90% 以上，天然气利用覆盖 14 个设区市和 60 个县。⑤加快构建自治区、市、县三级农村融资担保体系，大力发展普惠金融。⑥合理配置执法力量，减少市、县两级政府执法队伍种类，加强市、县两级政府行政执法体制改革，理顺行政强制执行体制，提高执法和服务水平。

续表

序号	名称	县域经济发展内容摘录
22	2015 年海南省政府工作报告	①改革旅游管理体制，打破市场分割壁垒，推进旅游交通零距离换乘和无缝对接，实现市县无障碍旅游。②加强城市建设和管理，促进市县道路互联互通，提升交通便捷程度；支持市县建设智慧城市、无线城市和数字城市，提高城市现代化、信息化和管理精细化水平。③继续实施“全面改薄”工程，完成第三批国家级县域义务教育均衡发展评估验收。④深化医药卫生体制改革，全面铺开县级公立医院综合改革。
23	2015 年重庆市政府工作报告	①建立基于功能分区的转移支付制度，落实财税分类扶持政策，完善市与区县的事权和支出责任。②提升区县城基础设施支撑能力和公共服务水平，打造一批特色中心镇。③在城市发展新区和渝东北、渝东南有条件的区县设立海关、检验检疫机构或保税仓库，实现“就近报关、口岸验放”。
24	2015 年四川省政府工作报告	①继续清理优化行政权力目录，公布省、市、县三级行政许可项目清单，实现省、市、县联网审批。②完善扩权强县运行机制，做强县域产业支撑，突出特色和优势，加快建设一批工业经济、现代农业、生态旅游强县。③加快城市新区建设，拓展区域中心城市和重点县城发展空间。④全面推进县级公立医院综合改革，完善分级诊疗制度，提升重大突发公共卫生事件应急处置水平，提高计划生育服务管理水平。
25	2015 年贵州省政府工作报告	①培育一批建筑业龙头企业，扶持一批中小型建筑业企业，发展一批建筑业示范县、示范镇。②深入实施“四在农家·美丽乡村”六项行动计划，以县为主体，整乡整村推进，集中连片改造。③聚焦国家扶贫开发工作重点县，做到精准扶贫“六个到村到户”；坚持“四到县”，整合用好扶贫资金，加强扶贫资金审计。④推进环贵州高速公路建设，实现县县通高速公路。
26	2015 年云南省政府工作报告	①州（市）重点推进 50 个百亿元园区建设，各县（市、区）结合实际推进重点产业园区发展。②深入推进四大片区、革命老区和人口较少民族扶贫开发，继续开展整村、整乡、整县、整州和整族扶贫攻坚。③加强县乡土地流转服务中心和全省综合性农村产权交易平台建设。④促进城镇协调发展，提升地级市、县城和中心集镇功能，着力培育一批特色小城镇。⑤加强转移支付体系和县乡财政管理改革，开展事权与支出责任划分调整试点，强化政府债务管理，防范债务风险。⑥推进以县级公立医院为主的公立医院改革，完善基本药物制度，探索建立合理分级诊疗模式，提升基层医疗卫生机构能力。
27	2015 年西藏自治区政府工作报告	①大力推进精准扶贫，强化地县主体责任，实施整村推进。②扎实推进教育公平，完成 12 个县义务教育均衡发展评估验收。③实施县乡医疗卫生综合服务能力提升工程，推进远程医疗等卫生计生信息化建设，基本实现常见病、多发病不出县。④完善公共文化服务体系，实现县级有线电视数字化全覆盖。

续表

序号	名称	县域经济发展内容摘录
28	2015 年陕西省政府工作报告	①切实抓好粮食主产县、旱作高产县和整镇连片现代粮食基地建设，加快推进整县果业转型升级，积极打造肉、蛋、奶生产重点县。②调整机关事业单位工资，建立县以下机关公务员职务与职级并行制度。③深入推进市县政府机构改革，加大对计划单列市的支持力度，完善省直管县管理体制，加快实施镇村综合改革，支持有条件的地方设立镇级市。
29	2015 年甘肃省政府工作报告	①加快转变政府职能，指导市县政府做好“接、放、管”工作。②建立地方政府债务管理及风险预警机制，省、市、县三级政府性债务全部纳入预算管理。③推进城乡发展一体化改革，在新型城镇化试点县镇推进户籍、土地、财政、商贸、社保、教育、卫生等方面的配套改革。④以集中连片特困地区 58 个贫困县为重点，实施精准扶贫，落实项目审批到县、资金整合到县的措施，强化县一级扶贫主体责任和省市监管责任。⑤抓好省、市、县规划衔接和试点工作的落实，加快推进市、县两级新型城镇化规划编制，实现城市、县城、重点小城镇控制性详细规划全覆盖；指导市县做好中心镇规划编制，全面推进省级 15 个县、30 个建制镇新型城镇化试点工作，发挥示范带动作用。⑥通过财政支持或政府购买服务方式，完善教育、文化、卫生、体育、商贸、旅游、就业服务、生态环保等公共服务设施，增强县镇综合功能，提高吸纳就业能力。⑦加快县域经济发展和城镇产业培育，吸纳农业转移人口就近充分就业。⑧继续建设“乡村舞台”和农家书屋，实现县级城市数字影院和中央、省、市、县广播电视节目无线数字化全覆盖，加快企事业广播电视有线网络整合。
30	2015 年青海省政府工作报告	①公路建设要适度超前，基本实现高速化公路通市州、二级以上公路通县区、硬化道路通乡镇。②鼓励有条件的县建设特色产业集聚区和生产性服务平台，鼓励发展“飞地”经济，培育县域经济发展的新引擎。③实施调整机关事业单位基本工资标准和优化工资结构政策，建立县以下机关公务员职务和职级并行制度。④建立完善贫困县考核、约束和退出机制，引导各种资源要素向贫困地区流动。
31	2015 年宁夏回族自治区政府工作报告	①健全债务预算管理、限额管理和风险预警机制，指导市、县（区）政府合理举债、信用举债、科学有效用债。②巩固传统商贸餐饮业，每个县都要建好一个政府主导的平价农产品交易市场，同时更要注重培育一批本土电商企业。③严格市、县（区）绿化面积和森林覆盖率考核，深入开展大绿化、大整治，实施新一轮退耕还林还草等工程。
32	2015 年新疆维吾尔自治区政府工作报告	①推进以县市和南疆为重点的基层应急管理体系建设。②推进医药卫生事业发展，公立医院改革范围扩大到所有县市。

资料来源：相关地区 2015 年政府工作报告。

附录2 相关省市加快县域经济发展（部分）政策性文件汇编（2010~2015年）

序号	名称	文号	发布时间	发布单位	重点内容/重点任务
1	关于进一步优化产业布局加快县域经济发展的意见	市政发〔2010〕16号	2010年3月3日	西安市人民政府办公厅	到2012年，在不断提高县域经济综合竞争力的基础上，确保县域生产总值、财政收入、农村居民人均纯收入和城镇居民人均可支配收入年均增长幅度高于全国平均水平；基本建立起县域产业定位合理、特色突出的产业布局体系，形成以县（区）域各类产业园区为基础、特色产业基地为支撑，优势产业相对集中、集聚发展的产业格局；形成一批经济强县（区），确保在省"五强区"中的领先地位，力争2个县进入陕西省"十强县"。
2	在部分县（市）区建立大学生创业园指导意见	昆政办〔2010〕93号	2010年4月10日	昆明市人民政府办公厅	坚持"政府引导、资金扶持，参照标准、突出特色，建章立制、规范运行，强化宣传、营造氛围"的建园思路。进一步加大资金扶持力度，加强园区基础设施建设，完善园区配套服务体系，创新园区管理机制，帮助大学生提升创业能力，提高大学生创业成功率。
3	关于开展金融创新示范县（市、区）试点工作的意见	浙政办发〔2010〕114号	2010年8月20日	浙江省人民政府办公厅	首批选择若干个县域经济水平较高、金融集聚区位优势明显、金融生态环境较好、金融创新能力较强、民间金融活跃、政府帮扶政策到位的县（市、区）开展金融创新示范试点工作，包括鼓励和引导面向"三农"和中小企业的金融服务创新等。

续表

序号	名称	文号	发布时间	发布单位	重点内容/重点任务
4	湖南省人民政府关于扩大县(市)部分经济社会管理权限的决定	湘政发〔2010〕249号	2010年11月26日	湖南省人民政府	扩大县(市)260项经济社会管理权限,其中直接下放87项、委托(授权)下放34项、减少审核层级118项、取消21项。扩权范围为省财政直管的79个县(市)、湘西自治州各县(市)、长沙县、望城县。
5	开展教育强区、县(市)创建工作实施方案	沈政办发〔2011〕10号	2011年2月23日	沈阳市人民政府办公厅	以办好每一所学校为目标,以提升教育教学质量为核心,以全面实施素质教育为主线,以实现义务教育高水平均衡发展为突破,以办学条件实现标准化、办学质量明显提升、优质教育资源明显扩大为重点,做到市级统筹与区县创新相结合、教学改革与制度建设相结合、条件改善与质量提升相结合,实现区域内教育协调、均衡、优质发展。各地区的办学水平和办学质量达到副省级城市同类区县的前列。
6	关于推进山区县农村综合改革指导意见	粤府发〔2011〕20号	2011年2月26日	广东省人民政府	按照主体功能区划要求明确县域内各镇(乡)功能定位,建立科学考评机制,深化富县强镇、简政强镇事权改革,完善农村公共服务体系,增强县域农村发展活力,为建设幸福广东、构建和谐农村筑牢基础,提供支撑保障。
7	焦作市县域首批十大特色产业集群发展规划	焦政办〔2011〕42号	2011年4月28日	焦作市人民政府	强力实施工业强市战略,加快工业结构调整和产业升级,依托各县(市)现有工业产业基础,围绕龙头企业,大力推进沁北氯碱化工、孟州市汽车零部件等县域首批十大特色产业集群规划建设,尽快培育一批特色产业拓展、配套产业扩张、集聚效应明显、综合实力较强的产业集群,逐步形成龙头企业规模化、关联企业专业化,实现全市工业经济的跨越式发展。

续表

序号	名称	文号	发布时间	发布单位	重点内容/重点任务
8	黑龙江省人民政府关于进一步推进县域义务教育均衡发展的若干意见	黑政发〔2011〕42号	2011年5月30日	黑龙江省人民政府	均衡配置教育资源；完善教育投入机制；实行校长、教师交流制度；深化管理制度改革；全面推进素质教育；完善督导评估制度。
9	沈阳市一市三县"十二五"发展规划	沈政办发〔2011〕61号	2011年7月4日	沈阳市人民政府办公厅	"一市三县"即新民市、辽中县、法库县、康平县，总面积为9389.1平方公里，总人口为204.7万人，分别占全市的73%和28.4%。紧紧抓住沈阳经济区建设上升为国家战略的重大机遇，按照在工业化、城镇化深入发展中同步推进农业现代化的要求，立足新起点，施展新作为，以晋位升级、冲刺全国百强县为方向，以富民强县为目标，以工业化为主导，以产业化为基础，以城镇化为支撑，全面完成新一轮三年倍增计划，做强县域经济，确保经济综合实力、结构调整、民生水平和生态建设实现新跨越，成为推动沈阳老工业基地全面振兴的重要力量。构建产业结构优化、核心竞争力强、区域特色鲜明的现代产业体系，把"一市三县"建设成为沈阳市工业未来发展的重要承接载体、新兴产业发展基地、绿色农产品出口基地以及绿色生态屏障。
10	推动区、县（市）联动招商工作意见	杭政办函〔2011〕174号	2011年7月4日	杭州市人民政府办公厅	大力推进上城区、下城区、江干区、拱墅区、西湖区、杭州高新开发区（滨江）、萧山区、余杭区、杭州经济开发区和杭州市钱江新城管委会与五县（市）的联动招商工作，努力实现国内招商引资资源共享、信息共享、平台共享、成果共享，不断提高国内招商引资工作成效，推动杭州成为全省城乡区域一体化发展先行区。"十二五"期间，通过区、县（市）联动招商，五县（市）每年引进到位内资20亿元，5年共引进到位内资100亿元。

续表

序号	名称	文号	发布时间	发布单位	重点内容/重点任务
11	吉林省推进县域义务教育均衡发展规划(2011～2020年)	吉政办发〔2011〕18号	2011年7月8日	吉林省人民政府办公厅	以办好每一所学校、保障学生公平接受义务教育权利为宗旨,以实现县域(包括县、市、区)内义务教育基本均衡为目标,以义务教育学校标准化建设为主线,解放思想,破解难题,促进教育资源的优化配置,建立和完善保障义务教育均衡发展的长效机制,努力缩小区域内城乡间、学校间差距,全面实施素质教育,提高义务教育办学水平和教育质量。
12	江西省实现县域义务教育均衡发展规划(2011～2020年)	赣府办发〔2011〕57号	2011年11月3日	江西省人民政府办公厅	确保到2012年实现县域义务教育初步均衡发展,到2020年实现县域义务教育基本均衡发展,全省115个县(市、区)和经济开发区实现县域内义务教育基本均衡,基本均衡率达到100%。
13	湖北省县域经济发展规划(2011～2015年)	鄂政发〔2012〕1号	2012年1月9日	湖北省人民政府	认真实施"两圈一带"总体战略,坚持县域经济"一主三化"方针,以推进县域新型工业化、新型城镇化、农业现代化和培育壮大市场主体为重点,以解放思想、改革开放创新为动力,以富民强县为根本出发点和落脚点,奋力推进全省县域经济跨越式发展,到"十二五"期末,力争1～2个县(市)进入"全国百强县(市)",一批县市进入"中部百强县(市)"。
14	西安市生态县(区)生态乡镇和生态村创建工作实施意见	市政办发〔2012〕12号	2012年1月29日	西安市人民政府办公厅	阎良区力争创建成国家级生态区、高陵县力争创建成省级生态县,再启动长安、户县、蓝田县市级生态县(区)创建工作;每个涉农区县每年启动1个以上乡镇(街道)、2个以上行政村的省级、国家级生态创建工作;每个涉农区县每年有2个以上的乡镇(街道)和3个以上的行政村达到市级生态创建标准。
15	关于"十二五"时期加快实施县域地名规划工作的指导意见	宁政办发〔2012〕19号	2012年2月10日	宁夏回族自治区人民政府办公厅	县域地名规划由市辖区地名规划、县市地名规划组成。市辖区地名规划应对市城乡总体规划和市辖区规划,由设区的市编制;县市地名规划应对县市规划,由县市编制。县域地名规划是城乡总体规划的重要内容,应与城乡总体规划同步进行。

续表

序号	名称	文号	发布时间	发布单位	重点内容/重点任务
16	关于促进全省县域金融业更好更快发展的意见	鲁政办〔2012〕14号	2012年3月29日	山东省人民政府	积极完善县域金融组织体系（推动各类金融机构和市场中介机构到县域延伸发展，加快农村信用社改革发展步伐，发展新型农村金融组织，建立政策性与商业性相结合的县域融资担保体系）；努力扩大县域信贷投放（科学制订信贷投放计划，多渠道增加县域信贷投放）；大力发展县域直接融资（推进县域企业上市步伐、拓宽县域企业直接融资渠道），进一步提高县域保险业保障水平（完善农业保险、开发推广符合县域需求的保险产品），全面推动县域金融创新发展（促进县域金融服务方式创新，做好县域金融创新发展试点工作）。
17	成都市人民政府办公厅关于加快远郊县（市）工业经济发展的意见	成办发〔2012〕24号	2012年4月11日	成都市人民政府办公厅	加快实施“产业倍增”战略，按照“双核共兴、三产联动、城乡统筹、圈层融合”的全域成都发展思路，以工业园区为载体，大力推进远郊县（市）工业加快发展，到2015年，都江堰、彭州、邛崃、崇州、金堂、大邑、浦江和新津8个远郊县（市）力争累计实现主营业务收入3300亿元，在全市工业经济中的比重达到21.5%。形成新材料、石油化工、食品饮料3个千亿元级产业集群和节能环保、新型建材、家具3个500亿元级产业集群，努力将远郊县（市）打造成为成都工业化充分发育的主阵地、圈层融合的示范区和西部经济核心增长极的重要支撑地。其中，对远郊县（市）工业园区基础设施建设按当年投入的1%给予资金补助，单个园区年度最高可补助1500万元。
18	关于加强县（市、区）科技工作的意见	鄂办发〔2012〕32号	2012年5月30日	中共湖北省委办公厅、湖北省人民政府办公厅	加强科技工作规划，培育县域特色产业；健全科技服务体系，促进成果转移转化；引进和培育科技人才；等等。

续表

序号	名称	文号	发布时间	发布单位	重点内容/重点任务
19	关于进一步推进扩权强县工作的实施意见	黔府办发〔2012〕24号	2012年6月4日	贵州省人民政府办公厅	以推动各县（市、特区）增比、进位、突破和提高县域经济占全省国民经济比重为目标，以开展“改革开放年”活动为契机，进一步深化改革，破除制约县域经济发展的体制机制障碍，扩大县（市、特区）经济管理权限，强化县级经济社会发展权利，优化发展环境，加快项目建设，推动县域经济发展实现新突破。
20	关于开展创业型城市（县）和农村劳动力转移就业示范县（市）创建活动实施意见	晋政办发〔2012〕54号	2012年7月31日	山西省人民政府办公厅转省人力资源社会保障厅	开展“双创建”活动，要以组织领导、政策支持、职业培训、就业服务和工作考核等工作体系建设为重点，按照动员准备、全面实施、总结提高三个阶段分步推进创建工作深入开展，实现预定创建目标。
21	哈尔滨市区县（市）重点产业发展及布局规划（2012～2016年）和哈尔滨市优化产业布局鼓励招商引资若干政策	哈政发〔2012〕4号	2012年9月25日	哈尔滨市人民政府	以加快实施“北跃、南拓、中兴、强县”发展战略为目标，以加快培育发展现代产业体系为核心，以加快发展优势产业、战略新兴产业和现代服务业为重点，以鼓励和引导同类产业向特定优势区域和园区集聚为方向，进一步优化市域产业空间布局，构建城区北部科技创新城雄姿傲立、南部工业新城迅速崛起、中部老城展现欧陆风情和现代化城市新貌、东部田园城市风貌独具魅力、郊县绿色农产品加工产业链群迅速发展壮大的产业发展新格局。
22	关于加快发展民营经济推动县域经济跨越发展的决定	楚发〔2012〕12号	2012年11月8日	中共楚雄市委、楚雄市人民政府	围绕富民强县目标，以工业化为主导、以农业产业化为基础、以城镇化为支撑、以招商引资为突破口、以民营经济为主要力量，按照“经济民有为主、投资民间为主、企业民营为主、事业民办为主”的方针动员全民创业，进一步放宽政策、优化环境、强化服务、发展壮大特色经济，实现县域经济量的突破和质的飞跃。

续表

序号	名称	文号	发布时间	发布单位	重点内容/重点任务
23	重庆市天然气“县县通”管网建设实施规划（2012～2015年）	渝办发〔2012〕314号	2012年11月28日	重庆市人民政府办公厅	按照保障气源、填空补缺，管供一体、尊重历史，鼓励直供、优化重组的原则布局管网、明确供区。工程项目实行市级统筹、整体规划，适度超前、分步推进，避免项目重复建设。兼顾页岩气量产后管网输配的适应性和连通性。
24	关于加快建设国家级园区平台促进县域工业化发展的意见	青政办字〔2012〕172号	2012年11月30日	青海省人民政府办公厅	优化省级开发区产业结构，推进产业升级；突出省级开发区产业特色，推进园区转型；利用外资加快县域工业化进程，推进开发带动；增强县域园区经济发展活力，推进体制创新；全力打造国家级园区平台，推进省级发展；规范工作流程，完善考核机制。
25	关于进一步加快县域经济发展的意见	宁发〔2013〕5号	2013年3月28日	中共西宁市委、西宁市人民政府	围绕“做强西宁、服务全省”的要求和富民强县目标，促进全市发展提质转型，以统筹城乡一体化发展为抓手，以工业化为主导，以城镇化为支撑，以农业现代化为基础，推动三县新型工业化、信息化、城镇化、农业现代化协调同步发展，大力发展新兴产业，改造提升传统产业，推进城镇扩容提质，提高三县的要素集聚能力，努力实现城镇化水平新提升和县域经济整体新跨越。
26	关于推行医疗服务县镇一体化改革的意见	陕政办发〔2013〕35号	2013年5月16日	陕西省人民政府办公厅	按照“保基础、强基层、建机制”的要求，以改革管理体制、创新运行机制为核心，科学合理配置县域医疗卫生资源，有效解决优质资源下不去、基本人才留不住、老百姓看病不方便三大突出问题，加快探索农村卫生事业可持续发展的新阻力，全面提高农村医疗卫生服务能力和群众健康水平，逐步实现“预防在基层，小病不出镇，大病不出县”的改革目标。

续表

序号	名称	文号	发布时间	发布单位	重点内容/重点任务
27	关于进一步加快县域经济发展的意见	内党发〔2013〕13号	2013年6月19日	内蒙古自治区党委、内蒙古自治区人民政府	立足资源禀赋，大力发展特色优势产业；坚持城乡统筹发展，大力推进城镇化进程；着力改善民生，推进县域公共事业发展；深化改革开放，增强县域经济发展活力；完善扶持政策，优化县域经济发展环境。经过5年的努力，使全区县域经济发展速度明显加快，经济结构明显优化，发展质量明显提高，整体竞争力明显增强，城乡居民收入明显增加，城乡面貌明显改变，基本实现县县全面小康。县域城镇化率达到50%以上，新增2~3个进入全国百强县的旗县（市）。
28	关于进一步加快县域经济发展的若干意见	赣发〔2013〕16号	2013年12月27日	中共江西省委、江西省人民政府	构建特色优势产业体系，加快发展升级（大力实施工业转型升级工程，培育壮大特色产业集群；推进现代农业“接二连三”工程，强化现代服务业倍增工程）；坚持镇村联动，推进城乡一体化发展（以县城和中心镇为重点，大力发展特色城镇；以产城融合为依托，加快人口向城镇集聚）；深化改革开放，激发发展活力；加强政策支持，增强发展保障；强化组织保障，形成发展合力。
29	山东省县域经济科学发展试点方案	鲁政办〔2014〕80号	2014年6月8日	山东省人民政府办公厅	在城乡统筹、转型升级、生态文明、园区经济、镇域经济、民营经济六个方面，根据综合数据指标测算、各设区市推荐以及县域发展基础和发展潜力等情况，为尽快在全省创造一批可学可看、可信可比的县域发展典型，研究确定21个县作为试点单位。在全面协调可持续发展的基础上，突出县域优势和特色，由21个试点县分别从6项试点任务中突出1项作为核心任务，先行先试，创新发展。
30	关于进一步完善县域间对口帮扶工作机制的意见	延政发〔2014〕39号	2014年7月24日	延安市人民政府	对口帮扶工作依据各县区2013年经济发展状况及财力现状，由地方财务收入在10亿元以上的县（不含宝塔区）按收入的1%~3%筹集帮扶资金，对地方财政收入在5亿元以下的财政困难县予以帮扶。

续表

序号	名称	文号	发布时间	发布单位	重点内容/重点任务
31	县县通高速公路建设工作方案	桂政发〔2014〕51号	2014年7月31日	广西壮族自治区人民政府	按照全区高速公路网规划和到2020年底前实现所有县(市、区)通高速公路的目标,合理安排项目建设时序。其中,加快推进在建的21个高速公路项目建设,总里程为2234公里,总投资为1611亿元;从2014年起陆续开发24个高速公路项目,总里程为3467公里,总投资为3077亿元,力争用7年左右的时间,实现2020年底全区高速公路总里程突破8000公里的目标。
32	关于推动"十三五"市县经济社会发展规划改革创新指导意见的通知	桂政办发〔2015〕9号	2015年1月30日	广西壮族自治区人民政府办公厅	创新规划编制方式,健全规划衔接协调机制,将发展与布局、开发与保护融为一体,编制统领市县发展全局的总体规划。落实广西县级空间功能区划工作方案,到2015年5月底前基本形成"一个市县一张空间功能区划图"。

注：因资料来源限制，本表中有关县域发展的政策性文件并未涵盖所有地区的文件，上述资料仅供参考。

资料来源：中国政报公报期刊文献总库。

附录3　广西县域竞争力原始数据

附表1　广西县域竞争力原始数据——规模竞争力

指标 县域	年末总人口（万人）	地区生产总值（万元）	农林牧渔业产值（万元）	社会消费品零售总额（万元）	公共财政收入（万元）	全社会固定资产投资（万元）
邕宁区	34. 81	536864	221873	148607	22766	485602
武鸣县	69. 88	2416701	657280	565506	71876	2266287
隆安县	41. 34	539952	218972	140162	29203	490274
马山县	55. 91	429029	147197	165020	22459	433370
上林县	49. 00	433883	177700	144807	25949	418982
宾阳县	104. 34	1501682	406284	727419	95973	1466774
横县	124. 22	2409563	608449	662089	105776	1734116
柳江县	54. 84	1677697	357735	334663	68966	1565019
柳城县	40. 75	961783	343801	258914	42733	716109
鹿寨县	40. 50	1096286	279504	262355	48027	3449328
融安县	31. 93	517970	153225	197423	21015	628982
融水苗族自治县	49. 80	617876	156615	193325	32694	616282
三江侗族自治县	38. 80	348194	146714	153437	16691	546040
临桂区	48. 47	1970269	351186	308060	139535	2098997
阳朔县	31. 83	843940	198860	204263	39797	754263
灵川县	37. 66	1199187	304975	391393	95670	1248182
全州县	82. 91	1383573	412300	254351	34705	1043240
兴安县	38. 12	1356609	283716	331478	95906	1326070
永福县	28. 42	944170	209936	219446	35098	707205
灌阳县	29. 06	598055	154854	139728	20749	439188
龙胜各族自治县	17. 93	470546	93342	75588	26314	293284
资源县	17. 71	414073	89651	92110	13212	360083
平乐县	44. 85	879664	329809	184142	27129	621830
荔浦县	38. 18	1141259	256917	410376	46997	783524

续表

县域 \ 指标	年末总人口（万人）	地区生产总值（万元）	农林牧渔业产值（万元）	社会消费品零售总额（万元）	公共财政收入（万元）	全社会固定资产投资（万元）
恭城瑶族自治县	29.92	669813	209947	200349	30009	580909
苍梧县	63.59	1786822	225949	346999	115706	1506716
藤县	106.04	1755194	425869	589539	124069	1527163
蒙山县	21.90	555609	104630	116526	35062	409927
岑溪市	92.60	2034859	309076	534556	128788	1754128
合浦县	105.83	1678696	704828	608991	58752	1375448
防城区	42.10	990753	235216	326556	68695	835352
上思县	23.92	655021	203321	147442	44881	509261
东兴市	13.86	728683	125764	178726	96266	863335
钦南区	61.25	1693560	521888	603114	35497	1800955
钦北区	81.20	1409147	408888	689078	44638	918997
灵山县	162.36	1530747	540100	723423	61316	849569
浦北县	91.71	1298049	336230	610705	39754	831407
港北区	67.02	1477366	177449	947689	46958	1065386
港南区	68.38	663575	192507	338271	23763	838662
覃塘区	59.89	853570	226799	362652	25606	485519
平南县	147.86	1707910	473159	605546	58727	1006152
桂平市	195.02	2477795	537635	963082	61597	1238716
玉州区	106.37	2642430	151888	2091481	125081	2407497
福绵管理区	39.25	548183	198043	125931	28316	672049
容县	84.02	1324335	311533	466382	69864	1040851
陆川县	108.28	1831730	302172	432410	77283	1292036
博白县	181.29	1908496	727560	749599	90338	1586324
兴业县	75.85	1086682	350124	244360	57194	958975
北流市	145.06	2323588	396943	718928	110142	1578177
右江区	35.35	1730793	221421	443542	49493	1065504
田阳县	35.18	763349	211723	222581	58987	1076203
田东县	42.92	1135444	231827	175569	89820	1351234
平果县	51.00	1207113	132170	242191	141531	1354575
德保县	36.77	572526	92701	86365	55271	700214
靖西县	66.20	1108114	137889	223475	84729	1129245
那坡县	21.26	162800	62980	60532	13073	251833

续表

县域 \ 指标	年末总人口(万人)	地区生产总值(万元)	农林牧渔业产值(万元)	社会消费品零售总额(万元)	公共财政收入(万元)	全社会固定资产投资(万元)
凌云县	22.05	214904	64395	46085	10319	226229
乐业县	17.27	158529	55305	51528	11197	231036
田林县	25.78	281260	113339	78637	13772	190289
西林县	15.55	166304	75230	45514	8549	193575
隆林各族自治县	42.33	422940	91574	109967	24571	254968
八步区	106.43	1339345	267907	433413	56686	1365054
平桂管理区	70.38	907235	174735	193590	42769	1142014
昭平县	43.61	539182	171666	179181	18101	621595
钟山县	51.21	685780	141421	268560	23646	749243
富川瑶族自治县	32.30	560161	170040	115212	25502	640525
金城江区	33.52	915438	106834	489685	20787	676224
南丹县	30.83	770418	106611	203250	56462	350014
天峨县	17.07	324167	64992	90540	11184	149779
凤山县	21.27	171536	51388	62081	6834	137561
东兰县	30.45	193819	61736	106536	7305	151661
罗城仫佬族自治县	37.44	364868	140321	129995	15351	174579
环江毛南族自治县	36.86	358588	157944	159644	14593	182323
巴马瑶族自治县	27.62	257003	89755	96036	11482	154435
都安瑶族自治县	69.11	334513	123211	161399	19608	302990
大化瑶族自治县	44.94	346213	80047	125875	20589	193037
宜州市	64.62	942753	354917	364674	44166	496166
兴宾区	111.74	2431556	543788	537618	50411	2295491
忻城县	42.22	494570	176201	176569	24403	378071
象州县	36.28	825654	271373	183283	36132	562635
武宣县	44.22	872932	240785	163788	40676	528896
金秀瑶族自治县	15.59	232482	76106	64953	14737	145224
合山市	13.71	337700	36218	82513	17326	193894
江州区	36.59	1165677	247467	201570	49161	705820
扶绥县	45.76	1101078	389509	165698	96298	948297
宁明县	43.85	860285	279509	112796	57579	632217
龙州县	26.66	705646	205279	138200	52053	552616
大新县	37.53	906968	199202	95306	67826	645081

续表

县域\指标	年末总人口(万人)	地区生产总值(万元)	农林牧渔业产值(万元)	社会消费品零售总额(万元)	公共财政收入(万元)	全社会固定资产投资(万元)
天等县	45. 09	433115	127069	81202	28209	426181
凭祥市	11. 05	403998	46365	169080	68997	598193
全区	5228	143780000	23435700	50830800	13168400	119076700
县域	4965. 44	88028194	21551363	27425230	4397727	76551263

附表 2 广西县域竞争力原始数据——发展竞争力

县域\指标	地区生产总值增长速度(%)	工业增加值增长速度(%)	公共财政收入增长速度(%)	社会消费品零售总额增长速度(%)	全社会固定资产投资增长速度(%)	银行存贷款比例评级
邕宁区	2. 45	-15. 56	26. 14	9. 50	6. 91	0. 603
武鸣县	8. 46	12. 03	15. 66	10. 13	8. 28	0. 677
隆安县	3. 43	-2. 80	17. 28	7. 59	-6. 07	0. 518
马山县	2. 91	-12. 39	9. 59	9. 88	1. 73	0. 376
上林县	3. 57	-7. 25	16. 30	9. 13	5. 91	0. 387
宾阳县	2. 98	-4. 10	13. 83	10. 28	3. 32	0. 494
横县	10. 99	23. 18	18. 63	10. 25	2. 33	0. 615
柳江县	4. 95	2. 72	17. 09	9. 39	4. 65	0. 790
柳城县	6. 49	5. 75	22. 49	8. 98	5. 85	0. 651
鹿寨县	-2. 32	-7. 68	14. 73	-0. 77	7. 95	0. 746
融安县	4. 48	-1. 09	10. 97	10. 19	6. 14	0. 508
融水苗族自治县	7. 91	7. 92	15. 97	9. 39	3. 39	0. 528
三江侗族自治县	3. 31	-17. 35	5. 26	9. 01	11. 33	0. 433
临桂区	13. 12	17. 17	15. 76	9. 80	5. 12	0. 785
阳朔县	5. 84	5. 13	-2. 85	8. 99	-8. 18	0. 500
灵川县	10. 23	12. 81	15. 77	9. 71	6. 53	0. 680
全州县	4. 19	0. 66	0. 42	8. 81	4. 82	0. 473
兴安县	7. 98	9. 80	17. 25	9. 65	4. 82	0. 720
永福县	7. 33	6. 61	10. 30	9. 40	2. 82	0. 751
灌阳县	7. 64	9. 18	14. 04	9. 73	4. 68	0. 503
龙胜各族自治县	11. 39	13. 58	20. 24	9. 61	4. 04	0. 551
资源县	10. 30	12. 32	8. 72	9. 39	4. 62	0. 571

续表

县域 \ 指标	地区生产总值增长速度（%）	工业增加值增长速度（%）	公共财政收入增长速度（%）	社会消费品零售总额增长速度（%）	全社会固定资产投资增长速度（%）	银行存贷款比例评级
平乐县	8.53	9.74	12.41	9.21	10.16	0.512
荔浦县	9.71	12.16	21.31	9.13	11.61	0.710
恭城瑶族自治县	2.75	1.36	10.00	7.41	4.99	0.548
苍梧县	10.88	14.34	26.69	8.57	0.87	0.660
藤县	7.94	9.00	22.56	9.07	12.49	0.560
蒙山县	3.43	-0.14	24.29	9.88	-1.98	0.627
岑溪市	5.94	5.87	23.69	8.17	8.99	0.661
合浦县	3.70	-5.58	12.44	8.25	4.79	0.528
防城区	5.69	4.41	12.01	10.26	-6.11	0.677
上思县	5.93	8.43	22.84	9.60	-3.88	0.603
东兴市	11.84	15.86	19.81	9.97	3.49	0.608
钦南区	4.08	-4.01	24.09	-4.24	0.33	0.638
钦北区	17.65	22.28	27.32	33.40	3.64	0.827
灵山县	4.76	-2.54	21.30	9.63	-9.16	0.443
浦北县	10.35	16.72	12.34	9.13	3.10	0.419
港北区	1.21	-12.58	19.83	6.88	7.52	0.680
港南区	1.80	-8.87	28.44	19.72	11.85	0.692
覃塘区	3.44	-0.85	18.51	11.57	-4.39	0.761
平南县	4.92	2.61	9.63	9.63	2.66	0.475
桂平市	7.21	7.02	8.83	7.94	-3.01	0.476
玉州区	4.34	-1.98	25.73	10.14	6.36	0.743
福绵管理区	0.99	-11.12	11.43	9.79	3.21	0.607
容县	6.58	6.90	17.26	9.81	4.15	0.457
陆川县	6.28	6.73	16.96	10.00	8.36	0.551
博白县	1.87	-5.15	17.89	9.79	7.52	0.516
兴业县	6.75	6.63	15.41	10.03	7.94	0.516
北流市	5.53	3.70	18.74	9.97	6.67	0.563
右江区	7.21	6.58	22.86	10.17	-4.77	0.749
田阳县	10.05	14.47	26.44	9.97	13.55	0.761
田东县	5.17	3.64	24.09	25.22	0.52	0.934
平果县	8.56	11.34	16.70	-0.47	1.50	1.188
德保县	2.48	-0.15	20.16	1.40	3.54	1.159

续表

县域＼指标	地区生产总值增长速度（%）	工业增加值增长速度（%）	公共财政收入增长速度（%）	社会消费品零售总额增长速度（%）	全社会固定资产投资增长速度（%）	银行存贷款比例评级
靖西县	7.72	7.99	13.33	5.72	2.26	0.530
那坡县	7.51	2.39	28.91	51.00	6.39	0.431
凌云县	7.86	8.30	14.69	35.24	2.92	0.468
乐业县	5.26	-7.62	17.68	0.92	-5.65	0.467
田林县	4.03	-3.72	0.99	57.09	-15.33	0.605
西林县	7.09	-3.82	13.06	9.70	10.24	0.414
隆林各族自治县	0.83	-5.51	18.43	9.74	10.56	0.541
八步区	3.52	-0.87	17.41	9.02	1.57	0.663
平桂管理区	4.81	0.00	28.40	8.61	-1.14	0.741
昭平县	4.86	-5.15	9.59	8.65	-1.62	0.542
钟山县	4.16	1.31	13.32	8.76	-2.23	0.446
富川瑶族自治县	11.78	22.26	11.97	8.74	-3.91	0.547
金城江区	-2.61	-10.96	8.90	8.36	-11.81	0.564
南丹县	0.05	-3.79	13.48	9.19	-14.54	0.676
天峨县	-5.76	-13.74	-9.99	7.86	-20.23	1.348
凤山县	0.88	-12.96	2.95	10.14	-2.88	0.389
东兰县	2.40	-15.38	9.92	9.71	-15.35	0.378
罗城仫佬族自治县	-0.66	-13.04	13.87	8.77	-16.58	0.422
环江毛南族自治县	-0.67	-15.61	1.02	11.12	-13.35	0.451
巴马瑶族自治县	-3.27	-20.26	4.06	11.12	-19.61	0.399
都安瑶族自治县	2.71	-6.41	10.48	7.51	2.81	0.478
大化瑶族自治县	1.43	-5.25	-7.42	8.92	-12.41	0.682
宜州市	2.07	-8.36	7.00	7.24	-9.59	0.603
兴宾区	-3.41	-16.99	2.80	8.69	-0.73	0.840
忻城县	2.74	-2.07	4.23	8.53	-2.25	0.447
象州县	2.74	-2.76	10.46	8.37	2.53	0.601
武宣县	6.18	6.47	13.16	8.45	5.25	0.530
金秀瑶族自治县	1.84	-10.25	25.94	8.62	-6.69	0.533
合山市	4.84	3.92	2.44	8.73	-15.47	0.372
江州区	5.03	8.17	12.43	10.03	-6.58	0.731
扶绥县	4.06	4.73	18.08	9.74	6.90	0.552
宁明县	5.52	6.50	19.91	9.77	7.18	0.518

续表

县域＼指标	地区生产总值增长速度（%）	工业增加值增长速度（%）	公共财政收入增长速度（%）	社会消费品零售总额增长速度（%）	全社会固定资产投资增长速度（%）	银行存贷款比例评级
龙州县	7. 20	11. 54	22. 57	10. 56	5. 30	0. 587
大新县	6. 05	7. 71	17. 35	10. 11	2. 98	0. 516
天等县	2. 94	-3. 34	5. 61	9. 88	-1. 69	0. 481
凭祥市	8. 76	12. 34	14. 49	9. 98	7. 39	0. 588
全区	16. 94	11. 55	—	31. 04	7. 39	—
县域	22. 67	18. 52	—	30. 07	17. 20	—

附表 3　广西县域竞争力原始数据——质量竞争力

县域＼指标	人均地区生产总值（元/人）	人均公共财政收入（元/人）	人均工业增加值（元/人）	单位面积地区生产总值（万元/平方公里）	单位面积粮食产量（吨/公顷）	单位电力消耗地区生产总值（元/千瓦时）
邕宁区	19622	653. 95	1654. 26	436. 21	118. 58	9. 41
武鸣县	43694	1028. 51	16293. 84	713. 12	108. 95	22. 47
隆安县	17700	706. 40	2918. 70	234. 19	65. 64	9. 31
马山县	10790	401. 70	1213. 41	183. 29	75. 64	13. 93
上林县	12439	529. 55	1386. 23	231. 90	92. 18	19. 13
宾阳县	18870	919. 79	3796. 06	653. 43	164. 95	11. 08
横县	27466	851. 50	7949. 09	698. 82	123. 98	27. 07
柳江县	29254	1257. 50	12940. 11	661. 22	70. 55	23. 15
柳城县	26761	1048. 58	7518. 21	454. 88	76. 68	26. 33
鹿寨县	32372	1185. 84	10474. 04	368. 52	57. 83	9. 77
融安县	17839	658. 14	5077. 12	178. 73	34. 75	21. 57
融水苗族自治县	15148	656. 44	4168. 93	133. 22	25. 23	18. 34
三江侗族自治县	11520	430. 22	1256. 49	144. 05	27. 89	14. 29
临桂区	43388	2878. 50	22897. 39	876. 80	117. 33	34. 07
阳朔县	30347	1250. 15	5105. 33	587. 86	84. 78	25. 34
灵川县	33624	2540. 14	13789. 44	520. 99	79. 18	11. 18
全州县	21436	418. 57	5574. 88	347. 73	107. 96	9. 99
兴安县	40496	2515. 99	18064. 47	581. 62	97. 42	18. 04
永福县	39738	1235. 04	16029. 10	337. 83	55. 35	27. 68

续表

县域 \ 指标	人均地区生产总值（元/人）	人均公共财政收入（元/人）	人均工业增加值（元/人）	单位面积地区生产总值（万元/平方公里）	单位面积粮食产量（吨/公顷）	单位电力消耗地区生产总值（元/千瓦时）
灌阳县	25293	714.13	9083.81	325.86	87.27	8.93
龙胜各族自治县	29971	1467.46	11636.83	192.02	26.57	15.92
资源县	27753	746.11	9578.35	213.33	28.80	9.06
平乐县	23296	604.93	6526.53	464.66	88.39	21.83
荔浦县	32103	1231.02	11963.54	648.57	72.56	24.71
恭城瑶族自治县	26365	1002.92	8793.38	313.10	37.99	14.21
苍梧县	28097	1819.44	17956.17	514.21	59.36	24.85
藤县	20571	1170.07	8433.46	444.78	73.81	16.70
蒙山县	28297	1600.71	12129.49	433.50	50.00	24.25
岑溪市	25789	1390.79	13774.11	734.54	80.09	24.64
合浦县	18710	555.18	3118.00	607.75	121.83	16.87
防城区	26491	1631.57	8106.72	408.34	45.30	9.30
上思县	31666	1876.26	12413.42	232.80	16.28	31.62
东兴市	48579	6944.75	17788.59	1237.60	41.87	18.43
钦南区	31132	579.50	4112.40	652.79	67.20	16.65
钦北区	20639	549.76	5515.23	635.56	135.80	17.10
灵山县	13005	377.66	2325.50	430.28	113.61	19.10
浦北县	17483	433.48	4691.86	513.79	99.60	27.44
港北区	24930	700.69	4706.89	1347.29	138.00	9.73
港南区	12723	347.53	2537.61	603.76	224.77	15.48
覃塘区	20551	427.57	4867.05	631.23	159.57	7.87
平南县	14875	397.19	3669.32	572.36	130.52	13.12
桂平市	16237	315.84	6022.79	608.72	145.18	15.00
玉州区	38037	1175.87	7599.72	2089.66	91.44	13.80
福绵管理区	14107	721.43	3792.56	696.55	205.09	23.88
容县	20505	831.56	7421.40	587.27	111.67	22.99
陆川县	23625	713.73	7882.98	1178.48	185.15	19.14
博白县	13948	498.31	2910.70	498.31	132.22	21.04
兴业县	19008	754.00	4151.81	740.20	157.90	18.29
北流市	20076	759.27	7281.24	947.53	155.31	21.31
右江区	45190	1400.13	23491.68	465.55	21.92	3.44

续表

县域 \ 指标	人均地区生产总值（元/人）	人均公共财政收入（元/人）	人均工业增加值（元/人）	单位面积地区生产总值（万元/平方公里）	单位面积粮食产量（吨/公顷）	单位电力消耗地区生产总值（元/千瓦时）
田阳县	23971	1676.77	8038.13	321.68	49.06	12.39
田东县	31236	2092.97	12736.11	404.00	43.63	13.09
平果县	27215	2775.11	15339.52	491.26	46.00	3.78
德保县	18920	1503.01	8043.82	222.32	40.51	4.95
靖西县	21835	1279.90	10617.62	333.21	64.02	9.56
那坡县	10453	615.04	751.65	73.24	29.46	6.59
凌云县	11371	468.08	2727.21	104.96	25.66	6.35
乐业县	10478	648.24	896.86	60.20	20.23	21.72
田林县	12339	534.17	1760.54	50.92	17.97	7.52
西林县	11774	549.71	875.76	55.49	19.62	20.39
隆林各族自治县	12160	580.44	3804.79	120.24	26.42	3.44
八步区	21370	532.60	4381.16	242.75	35.87	3.97
平桂管理区	22571	607.69	4838.90	448.68	60.78	9.08
昭平县	15554	415.07	2188.01	167.26	42.88	18.80
钟山县	19212	461.75	4342.70	465.94	100.14	23.06
富川瑶族自治县	21442	789.58	6728.62	363.80	83.84	14.03
金城江区	27168	620.13	9353.12	390.14	30.65	6.09
南丹县	27151	1831.50	13718.11	197.30	22.25	4.22
天峨县	20608	655.17	8525.45	101.82	20.53	33.38
凤山县	10453	321.37	1634.79	99.18	25.23	19.41
东兰县	8956	239.93	741.69	79.54	23.05	15.00
罗城仫佬族自治县	12052	410.05	1786.28	137.63	42.73	13.67
环江毛南族自治县	13016	395.95	1503.46	78.76	26.86	13.64
巴马瑶族自治县	11319	415.70	1921.14	130.03	29.82	14.25
都安瑶族自治县	6369	283.71	624.21	81.83	30.39	10.29
大化瑶族自治县	9472	458.12	2557.72	125.90	26.73	13.33
宜州市	16564	683.48	2489.04	244.42	58.65	10.06
兴宾区	26030	451.16	6219.02	552.19	66.99	5.96
忻城县	15631	577.95	3123.91	196.11	42.41	20.76
象州县	28456	995.86	8590.33	430.50	99.19	28.18
武宣县	24278	919.80	8422.73	512.27	75.73	15.19

续表

指标 县域	人均地区生产总值（元/人）	人均公共财政收入（元/人）	人均工业增加值（元/人）	单位面积地区生产总值（万元/平方公里）	单位面积粮食产量（吨/公顷）	单位电力消耗地区生产总值（元/千瓦时）
金秀瑶族自治县	18466	945.36	2462.98	94.17	19.09	13.57
合山市	29137	1264.02	10221.10	923.39	77.10	20.29
江州区	35620	1343.71	12960.78	399.50	14.91	29.77
扶绥县	28426	2104.58	8708.63	387.56	23.24	26.28
宁明县	25118	1313.17	7642.11	232.23	19.38	37.58
龙州县	31700	1952.81	8496.74	305.33	21.85	28.70
大新县	30172	1807.07	12340.78	330.11	43.14	9.02
天等县	13149	625.57	2533.28	200.06	64.83	9.84
凭祥市	35376	6245.49	6488.60	626.38	26.65	21.59
全区	27501	2518.2	10098	607.44	64.29	11.62
县域	11728	15416	6682.01	381.22	64.42	12.85

附表4　广西县域竞争力原始数据——工业竞争力

指标 县域	工业增加值（万元）	规模以上工业总产值（万元）	人均规模以上工业总产值（万元/人）	规模以上企业平均规模（万元/个）	主营业务收入占工业总产值比重（%）
邕宁区	57590	141200	70.25	14120	95.23
武鸣县	1138677	3387077	95.05	17370	91.37
隆安县	120661	524936	83.76	13814	95.23
马山县	67841	163194	65.83	9066	90.98
上林县	67928	237786	76.34	16985	85.06
宾阳县	396088	1183734	64.88	15783	92.56
横县	987456	2820437	96.23	30005	97.59
柳江县	709682	2245871	98.32	20989	77.85
柳城县	306393	696905	86.49	17869	77.46
鹿寨县	424202	1193230	55.84	28410	90.61
融安县	162117	391423	65.75	11861	91.82
融水苗族自治县	207633	421687	74.21	12403	88.43
三江侗族自治县	48748	63425	44.11	4228	98.03

续表

县域＼指标	工业增加值（万元）	规模以上工业总产值（万元）	人均规模以上工业总产值（万元/人）	规模以上企业平均规模（万元/个）	主营业务收入占工业总产值比重（%）
临桂区	1109949	3313308	194.00	53440	98.44
阳朔县	162522	431032	34.54	17960	99.37
灵川县	519356	1682942	109.65	22439	97.55
全州县	462226	1339034	225.05	28490	95.57
兴安县	688592	1695287	139.21	29742	98.23
永福县	455523	1422279	147.85	24522	96.39
灌阳县	263931	798095	308.50	27521	98.50
龙胜各族自治县	208668	416539	64.23	20827	100.47
资源县	169612	412364	92.02	12886	88.50
平乐县	292691	836851	124.27	41843	97.18
荔浦县	456737	1250149	38.80	21932	88.85
恭城瑶族自治县	263111	782295	105.96	32596	94.68
苍梧县	1141912	506534	177.17	31658	92.63
藤县	894243	2358838	37.58	24318	98.55
蒙山县	265684	751379	65.26	25910	95.66
岑溪市	1275491	3718008	139.56	43233	98.18
合浦县	329963	1256163	87.94	19628	84.61
防城区	341323	1175551	132.61	19925	76.27
上思县	296935	877576	173.40	36566	57.45
东兴市	246580	954705	202.14	36719	94.13
钦南区	251902	7349022	405.33	95442	99.28
钦北区	447815	1367855	157.44	25809	93.42
灵山县	377558	1308948	86.35	21816	89.63
浦北县	430285	1279976	48.70	16202	94.76
港北区	315443	1708545	97.05	37968	97.92
港南区	173515	737976	55.35	10250	101.67
覃塘区	291474	813572	111.95	13337	78.56
平南县	542532	1304503	52.51	11859	97.82
桂平市	1174593	2811274	69.24	23043	98.25
玉州区	808407	2826757	88.09	32869	94.53
福绵管理区	148858	105692	23.64	4804	85.98
容县	623514	1698386	65.37	18461	96.40

续表

县域＼指标	工业增加值（万元）	规模以上工业总产值（万元）	人均规模以上工业总产值（万元/人）	规模以上企业平均规模（万元/个）	主营业务收入占工业总产值比重（%）
陆川县	853573	2664522	123. 36	25137	91. 17
博白县	527678	1340438	32. 05	11556	87. 48
兴业县	314930	837586	156. 76	28882	77. 89
北流市	1056242	2863657	34. 67	16364	98. 80
右江区	830403	2350203	137. 32	47963	78. 24
田阳县	282773	636796	109. 06	23585	74. 80
田东县	546570	1485871	111. 81	46433	74. 10
平果县	782319	2083143	117. 71	50808	94. 90
德保县	295800	746338	96. 08	32449	74. 23
靖西县	702883	1903943	218. 72	79331	72. 79
那坡县	15977	36320	50. 73	7264	89. 06
凌云县	60122	141573	68. 72	10112	98. 40
乐业县	15491	9412	24. 70	3137	88. 89
田林县	45390	112500	60. 32	11250	80. 77
西林县	13620	35660	26. 91	5943	86. 70
隆林各族自治县	161062	202771	105. 50	22530	90. 34
八步区	466299	1195840	105. 50	32320	95. 56
平桂管理区	340562	912815	120. 62	16904	83. 98
昭平县	95419	200634	84. 16	10032	89. 65
钟山县	222387	544902	103. 01	16027	98. 35
富川瑶族自治县	217323	787177	173. 81	27144	96. 76
金城江区	313521	997147	53. 48	31161	117. 85
南丹县	422905	968326	124. 62	64555	69. 55
天峨县	145534	212193	223. 60	21219	99. 90
凤山县	34764	92473	52. 22	5780	97. 01
东兰县	22582	45851	37. 46	3821	78. 50
罗城仫佬族自治县	66873	143154	27. 74	6224	89. 47
环江毛南族自治县	55411	150086	28. 97	6525	116. 47
巴马瑶族自治县	53063	121413	59. 63	6071	80. 53
都安瑶族自治县	43140	101833	34. 21	8486	86. 89
大化瑶族自治县	114949	139806	66. 42	11651	99. 10
宜州市	160841	485552	44. 63	10116	92. 68

续表

县域＼指标	工业增加值（万元）	规模以上工业总产值（万元）	人均规模以上工业总产值（万元/人）	规模以上企业平均规模（万元/个）	主营业务收入占工业总产值比重（%）
兴宾区	694889	2546936	120.57	48980	92.34
忻城县	131902	291184	93.51	22399	91.52
象州县	311677	778138	101.24	12756	96.79
武宣县	372477	945142	154.08	17833	76.45
金秀瑶族自治县	38395	77100	50.49	5931	97.76
合山市	140102	390462	55.46	43385	89.02
江州区	474182	1377036	99.55	39344	90.27
扶绥县	398475	1092862	158.73	36429	79.81
宁明县	335085	882888	207.01	44144	92.79
龙州县	226484	562020	97.61	37468	98.20
大新县	463194	915701	120.74	38154	83.78
天等县	114234	228255	91.85	15217	88.83
凭祥市	71683	192039	119.35	17458	79.14
全区	57496500	127200000	—	—	—
县域	33179146	97592038	90.78	24921	91.85

附表5 广西县域竞争力原始数据——民生竞争力

县域＼指标	人均社会消费品零售额（元/人）	城镇居民人均可支配收入（元）	农村居民人均纯收入（元）	城乡居民收入统筹系数	每万人医院、卫生院床位数（张/万人）	每万人医院、卫生院技术人员数（人/万人）
邕宁区	4269	21721	7958	0.366	30.22	38.61
武鸣县	8092	23568	9042	0.384	35.53	37.28
隆安县	3390	19332	6008	0.311	42.94	35.27
马山县	2952	19274	5497	0.285	23.50	27.12
上林县	2955	18714	5748	0.307	25.35	30.30
宾阳县	6971	22333	8136	0.364	26.82	31.86
横县	5330	23118	7981	0.345	17.99	21.93
柳江县	6102	23006	9192	0.400	27.55	31.87
柳城县	6353	20393	8780	0.431	32.37	33.62
鹿寨县	6478	22551	8295	0.368	40.20	48.32
融安县	6183	20426	7403	0.362	39.15	42.12
融水苗族自治县	3882	21091	5280	0.250	24.56	31.38

续表

县域＼指标	人均社会消费品零售额(元/人)	城镇居民人均可支配收入(元)	农村居民人均纯收入(元)	城乡居民收入统筹系数	每万人医院、卫生院床位数(张/万人)	每万人医院、卫生院技术人员数(人/万人)
三江侗族自治县	3955	20252	5420	0.268	22.97	27.66
临桂区	6355	29028	9991	0.344	14.69	35.42
阳朔县	6417	29428	9592	0.326	18.09	31.44
灵川县	10392	25720	8886	0.345	36.75	45.83
全州县	3068	20827	8498	0.408	19.66	25.21
兴安县	8696	24791	10386	0.419	27.81	36.73
永福县	7722	25236	7807	0.309	33.46	41.52
灌阳县	4809	21169	5605	0.265	29.19	27.43
龙胜各族自治县	4215	23526	5260	0.224	27.21	38.42
资源县	5202	21701	6548	0.302	25.41	31.06
平乐县	4106	21288	7830	0.368	26.18	35.88
荔浦县	10749	24697	8538	0.346	29.23	38.69
恭城瑶族自治县	6696	21972	7250	0.330	27.17	34.79
苍梧县	5456	22149	7582	0.342	20.90	25.03
藤县	5560	20916	7183	0.343	20.96	24.03
蒙山县	5320	20705	6045	0.292	44.60	34.97
岑溪市	5773	23200	7641	0.329	23.65	26.17
合浦县	5755	22806	8066	0.354	33.45	28.88
防城区	7756	25618	8837	0.345	44.60	55.81
上思县	6164	15951	7090	0.444	25.71	30.35
东兴市	12893	28747	10542	0.367	34.19	61.03
钦南区	9846	24444	8544	0.350	68.29	95.91
钦北区	8487	23828	7649	0.321	23.97	18.31
灵山县	4456	22910	7987	0.349	25.22	25.25
浦北县	6659	22900	8245	0.360	27.51	26.43
港北区	14141	22549	8939	0.396	39.75	55.11
港南区	4947	22581	8706	0.386	17.23	22.08
覃塘区	6056	21875	9081	0.415	18.23	22.78
平南县	4096	21015	7827	0.372	24.32	25.51
桂平市	4938	20565	7828	0.381	21.97	25.17
玉州区	19662	27547	9518	0.346	55.43	69.49
福绵管理区	3208	25729	8057	0.313	53.58	55.81

续表

指标 县域	人均社会消费品零售额(元/人)	城镇居民人均可支配收入(元)	农村居民人均纯收入(元)	城乡居民收入统筹系数	每万人医院、卫生院床位数(张/万人)	每万人医院、卫生院技术人员数(人/万人)
容县	5551	21084	7994	0.379	23.28	27.11
陆川县	3993	21891	8180	0.374	22.56	22.19
博白县	4135	20787	8118	0.391	19.36	18.81
兴业县	3221	20374	7384	0.362	16.60	17.11
北流市	4956	25926	8871	0.342	25.97	26.59
右江区	12548	21647	7304	0.337	100.03	122.75
田阳县	6327	22084	6501	0.294	35.59	35.02
田东县	4091	24366	7324	0.301	34.18	37.89
平果县	4749	24553	6135	0.250	33.69	39.92
德保县	2349	23799	4988	0.210	26.32	26.73
靖西县	3376	18356	4786	0.261	26.31	23.14
那坡县	2848	16456	4025	0.245	28.32	27.29
凌云县	2090	20173	4288	0.213	23.63	24.50
乐业县	2983	20871	4280	0.205	18.87	23.56
田林县	3050	19941	4954	0.248	33.67	24.05
西林县	2927	17543	4689	0.267	35.88	32.73
隆林各族自治县	2598	21772	4413	0.203	22.82	25.68
八步区	4072	22958	7057	0.307	30.08	44.83
平桂管理区	2751	20635	6700	0.325	27.30	29.32
昭平县	4109	20738	6198	0.299	24.26	25.54
钟山县	5244	20408	6407	0.314	25.89	33.29
富川瑶族自治县	3567	20265	6079	0.300	24.00	34.34
金城江区	14609	22594	5654	0.250	77.27	90.93
南丹县	6593	23846	6560	0.275	27.77	29.19
天峨县	5304	17413	5131	0.295	26.19	40.83
凤山县	2919	15950	4318	0.271	29.25	28.45
东兰县	3499	15824	4288	0.271	25.75	22.43
罗城仫佬族自治县	3472	15458	4485	0.290	25.78	27.14
环江毛南族自治县	4332	17507	5665	0.324	22.17	21.22
巴马瑶族自治县	3477	16467	4322	0.262	22.81	24.22
都安瑶族自治县	2335	16607	4622	0.278	22.79	23.43
大化瑶族自治县	2801	16006	4729	0.295	23.63	23.54

续表

县域＼指标	人均社会消费品零售额(元/人)	城镇居民人均可支配收入(元)	农村居民人均纯收入(元)	城乡居民收入统筹系数	每万人医院、卫生院床位数(张/万人)	每万人医院、卫生院技术人员数(人/万人)
宜州市	5643	20946	7006	0.334	40.73	48.84
兴宾区	4811	24370	7821	0.321	34.83	36.31
忻城县	4182	22684	6110	0.269	24.28	26.34
象州县	5052	24161	7541	0.312	33.79	31.83
武宣县	3704	22898	6996	0.306	38.83	33.99
金秀瑶族自治县	4167	23320	5019	0.215	38.55	40.99
合山市	6020	21660	6806	0.314	44.65	44.21
江州区	5509	22034	7829	0.355	32.91	46.25
扶绥县	3621	21923	7978	0.364	29.74	28.98
宁明县	2572	19057	6978	0.366	24.38	29.53
龙州县	5185	19469	6148	0.316	33.20	42.17
大新县	2539	22050	7370	0.334	25.50	33.20
天等县	1801	18132	6054	0.334	28.96	25.50
凭祥市	15305	23719	7090	0.299	25.71	56.39
全区	9723	23305	6213	0.27	35.80	45.58
县域	5523	21688	6994	0.32	29.10	31.98

附表6　广西县域竞争力原始数据——基础竞争力

县域＼指标	单位面积公路里程(公里/平方公里)	每万人公共交通拥有量(辆/万人)	每万人技术人员数(人/万人)	每万人移动电话用户数(户/万人)	每万人互联网用户数(户/万人)	每万人口中中学生数(人/万人)
邕宁区	0.787	3.10	63	8576	1739	438
武鸣县	0.514	0.72	125	7671	776	403
隆安县	0.438	1.09	103	5612	502	362
马山县	0.458	0.16	101	4383	361	426
上林县	0.487	1.27	105	5511	473	437
宾阳县	0.439	2.73	103	5735	717	545
横县	0.559	1.19	82	5034	508	419
柳江县	0.482	0.00	115	5652	874	340
柳城县	0.629	1.67	118	6134	591	323
鹿寨县	0.488	2.64	96	5291	1210	292
融安县	0.333	2.41	111	5076	812	403

续表

指标 县域	单位面积公路里程（公里/平方公里）	每万人公共交通拥有量（辆/万人）	每万人技术人员数（人/万人）	每万人移动电话用户数（户/万人）	每万人互联网用户数（户/万人）	每万人口中中学生数（人/万人）
融水苗族自治县	0.380	2.03	104	5729	512	424
三江侗族自治县	0.442	1.70	102	5170	473	386
临桂区	0.494	2.97	108	6185	716	408
阳朔县	0.546	2.89	139	6534	961	340
灵川县	0.367	8.28	88	7271	1199	372
全州县	0.460	2.05	90	2748	257	327
兴安县	0.482	4.07	97	647	495	294
永福县	0.259	1.34	104	4568	849	333
灌阳县	0.382	7.54	139	5073	502	325
龙胜各族自治县	0.373	4.41	150	7737	865	353
资源县	0.387	2.48	131	4256	709	357
平乐县	0.401	3.88	92	5249	607	332
荔浦县	0.516	8.20	92	6359	1367	383
恭城瑶族自治县	0.379	2.87	110	6279	734	409
苍梧县	0.451	2.66	108	4748	1032	575
藤县	0.424	1.18	100	4982	499	535
蒙山县	0.389	0.91	129	5284	1010	488
岑溪市	0.550	3.97	116	4911	569	603
合浦县	0.664	1.55	105	6753	890	522
防城区	0.462	3.59	93	9137	842	395
上思县	0.413	0.00	126	7790	686	438
东兴市	0.507	13.71	132	14368	2919	605
钦南区	0.531	0.00	79	3812	725	292
钦北区	0.539	0.00	71	417	747	382
灵山县	0.596	0.89	83	4138	691	523
浦北县	0.585	3.88	91	4459	393	513
港北区	0.595	6.45	84	283	109	503
港南区	0.723	1.33	68	541	195	457
覃塘区	0.930	0.92	85	656	241	635
平南县	0.484	1.10	90	3488	380	650
桂平市	0.595	2.90	91	2283	405	665
玉州区	0.794	16.44	51	10829	1743	219

续表

指标 县域	单位面积公路里程(公里/平方公里)	每万人公共交通拥有量(辆/万人)	每万人技术人员数(人/万人)	每万人移动电话用户数(户/万人)	每万人互联网用户数(户/万人)	每万人口中中学生数(人/万人)
福绵管理区	0.498	1.15	74	1040	721	432
容县	0.562	4.48	97	5003	605	556
陆川县	1.075	6.23	100	3949	456	511
博白县	0.762	3.19	100	4007	344	604
兴业县	0.818	2.28	72	4012	473	385
北流市	0.688	3.36	100	4609	513	602
右江区	0.369	54.77	104	11313	2337	388
田阳县	0.457	6.03	96	5414	754	343
田东县	0.451	2.00	103	5278	691	411
平果县	0.520	5.27	97	5580	845	463
德保县	0.436	3.45	92	4543	496	353
靖西县	0.462	12.28	84	3599	406	410
那坡县	0.484	3.62	117	4421	405	367
凌云县	0.523	2.59	115	4534	397	610
乐业县	0.439	2.72	147	4884	407	612
田林县	0.315	3.06	109	4963	458	460
西林县	0.273	2.83	129	5648	504	541
隆林各族自治县	0.504	3.35	96	3944	333	497
八步区	0.344	4.04	53	7456	681	243
平桂管理区	0.259	0.00	53	394	529	231
昭平县	0.354	2.16	110	3951	529	413
钟山县	0.602	0.96	83	4359	503	382
富川瑶族自治县	0.483	2.04	139	5079	661	484
金城江区	0.377	25.61	97	12293	3881	620
南丹县	0.318	4.35	129	7580	1546	482
天峨县	0.335	3.63	143	6942	1070	583
凤山县	0.457	3.20	139	5328	807	499
东兰县	0.517	1.02	106	4825	790	441
罗城仫佬族自治县	0.305	6.25	98	5028	777	374
环江毛南族自治县	0.251	1.25	133	5362	884	419
巴马瑶族自治县	0.463	1.81	119	5438	856	538
都安瑶族自治县	0.391	1.26	97	4003	670	519

续表

县域\指标	单位面积公路里程（公里/平方公里）	每万人公共交通拥有量（辆/万人）	每万人技术人员数（人/万人）	每万人移动电话用户数（户/万人）	每万人互联网用户数（户/万人）	每万人口中中学生数（人/万人）
大化瑶族自治县	0.458	1.87	114	4488	764	474
宜州市	0.349	2.80	97	7031	1391	469
兴宾区	0.574	4.98	91	7619	826	365
忻城县	0.351	0.73	93	6456	522	295
象州县	0.457	1.43	101	4928	677	390
武宣县	0.496	4.52	97	5475	586	454
金秀瑶族自治县	0.340	12.96	156	9040	856	356
合山市	0.606	10.21	142	3241	893	291
江州区	0.359	5.28	85	2001	730	234
扶绥县	0.439	3.06	106	899	437	374
宁明县	0.385	1.05	101	5343	394	292
龙州县	0.413	3.19	87	3744	597	314
大新县	0.342	0.53	99	5249	678	309
天等县	0.420	1.15	84	3010	436	318
凭祥市	0.607	6.52	146	9992	2340	381
全区	0.47	—	—	6285	—	529.8
县域	0.46	3.54	96.15	4774	648	451.3

附录4　2014年广西县域大事记

1月

1月16日　广西壮族自治区第十二届人民代表大会第三次会议在南宁召开，自治区主席陈武做政府工作报告，提出要突出建设20个特色旅游名县，打造一批旅游品牌；推进县县通天然气工程；实施大县城战略，逐步将城区人口超过10万人的县（市）培育为中等城市；提高县城产业发展、公共服务、吸纳就业、集聚人口和服务“三农”的能力，开展百镇建设行动，培育经济强镇、特色名镇，发展一批建成区人口为5万~10万的重点镇。

1 月　西林县那劳镇宫保府举行“全国重点文物保护单位”揭牌仪式，那劳镇宫保府正式成为“全国重点文物保护单位”。

1 月　国家质量监督检验检疫总局公布全国 144 个国家级出口食品农产品质量安全示范区名单，广西有 8 个，分别为南宁市西乡塘区（罗非鱼产品）、柳城县（柑橘类）、贺州市八步区（蔬菜、粮食及其食品）、贺州市平桂管理区（蔬菜、水果）、富川瑶族自治县（蔬菜、水果）、钟山县（蔬菜、水果）、恭城瑶族自治县（水果及其制品）和昭平县（茶叶）。

1 月　国家发改委公布开展国家循环经济示范城市（县）创建名单，全国共有 19 个城市和 21 个县入围，田东县成为广西唯一入围的县。

1 月 21 日　阿里巴巴集团研究中心发布了国内首份县域电子商务研究报告，在 2013 年中国电子商务发展百佳县中，广西仅有东兴市和凭祥市入选，分列第 26 名、第 64 名。此次“2013 年中国电子商务发展百佳县”榜单，义乌名列榜首，国内 32 个省（自治区、直辖市，未含港澳）的县域电子商务发展指数，浙江排名第 1 位，广西县域电子商务发展指数排名第 24 位。

2月

2 月 19 ~ 20 日　自治区党委常委、自治区副主席林念修就加快推进九洲江流域水环境污染治理开展实地调研，提出力争用三年时间，全力打好生猪养殖污染、居民生活污水和工业污水治理三场攻坚战；加强流域上下游互动合作，积极探索跨省区污染防治有效途径，建立完善粤桂两省区联动会商、联治联防等合作机制，确保污染治理有序推进，造福两地各族群众。

2 月　桂平市获得全国、全区“粮食生产先进县（市）”双料“三连冠”，成为 2013 年广西唯一获得全国“粮食生产先进县”殊荣的县（市），全市粮食总产量稳居广西各县之首。

2 月 11 日　都安瑶族自治县申报的“都安澄江国家湿地公园”获得

国家林业局正式审批。该公园面积为864公顷，湿地面积为474公顷，是国内罕见的面积最大以及融城市特色、农耕特色和河流特色于一体的岩溶湿地。

2月16日 国务院以函复形式同意广西壮族自治区调整南宁市部分行政区划，撤销武鸣县，设立南宁市武鸣区，以原武鸣县的行政区域为武鸣区的行政区域。

2月 国务院办公厅公布23处新增国家级自然保护区，位于靖西县境内的广西邦亮长臂猿自然保护区榜上有名。该保护区地处中国与越南交界处的桂西南重要的生物多样性区域，是我国14处具有国际意义的陆地生物多样性保护关键地区之一，也是我国目前已知的唯一一处东部黑冠长臂猿栖息地，具有极高的保护价值。

3月

3月 国家发改委正式批复《广西东兴重点开发开放试验区建设总体规划》，明确了东兴试验区建设的基本原则、战略定位、发展目标、空间布局和主要任务。

4月

4月16日 中国老年学学会公布，富川瑶族自治县跨入“中国长寿之乡”行列，成为全国实行第二届新认证标准以来第7个获此殊荣的县市（区）。

4月18～20日 第四届北流陶瓷博览会举办，本届展会贸易合同和商品成交总额高达53.7亿元，共接待海内外参观者42.1万人次。北流陶瓷博览会由中国陶瓷工业协会、中国轻工工艺品进出口商会、广西壮族自治区商务厅、玉林市人民政府共同举办，北流市人民政府承办，是集展览、商贸、交流与合作于一体的陶瓷盛会。

4月 全球最大的旅游网站TripAdvisor揭晓“2015旅行者之选——全球最佳目的地”榜单，阳朔县和龙胜县首次跻身中国十大国际旅游目的地榜单。

5月

5 月 7 日　广西壮族自治区人民政府召开全区县县通高速公路建设工作推进会，确保到 2015 年全区高速公路里程突破 4900 公里，实现 93 个县（区）通高速公路，县（区）通高速率达到 85%；到 2017 年，全区高速公路里程达到 5800 公里，实现 100 个县（区）通高速公路，县（区）通高速率达到 92%；到 2020 年，全区高速公路里程突破 8000 公里，基本实现全区所有县（区）通高速公路。

5 月 15 日　中国老年学学会在天等县举行授牌仪式，授予该县“中国长寿之乡”称号。至此，天等县成为广西第 15 个、崇左市继扶绥县之后的第二个“中国长寿之乡”。

5 月　自治区发改委正式印发实施《梧州玉林贵港市区域一体化发展规划》。梧州、玉林、贵港三市将充分发挥西江黄金水道枢纽和桂粤接壤的优势，以建设桂东承接产业转移示范区为契机，打造成为珠江－西江经济带的核心发展区域，构建特色鲜明的桂东南城镇群。

5 月 24 日　广西首个以工业为主题的旅游节——“2014 广西－东盟经济技术开发区工业旅游节”正式启动。

5 月　鹿寨县入围由国家住建部、科技部联合公布的 2014 年度国家智慧城市试点名单，是广西唯一入选的县域。

6月

6 月初　自治区扶贫办和旅游发展委确定在全区 10 个县开展旅游扶贫合作试点，上林、三江、龙胜、灌阳、蒙山、巴马、凤山、昭平、金秀和大新 10 个县（自治县）被确定为试点县，每个县获财政专项扶贫资金 200 万元，用于整体推进全县旅游产业发展。

6 月 5 日　中共广西壮族自治区委员会办公厅、广西壮族自治区人民政府办公厅印发《关于创新和加强扶贫开发工作的若干意见》和《关于创新和加强农民工工作的若干意见》，提出全面落实“四到县”制度，将县级作为扶贫开发工作的责任主体和落实主体。

6月6日 全区扶贫开发暨农民工工作电视电话会议召开，明确从2014年起至2020年，将通过整合国家资金、加大地方投入、完善配套政策和整合其他资源，每年完成10万人左右的扶贫生态移民任务，并将完善住房、土地、就业创业、产业扶持、户籍和社会管理、社会保障、财税金融、基础设施配套以及公共服务配套等政策。

6月18日 中共广西壮族自治区委员会办公厅、广西壮族自治区人民政府办公厅印发《广西现代特色农业（核心）示范区创建方案》，提出尽快提升农业产业化、市场化、国际化、现代化水平，夯实“美丽乡村”和社会主义新农村建设的产业基础。自治区级现代特色农业（核心）示范区的规模一般为连片3000亩以上、拓展区5000亩以上、辐射区10000亩以上。2014年创建20个自治区级现代特色农业（核心）示范区。

6月23日 在卡塔尔多哈召开的第38届世界遗产大会通过了由桂林领衔，广西环江、贵州施秉、重庆金佛山联合申报的“中国南方喀斯特”第二期世界自然遗产，填补了广西无“世界遗产”的空白。此外，广西的左江花山岩画、兴安灵渠、海上丝绸之路和三江侗族古建筑群也被列入中国申遗预备名单。

6月 广西交通投资集团制定了《2014～2020年县县通高速公路工作方案》，统筹未来7年广西县县通高速公路项目建设，交投集团将筹措建设基金1600多亿元，建成通车河池至都安等20个高速公路项目，新增三江、融水、融安、天等、大新、藤县、金秀、苍梧、龙州、乐业、凌云、蒙山等县（自治县）通高速公路。

6月 国家质检总局出台《关于支持东兴国家重点开发开放试验区建设的意见》，就提升贸易便利化水平、扩大对外开放、开展国际交流与合作、发展特色优势产业、加强生态建设和环境保护、提升检验检疫服务和保障能力6个方面提出了10项具体措施。

6月 自治区授予24个镇村“广西特色名镇名村”称号。其中，特色工贸名镇为宾阳县黎塘镇、柳州市柳东新区雒容镇、岑溪市归义镇、贵港市港南区桥圩镇、玉林市福绵区福绵镇；特色生态（农业）名镇为钦州市钦南区犀牛脚镇、田阳县百育镇；特色旅游名镇为大新县硕龙镇；特色文化名镇为东兴市江平镇、东兰县武篆镇；特色生态（农业）名村为隆安县定江村、天峨县都隆村；特色旅游名村为三江侗族自治县丹州村、三江侗族自治县马鞍屯、融水苗族自治县雨卜屯、恭城瑶族自治县社山村、兴安县高寨村、岑溪市三江口村、藤县道家村、乐业县火卖村、宜州市马山塘村；特色文化名村为灵山县大芦村、富川瑶族自治县福溪村、武宣县下莲塘村。“十二五”期间，全区将完成100个特色名镇名村建设。

7月

7月 自治区国土部门出台扶持农民工创业的土地政策，扶持返乡农民工创业园和推进小微企业创业基地标准厂房建设用地试点。鼓励农民工租赁产业园区标准厂房发展第二、第三产业，或租赁农村集体土地发展特色种养业；鼓励农民工以租赁、入股、合作经营等形式，盘活利用农村集体建设用地，发展旅游业、服务业或加工业。

7月 西林县成功取得“西林砂糖橘”“西林麻鸭”国际域名注册证书，国际域名成功注册后的10年内，只要在网页地址栏输入西林砂糖橘.com（net）、西林麻鸭.com（net）等信息，就可以直接进入其相关网站，让各地客商便捷地了解西林砂糖橘、西林麻鸭的相关信息。

7月 桂平市通过国土资源部验收，成为广西首个小城市建设用地节约集约利用评价项目，也是全国20个试点小城市之一。

7月18日 广西整县推进土地整治重大工程工作会议在南宁召开，将按照整县推进土地整治重大工程的标准，在21个县（市、区）投入65亿元，力争在2017年建成400万亩高标准基本农田，提高粮食产能2.5亿公斤，提高项目区耕地质量1~2等。

7月22日 中共广西壮族自治区委员会、广西壮族自治区人民政府印发《广西壮族自治区新型城镇化规划（2014~2020年）》，提出到2020年要培育一批超10万人口的县城和特色小城镇，实施大县城战略，加快培育一批经济强县；将一批基础条件好、发展潜力大的县城培育成为20万~50万人口规模的城市，加快县城向城市转型，建设成为带动区域、和谐宜居的区域性中心城市。

8月

8月7日 国家住建部、国家发改委等七部委联合下发通知，发布最新全国3675个重点镇名单，广西共有116个镇入选。

8月 自治区发改委正式印发实施《广西县域特色优势产业及品牌培育发展规划（2014～2020年）》，着力培育壮大特色产业集群，加快县域特色产业发展和品牌建设，进一步打造县域经济核心竞争力。到2020年，争创一批国家生态示范县、全国生态农业基地、绿色食品基地；打造若干县域特色产业集聚区和特色品牌培育示范区，初步建成比较完善的县域特色农产品加工、养生长寿健康、特色加工制造、旅游和特色矿产加工等产业集群。

8月 中国城市竞争力研究会发布了“2014中国城市分类优势排行榜”榜单。其中，在中国最美县市的排行榜中，阳朔县以“秀领天下美”上榜，并以95.83分的总分排名榜首，成为广西唯一上榜的县市。

8月 广西特色旅游名县创建将享受重大项目用地政策，将力争用5年（2013～2017年）时间建设20个左右具有广西特色的旅游名县，每年安排1000万元左右的旅游发展专项资金，主要用于支持创建县的旅游公共服务设施和重点旅游项目建设。

8月28日 大新县被中国老年学学会授予“中国长寿之乡”称号，成为广西第17个，崇左市继扶绥县、天等县之后的第三个“中国长寿之乡”。至此，崇左市7个县市（区）近半获授“中国长寿之乡”。

8月29日 恭城瑶族自治县荣获“中国长寿之乡”称号，是“中国长寿之乡”实行第二届新认证标准以来的第12个获此殊荣的县市（区）。

8月30日 恭城瑶族自治县与重庆四象实业有限公司正式达成合作协议，将投资100亿元整合、开发恭城全境旅游资源，大力发展县域旅游产业，打造成恭城瑶乡国际旅游度假区、全国新型城镇化创新示范县、中国生态旅游大县、中华瑶式养生基地。

9月

9月 国家知识产权局公布2014年国家知识产权强县工程试点县（区）名单，确定64个县（区）为国家知识产权强县工程试点县（区）。广西灵川、永福、容县、柳州市城中区、上思、平果6个县（区）榜上有名，至此，广西国家知识产权强县工程试点县（区）已达11个。

9月5日 田林县荣获国家经济林协会授予的“中国灵芝之乡”称号，这是该县继“中国八渡笋之乡”“中国北路壮剧之乡”之后的第三个国家级称号。2014年田林县适合野生灵芝生长的天然林面积达113万亩，人工栽培灵芝600亩，产量达1000吨，总产值达1.8亿元以上，已成为我国灵芝重要生产基地。

9月17日 龙州县边境合作区规划建设暨坚果加工产业发展座谈会在龙州县举行，龙州县规划建设龙州边境经济合作区，打造我国最大的坚果生产加工集散交易基地。

9月23日 国家民委发布《关于命名首批中国少数民族特色村寨的通知》，全国共有340个村寨被作为首批“中国少数民族特色村寨”入选，广西龙胜各族自治县乐江乡宝赠侗寨、罗城仫佬族自治县东门镇中石村石围屯等59个少数民族特色村寨位列其中，数量居全国第二位。

截至9月底 全区部分县（市）财政收入增长较快，增幅超过全区平均水平的有35个，占比达46.7%；有10个县（市）财政收入规模超过10亿元，比上年同期增加3个，其中横县10.73亿元、博白县10.49亿元、柳江县10.38亿元。

10月

10月8日 农业部公布2014年中国最美休闲乡村名单和中国美丽田园名单，广西“3村6景”榜上有名，即灌阳县小龙村（特色民居村）、灵山县大芦村（特色民俗村）、东兴市竹山村（历史古村）以及隆安县布泉河稻田景观、灌阳县大仁村梨花景观、柳江县荷花景观、武宣县葵花景观、东兴市北仑河口渔作景观、灵川县银杏景观。

10 月 17 日 2014 年中国中小城市科学发展评价指标体系研究成果在北京发布，南宁市青秀区在全国最具投资潜力的中小城市百强区中排名第 37 位，是广西排名最靠前的城区。

10 月 18 日 上林县正式开通公交线路，此举不仅填补了上林县没有公交车的历史空白，也标志着南宁市各县全部开通公交车线路。

10 月 19 日 中华全国新闻工作者协会主办的第 24 届中国新闻奖和第 13 届长江韬奋奖评选揭晓，隆安县的深度报道《“一号文件”：一个村庄的“金矿”——隆安县那桐镇定江村十年发展印记》荣获二等奖。

10 月 20 日 被称为“全国农民 CBA”的 2014 年全国“全民健身示范城市（区）”农民篮球邀请赛在来宾市武宣县开赛，这是全国性农民篮球邀请赛首次在广西举办。

10 月 28 日 桂林市雁山区草坪回族乡举行成立 30 周年乡庆活动，该乡是广西唯一一个回族乡。

11月

11 月 1 日 巴马长寿养生国际旅游区内巴马瑶族自治县、东兰县、凤山县、天峨县、都安瑶族自治县、大化瑶族自治县，以及百色市右江区、田阳县、凌云县和乐业县等的 10 个县（区）政府通过并发布《巴马宣言》，成立“巴马旅游联盟”，齐心协力共同致力于推进巴马长寿养生国际旅游区建设。

11 月 1 日 兴安县建成了广西首个空中旅游项目，游客可乘坐 8 架直升机从空中俯瞰桂林山水。

11 月 11 日 国务院公布《第四批国家级非物质文化遗产代表性项目名录》，包括代表性项目名录 153 项和拓展项目名录 153 项。其中，横县壮族百鸟衣故事入选民间文学类，凌云县壮族七十二巫调音乐入选传统音乐类，田东县瑶族金锣舞入选传统舞蹈类，南丹县铜鼓舞（南丹勤泽格拉）入选拓展项目传统舞蹈类，武鸣县壮族三月三入选拓展项目民俗类，龙胜各族自治县瑶族服饰入选拓展项目民俗类，资源县中元节（资源河灯节）入选拓展项目民俗类，苍梧县六堡茶制作技艺入选拓展项目传统技艺类。

11 月 凭祥市被中国关工委、司法部、中央综治办联合授予“全国青少年普法教育示范区”荣誉称号。

截至 11 月 18 日 南宁市青秀区全年累计实现收入 100.4836 亿元，同期增收 14.4668 亿元，同比增长 16.82%，成为广西首个财政收入破百亿元的城区。

11 月 21 日 凭祥市与越南文朗县签订共建货物专用通道协议。预计 2014 年，阳朔县金橘产量达到 21 万吨，约占全国金橘产量的 65%。

11 月 29 ~ 30 日 东盟小商品边贸义乌专场招商推介会在龙州县举行，518 名浙江义乌商家包机来到龙州，与落户于该县的龙州东盟国际商贸城合作，寻求东盟商机。

11 月底 由罗城仫佬族自治县组织编撰出版的《中国少数民族大辞典·仫佬族卷》正式由中国大百科全书出版社出版，全书共 93 万字，全面、系统地介绍了仫佬族及其历史文化和社会现状。

12月

12 月 1 日 由国家林业局、教育部、共青团中央联合授予的广西首个“国家生态文明教育基地”在花坪国家级自然保护区管理局揭牌成立。

12 月 博白县被中国杂技家协会命名为“中国杂技之乡”，是长江以南地区目前唯一的中国杂技之乡。

12 月 5 日 广西农产品流通协会成立大会暨第一次会员代表大会在南宁召开。该协会是自治区商务厅牵头指导成立的全区性行业组织，将为行业企业提供政策指导和咨询、产销信息、农业科技等服务。

12 月 自治区决定自 2015 年起设立农民工创业专项扶持资金，计划每年安排资金 3 亿元用于支持农民工创业就业工作。该项扶持政策执行期限为 2015 ~2017 年。

12 月 8 日 自治区人民政府、广西交通投资集团分别与中国交通建设股份有限公司在北京签署《贵港至隆安高速公路项目投资协议》《荔浦至玉林高速公路项目投资建设合作框架协议》。两条高速公路总里程为486公里，预计总投资约400亿元。其中，贵港至隆安高速公路始于贵港，经宾阳、武鸣，终于隆安，上接梧州至贵港高速，下接隆安至硕龙高速，是横贯广西中部东西向、连接滇桂粤的省际通道。荔浦至玉林高速公路经过桂林、梧州、贵港、玉林四市辖区，将和玉林至铁山港高速构成桂林及沿线地区出北部湾最便捷的大通道。

自2014年12月起 广西名特优农产品交易会将永久落户桂林。由自治区政府主办的农交会由过去每年在区内举办两届改为“一内一外”。“一内”，即每年12月9~13日固定在桂林市举办；“一外”，即每年10月前在区外的北京、上海等大城市举办。

12月 “凭祥石龟”荣获国家农产品地理标志，这是崇左市养殖业唯一一个国家农产品地理标志。

12月 中共中央、国务院印发《关于加强和改进新形势下民族工作的意见》，提出以提高基本公共服务水平、改善民生为首要任务，以扶贫攻坚为重点，以教育、就业、产业结构调整、基础设施建设和生态环境保护为着力点，以促进市场要素流动与加强各民族交往、交流、交融相贯通为途径，把发展落实到解决区域性共同问题、增进群众福祉、促进民族团结上，推动各民族和睦相处、和衷共济、和谐发展，走出一条具有中国特色、民族地区特点的科学发展路子。

12月 来宾市在年度绩效考评中继续实行“差别考核”的基础上，增加“绿色GDP”考核内容。该内容的细节项目将根据实际，量体裁衣对考核县（市）进行分类，包括林下经济发展、植树造林面积、森林覆盖率、活立木蓄积量、木材采伐限额、原生野生茶叶种植、特色基地建设、瑶医药项目建设、天然饮用水加工企业建设、社会养生养老项目建设等指标。

12月 龙州县与老挝占巴塞省巴色市就建立国际友好县市关系举行会谈，并签署《中国广西龙州县和老挝占巴塞省巴色市建立国际友好县市关系协议书》，双方正式缔结为国际友好城市。

12月20日 德天旅游联盟开通南宁－明仕－德天旅游直通车，以方便各地游客前往观光度假，满足高铁带来的旅游个性化需求，扩大周末短途休闲度假游的活动半径。

12 月下旬　东兴市和越南芒街市缔结国际友好城市关系意向，就经贸、旅游、科技、教育、交通等领域加强交流与合作。

12 月 26 日　自治区文明委公布第六轮自治区文明城市、文明县域（城区）候选名单，其中文明县城（10 个）为武鸣县、鹿寨县、横县、合浦县、浦北县、乐业县、灵山县、容县、蒙山县、天等县，文明城区（2 个）为北海市海城区、百色市右江区。

12 月 26 日　“2014 中越（东兴 – 芒街）国际商贸旅游博览会”在东兴闭幕，博览会期间防城港与 20 多家企业签约，总金额达 146.75 亿元，涉及旅游、仓储物流和加工制造等多个合作项目，中越贸易企业签约 10 个，金额约为 7660 万美元。

12 月 27 日　防城港市防城区率团参加首届中国气候旅游高峰论坛，凭借良好的生态资源和独特的金花茶节文化，获得“中国特色生态文化旅游名区”和“中国特色生态旅游节庆奖”两项殊荣。

图书在版编目（CIP）数据

广西县域竞争力报告. 2015/杨鹏主编. —北京：社会科学文献出版社，2015. 11

ISBN 978-7-5097-8337-5

Ⅰ. ①广… Ⅱ. ①杨… Ⅲ. ①县级经济-区域经济发展-研究报告-广西-2015 Ⅳ. ①F127. 67

中国版本图书馆 CIP 数据核字（2015）第 268925 号

广西县域竞争力报告（2015）

主　　编 / 杨　鹏
副 主 编 / 袁珈玲　张鹏飞　曹剑飞

出 版 人 / 谢寿光
项目统筹 / 恽　薇　蔡莎莎
责任编辑 / 冯咏梅

出　　版 / 社会科学文献出版社 · 经济与管理出版分社（010）59367226
地址：北京市北三环中路甲 29 号院华龙大厦　邮编：100029
网址：www. ssap. com. cn
发　　行 / 市场营销中心（010）59367081　59367090
读者服务中心（010）59367028
印　　装 / 北京季蜂印刷有限公司

规　　格 / 开 本：787mm × 1092mm　1/16
印 张：19. 25　字 数：294 千字
版　　次 / 2015 年 11 月第 1 版　2015 年 11 月第 1 次印刷
书　　号 / ISBN 978-7-5097-8337-5
定　　价 / 79. 00 元